LA
VIE RURALE

DANS

L'ANCIENNE FRANCE

PAR

ALBERT BABEAU

PARIS
LIBRAIRIE ACADÉMIQUE
DIDIER ET Cⁱᵉ, LIBRAIRES-ÉDITEURS
35, QUAI DES AUGUSTINS, 35
—
1883
Tous droits réservés

LA
VIE RURALE
DANS
L'ANCIENNE FRANCE

DU MÊME AUTEUR :

LE VILLAGE SOUS L'ANCIEN RÉGIME, 3ᵉ édition revue et augmentée, 1 vol. in-12.

LA VILLE SOUS L'ANCIEN RÉGIME, (*ouvrage couronné par l'Académie française*), 2ᵉ édition revue et augmentée, 2 vol. in-12. (*Sous presse.*)

L'ÉCOLE DE VILLAGE PENDANT LA RÉVOLUTION, 1 vol. 12.

HISTOIRE DE TROYES PENDANT LA RÉVOLUTION, 2 vol. in-8º.

INTRODUCTION

Ce livre a pour but de faire connaître la vie privée des habitants des campagnes, dont nous avons étudié la vie publique dans le *Village sous l'ancien régime;* il peut en être regardé comme la suite et le complément.

A côté de l'histoire de ceux qui dirigent les hommes, il en est une moins importante par ses actes et ses résultats, mais non moins digne d'attention ; c'est celle des hommes qui sont dirigés. Les guerres, les traités, les révolutions, les lois ont une influence profonde sur le sort de ces derniers ; mais ils n'en existent pas moins par eux-mêmes en dehors des événements dont ils subissent les conséquences, avec leurs qualités morales et physiques, leurs passions héréditaires ou propres, leur aptitude au travail et au progrès. L'histoire politique a besoin d'être complétée par celle que le publiciste anglais Herbert Spencer appelle l'histoire naturelle de la société. Décrire l'habitation, le vêtement, l'alimentation, les habitudes, les mœurs, les plaisirs, les diverses conditions du travail et du loisir ; pénétrer dans la vie journalière et réelle, en n'oubliant pas l'étude du caractère, du sentiment religieux et du développement intellectuel ; étudier ces manifestations diverses chez les habitants des campagnes de France dans les trois derniers siècles, n'est-ce pas une tâche qui vaut la peine d'être tentée ?

Tâche ardue, dont on ne saurait se dissimuler les difficultés. La lumière de l'histoire n'éclaire d'ordinaire que les sommets, laissant dans l'ombre les profondeurs où le travail s'abrite. Le rayonnement de Versailles empêche de voir, à partir de Louis XIV, le reste de la France. Sur Versailles et la Cour, les mémoires et les documents abondent ; les historiographes en ont retracé les plus petits événements, et les moindres gestes des princes et des ministres ont été relevés, décrits et commentés. On peut arriver aussi à connaître la vie administrative des provinces et des villes, en fouillant les archives, en allant chercher les histoires locales dans l'oubli qui les enveloppe trop rapidement ; mais la vie intime, la vie de famille, surtout celle des petits et des humbles, n'a point d'historiographes, n'a point d'archives. Si l'on ouvre les histoires des villages, on y lit la plupart du temps la généalogie des seigneurs qui les ont possédés, et s'il y avait une abbaye, la description de cette abbaye et la liste de ses abbés ; sur les paysans, presque rien ; la mention de quelques procès soutenus par la communauté, la nomenclature de quelques syndics, la quotité des impôts royaux et des charges seigneuriales. Rien de plus ; la vie matérielle et morale a échappé aux recherches, tant les documents écrits sont rares, tant les traditions locales disparaissent rapidement !

On peut cependant trouver de précieuses indications sur la vie matérielle du paysan, et particulièrement sur son logement, son mobilier, son vêtement, son train de culture, dans les nombreux inventaires qui furent dressés après les décès des parents, pour sauvegarder les intérêts des mineurs [1].

[1] On peut en trouver aussi dans les testaments et dans les minutes d'actes déposés chez les notaires. M. Suin avait entrepris ce travail pour le Soissonnais ; il écrivait en 1861 dans le *Cabinet historique* (VII, 306, 307) : « J'espère démontrer que la situation des classes populaires était bien meilleure que ne l'ont supposé les historiens. Je suis convaincu qu'il en était de même dans toute l'Ile-de-France. » Malheureusement M. Suin n'a pas réalisé ses intentions, qu'il a plus d'une fois fait connaître verbalement à ses collègues de la Société académique de Soissons, comme me l'écrit le savant secrétaire de cette société. L'utilité de l'étude des minutes de notaires a souvent été signalée, et l'on pourra y trouver d'excellentes indications sur la vie sociale et privée d'autrefois.

Au premier abord, rien de plus aride et de plus monotone que ces inventaires, dont il m'est passé sous les yeux des milliers ; mais bientôt de ces paperasses rédigées dans le style le plus plat, avec l'orthographe la plus irrégulière, on voit se dégager des images précises, et peu à peu les objets revêtent une forme et une couleur qui saisissent l'imagination. Nous revoyons le paysan, au coin de son foyer, au milieu de ses meubles, avec les vêtements qu'il portait les jours de fête et de travail ; nous parcourons les diverses pièces de sa maison, ses étables, ses dépendances ; certains ustensiles, certains meubles nous révèlent ses habitudes et ses mœurs. Il y a pour le chercheur des moments qui le dédommagent de bien des heures de travail ingrat ; ce sont ceux où du milieu de textes fastidieux il croit voir la vie du passé renaître à ses yeux.

C'est surtout la vie matérielle que l'on trouve dans les inventaires ; il n'en ressort que de rares lumières sur la vie morale, et ces lumières ont besoin d'être renforcées par celles que fournissent les mémoires locaux, les récits de voyage, les écrits des publicistes et des littérateurs contemporains. Que de difficultés aussi pour dégager les traits généraux de la diversité que présentent les mœurs et les conditions, selon les époques et les régions ! Plus encore que maintenant, il y avait des différences tranchées entre l'homme du nord et celui du midi, entre le cultivateur des plaines et le montagnard. L'aisance qu'on signale chez l'un n'existe pas toujours chez l'autre; la détresse qu'on rencontre à certaines époques cesse ou s'atténue sous l'empire de circonstances meilleures. J'ai trouvé de nombreux témoignages de prospérité dans une province, dont la pauvreté était proverbiale sous l'ancien régime[1]. Généralement on juge du sort des paysans de l'ancienne France d'après quelques textes; cinq ou six citations de La Bruyère, de Saint-Simon, de René d'Argenson, de Massillon, suffisent pour les représenter comme les plus misérables des hommes; grâce à ces citations, que l'on ne contrôle point par d'autres témoignages, on se forme à l'égard des campagnards français du siècle dernier des idées analogues à celles que les Anglais s'en faisaient à la même époque. « Que de singuliers préjugés nous nous formons à l'égard des étrangers », écrivait un agronome anglais en arrivant en France au mois de juillet 1789. « J'avoue que je pensais que les Français avaient une apparence chétive et qu'ils vivaient dans la misère par suite de l'oppression que leur faisaient subir leurs supérieurs. Tout ce que nous avons vu contredit cette opinion.[2] » L'agronome anglais n'avait pas tout vu. La misère

---

[1] La pauvreté de la Champagne était proverbiale (Léonce de Lavergne, *Economic rurale de la France*, p. 127.)

[2] *Dr Rigby's Letters from France, etc. in 1789*, London, 1881, p. 11 et 12.

est de tous les temps ; elle tient trop souvent à la condition précaire des laboureurs, malgré les modifications plus ou moins lentes, mais incessantes, que leur état social éprouve. Le paysan de l'ancien régime n'est plus le serf du moyen âge ; il n'est pas encore le citoyen d'un état démocratique. Sa personne est libre, si elle est soumise à l'autorité royale et seigneuriale ; sa propriété est assurée, si elle est grevée de certaines redevances ; il y a chez lui des traces du passé et des germes d'avenir. Mais alors comme au moyen âge, alors comme aujourd'hui, l'homme des champs, exposé à la chaleur comme au hâle, présente cet aspect noir, livide et tout brûlé du soleil, dont parle La Bruyère ; à toutes les époques, il est pressé par l'aiguillon de la nécessité, sans lequel l'homme ne saurait s'astreindre aux plus rudes travaux. Dans tous les siècles, il s'est trouvé des écrivains pour plaindre ou pour louer son sort. A la laideur physique que lui prête La Bruyère, Balzac a de nos jours ajouté la laideur morale ; George Sand l'a peint sous des couleurs plus brillantes, mais non moins flatteuses que celles dont s'est servi Berquin. La vérité cependant ne se trouve ni dans l'idylle, ni dans le drame, et la vie des paysans d'autrefois n'est pas telle à coup sûr que l'ont présentée beaucoup d'écrivains, sous l'empire de sentiments étrangers à la critique historique. La diatribe est aussi blâmable que le panégyrique. On peut même ajouter que ceux qui ravalent le passé dans le but politique d'exalter le présent, ressemblent à ces fils malappris qui se complaisent à mettre en relief les défauts de leurs pères, afin de mieux faire valoir leurs propres qualités. N'éprouverait-on pas un sentiment plus fier et plus patriotique à penser que les hommes de la vieille France n'étaient pas irrémédiablement voués à la servitude et à la misère, et qu'ils ont eu, dans des proportions notables, leur part d'aisance, d'indépendance et de bonheur?

Dans tous les cas, l'histoire ne doit pas réunir des faits pour arriver à des conclusions préconçues; elle doit laisser les conclusions se dégager des faits qu'elle réunit. Nous sommes loin de croire que nous avons rassemblé tous les témoignages qui se rapportent au sujet; le lecteur jugera si les traits qu'il nous a été possible de réunir suffisent à donner au tableau que nous esquissons le degré de vérité relative, qui doit être l'ambition de l'historien. La vérité absolue n'existe en histoire que pour les dates et les grands événements; elle ne peut être atteinte pour les détails des faits, des mœurs et des passions. L'exactitude de la ressemblance historique dépend du temps où vit l'écrivain, du point de vue où il est placé; une même statue, copiée par plusieurs dessinateurs, sera reproduite différemment, selon la position qu'occupent les copistes, selon la direction de la lumière et des ombres ; pour les uns l'aspect sera plus favorable, pour les autres défectueux. La vérité dépend aussi de la nature des documents que l'on rencontre ; car il est aussi difficile pour un historien que pour un juge de recueillir sans exception tous les témoignages à charge et à décharge qui existent ; il est impossible de décrire le passé d'une manière parfaite, lorsque le présent même échappe à des investigations complètes ; mais s'il faut renoncer à la vérité absolue, il en est une qui peut être saisie par les hommes de bonne foi, qui la cherchent sans parti pris, en invoquant les témoignages à leur portée, en les reproduisant, en les contrôlant les uns par les autres, en ne se laissant entraîner ni par l'engouement ni par le blâme systématiques. Poursuivre la plus grande part de vérité accessible à l'historien a toujours été le but de celui qui écrit ces lignes ; ce sera sa plus haute récompense, si l'on juge qu'il l'a atteint.

LA VIE RURALE

DANS L'ANCIENNE FRANCE

CHAPITRE I

LA MAISON

On peut juger de l'aisance, des mœurs, des occupations d'un peuple par la nature de son habitation. La tente du nomade indique une civilisation toute autre que la maison du laboureur attaché au sol; la demeure du citadin est différente de celle du campagnard. Pour le premier, elle est un atelier; pour le second, elle est un abri. L'artisan ou le marchand passe ses journées dans sa demeure, le paysan n'y rentre que la nuit. Tandis que le premier consacre une partie de ses épargnes à embellir la façade de la maison dans laquelle il travaille, le second les emploie toutes à agrandir les champs qu'il cultive; le premier est fier de son pignon sur rue, le second de ses biens au soleil.

Les habitations rurales, en effet, ne se distinguent point par leur architecture. L'architecture est l'apanage de la richesse, et si le paysan, dans notre histoire, n'a pas toujours été malheureux, il a rarement été riche. Il n'y a d'architecture à la campagne que dans les églises et les châteaux; il n'y en a point dans les chaumières; il y en a rarement dans les fermes. Créées par le besoin, les habitations ne portent point l'empreinte de l'architecture dominante; l'ancien régime les a souvent trouvées telles que le moyen âge les avait élevées, et la plupart de celles qui ont persisté jusqu'à nos jours n'ont pas de date. On les a reconstruites sur les modèles anciens, sans modifications sérieuses; elles ont conservé pendant des siècles les formes les plus antiques. Sans parler de ces demeures souterraines qui rappellent, sur certains points des bords de la Loire et de la Seine, les habitations de l'époque préhistorique qu'on se plaît à désigner sous le nom d'âge des cavernes [1], on trouve encore dans les montagnes de l'Auvergne et du Velay des maisons circulaires à toit conique, à cheminée centrale, comme les

---

[1] Arthur Young, *Voyages en France pendant les années* 1787, 1788, 1789, trad. Lesage, I, 90, 175.— On trouve dans certains villages de Champagne des souterrains très-prolongés, qui auraient, croit-on, servi de refuge au XVIe siècle aux paysans pour se soustraire aux violences des gens de guerre. (Cerf, *Travaux de l'Académie de Reims*, LXVIII, 521 à 526.)

huttes des Gaulois; le Languedoc et la Provence nous montrent des habitations rurales qui rappellent les maisons des champs des peintures antiques, et l'on pouvait voir en Normandie, il y a quelques années, des maisons en bois, dont les faîtages, les charpentes et les poinçons décorés offraient une frappante analogie avec certaines constructions de la Norvège, d'où les Normands étaient venus au xe siècle[1].

Mais si les types persistent avec une rare ténacité dans certaines régions, les habitations varient selon les cantons et les provinces, suivant les occupations des habitants et les ressources que présente le sol. Le vigneron n'est pas logé comme le laboureur, le pâtre comme le bûcheron. Tantôt agglomérées autour de l'église, tantôt disséminées sur le territoire paroissial, les maisons ont été formées des matériaux que fournissaient les alentours; ici la pierre, la brique, la terre; là le bois mêlé à la terre et à la paille; ailleurs, le bois servant de charpente et de revêtement[2]. Quel contraste entre les lourdes maisons de granit du Morvand aux toitures de pierre plate et les larges chalets des Vosges; entre les maisons de brique à toits d'ardoises des Ardennes, sombres d'aspect, mais reluisantes de propreté, et les constructions du Midi, en pierres blanches, avec leurs toits aplatis recouverts de tuiles creuses! Cette diver-

---

[1] Viollet-Leduc, *Dictionnaire raisonné de l'architecture française du XIe au XVIe siècle*, 1863, VI, 292 à 297.

[2] Dans la même région, on trouve des maisons couvertes en tuiles creuses, en chaume, en lames de sapin, en dalles de pierre. (Bossi, *Statist. gén. de la France, dép. de l'Ain*, 1808, p. 309.)

sité, qui dérivait de la nature des matériaux, était rendue plus sensible par le degré d'aisance des provinces et des individus.

Il ne faut pas juger de l'ancien régime par des exemples isolés. Rien de plus variable que les institutions locales; la prospérité d'une contrée dépendait non-seulement des conditions économiques où elle se trouvait, mais de ses impôts, de ses droits féodaux et de l'influence exercée par le seigneur. On a souvent cité comme les types des maisons rurales de l'ancien régime, les maisons « couvertes de chaume et de roseaux » que Jamerai Duval, errant et convalescent, a rencontrées dans une partie de la Champagne. « Elles s'abaissaient, dit-il, jusqu'à terre et ressemblaient à des glacières. Un enduit d'argile broyé avec un peu de paille était le seul obstacle qui en défendait l'entrée[1]. » Notez qu'il s'agissait d'un pays où la pierre, comme le bois, fait à peu près défaut[2]; notez, en outre, que Jamerai Duval avait parcouru cette région en 1709, à une époque de disette cruelle qui succédait à la période la plus désastreuse pour les campagnes qu'ait traversée la monarchie des Bourbons. C'est à des

---

[1] *OEuvres de Valentin Jamerai Duval*, St-Pétersbourg, 1784, I, 58.

[2] En 1802, le préfet de la Marne signalera aussi la mauvaise construction des maisons, dont les murs sont formés d'un torchis mal assuré entre des poteaux de bois. (Bourgeois-Jessaint, *Desc. de la Marne*, an x, p. 124 à 125.) — On trouve ce type de maison en bois couverte en chaume dans un vitrail du commencement du xviie siècle, reproduit dans le *Portefeuille archéologique de la Champagne*, par A. Gaussen, Vitraux, pl. 4.

causes analogues que l'on doit le grand nombre de maisons ruinées et désertées que Vauban signale dans l'élection de Vézelay et que des rapports officiels nous montrent aussi dans l'élection de Mantes[1]. C'est au contraire à des causes locales qu'il faut attribuer l'aspect misérable des huttes de pauvres habitants des marais du Poitou vers 1670. Le voyageur qui les visita en trace le plus triste tableau. « Les murailles, dit-il, le toict et la porte mesme n'estoient que de paille, où le vent dans ces temps d'hiver passe tout outre[2]. » L'émigration est la cause de l'abandon et de la ruine de certains villages de la Haute-Auvergne, que Legrand d'Aussy traversa à la veille de la révolution. « J'en ai vu, dit-il, où les masures en décombres faisaient plus du tiers du village[3]. » Mais ce sont là des exceptions, et le soin qu'on prend de les signaler en est la preuve. Les voyageurs ne racontent pas d'ordinaire ce qu'ils voient journellement, et l'on aurait tort d'ériger leurs observations isolées en généralités.

Un témoin mieux informé que les précédents, c'est Arthur Young, qui parcourut à plusieurs reprises la France, de 1787 à 1790, monté sur sa jument, allant d'auberge en auberge, observant tout

---

[1] A. de Boislisle, *Mémoires des intendants, Généralité de Paris*, I, 742, 560. — On cite aussi, au milieu du xviie siècle, de nombreuses maisons ruinées par le passage des gens de guerre. (Rossignol, *le Bailliage de Dijon après la bataille de Rocroy*. — Gabriel Dumay, *Etat des paroisses et communautés du bailliage d'Autun en* 1645, p. 10, 11.)

[2] Jouvin, de Rochefort, *Voyage d'Europe*, 1672, I, 194.

[3] Legrand d'Aussy, *Voyage d'Auvergne*, 1788, p. 5.

sur son passage, notant tout, surtout ce qui concernait l'état de l'agriculture et des campagnes. Il venait d'Angleterre, où l'aisance était plus grande dans les villages, où les maisons se distinguaient par leur propreté et le soin de leur construction ; il ne pouvait leur comparer que d'une manière désavantageuse les habitations rurales de la France[1] ; le tableau qu'il en fait n'est pas toujours flatteur ; mais il n'indique pas un état général de misère. Si, en passant à Combourg, il est frappé de la pauvreté des cabanes construites en boue, à tel point qu'il s'écrie, en parlant du seigneur du lieu : « Quel est donc ce M. de Châteaubriand dont les nerfs s'arrangent d'un séjour au milieu de tant de misères et de saleté ? » s'il nous montre, dans le Dauphiné, des « huttes de boue, » couvertes en chaume, sans cheminées, et dont la fumée sort par un trou pratiqué dans le toit ou par les fenêtres[2] ; en revanche, il nous signale les maisons carrées et blanches du Quercy,

---

[1] C'est encore une opinion qu'on exprime de nos jours en Angleterre. Lady Verney a publié en 1881 dans la Revue périodique *the Contemporary* un article intitulé *les Paysans propriétaires en France*, où elle les montre accablés de travail, mangeant rarement de la viande, buvant seulement le petit lait de leurs vaches et vivant dans une complète saleté. Les plus riches, ceux qui possèdent la *maison la plus élégante du voisinage* (ces mots sont en français), sont, suivant elle, beaucoup plus bas dans l'échelle du confortable que les ouvriers agricoles de fermes bien payés en Angleterre. Les observations de Lady Verney, à coup sûr pessimistes, s'appliquent à la Savoie, au Lyonnais et à la Bourgogne.

[2] Cent ans auparavant, Locke décrit des huttes analogues, sans fenêtres et sans cheminée. (*Fragm. du voyage de Locke en France de* 1675 à 1679. *Revue de Paris*, XIV, 75.)

qui ajoutent à la beauté de la campagne ; il admire dans le Béarn des chaumières solides et confortables, couvertes en tuiles, entourées de jardins bien tenus et d'étables bien closes[1]. On pourrait en citer d'autres exemples dans les provinces du nord de la France.

Un fait qui frappa singulièrement Arthur Young, lorsqu'il parcourut le Midi, c'est l'absence de vitres, même dans des maisons « fort bien bâties en pierre et couvertes en tuiles et en ardoises. » Dans le Limousin, il cite aussi des bâtiments trop bien construits pour mériter le nom de chaumière, et qui n'ont pas une vitre[2]. La vitre, si précieuse dans les pays du Nord, où l'on se plaît à en entretenir soigneusement la transparence, la vitre était moins utile dans le Midi, où le jour est plus vif et le ciel plus clément. Certaines chaumières du Languedoc et du Limousin n'avaient d'autre ouverture que la porte[3]. Pendant longtemps, les vitres ne furent pas en France d'un usage populaire. Lorsque Montaigne se rendit en Suisse, il remarqua depuis Epinal qu'il n'y avait « si petite maison qui ne fut vitrée.[4] » Au

---

[1] *Voyages en France*, I, 32, 34, 72, 73, 146, 332.

[2] Arthur Young, I, 28, 32, 35.

[3] Théron de Montaugé, *l'Agriculture et les classes agricoles dans le pays Toulousain depuis le milieu du XVIII*[e] *siècle*, 1869, p. 59, 83. — Texier Olivier, *St. gén. France, Haute-Vienne*, p. 95. — Voir aussi Bossi, *Desc. d'Ille-et-Vilaine*, an ix, p. 9. — Dupin, *Desc. des Deux-Sèvres*, an ix, p. 67.

[4] *Journal du voyage de Michel de Montaigne*, 1775, I, 35. — On suppléait à cette époque au verre par des claies de jonc :

> Des vistres on en fait ès maisons du commun
> Par lesquels on peut voir sans estre veu d'aucun.

(Philibert Hegemon, *la Colombière ou maison rustique*, 1583, fol. 7.)

siècle suivant, pour signaler l'heureux état de la Lorraine avant la guerre de Trente ans, on dira que « les paysans avoient des vistres aux fenestres.[1] » Il n'est pas surprenant que les vitres fussent rares dans les campagnes ; c'est à peine si au xviiie siècle l'on en voyait dans certaines villes. En 1759, un élève du collège de Limoges, voulant distribuer sa thèse, demanda dans quelles maisons il fallait la porter. — Partout où vous verrez des vitres, lui répondit-on[2]. La plupart des maisons de Limoges, en effet, n'avaient point de carreaux, mais des panneaux de verre enfumé, montés en plomb. Il n'en était pas de même partout, et l'on n'aurait point été frappé à cette époque, comme du temps de Montaigne, du défaut de vitres dans les régions de l'Est[3].

La diversité que l'on signale entre les régions se retrouvait entre les localités mêmes. Ici, les maisons étaient serrées les unes contre les autres, comme dans une petite ville ; là, dressées au milieu d'un enclos verdoyant. Parfois, les paysans avaient éprouvé le besoin de se grouper ; ils avaient même entouré leur village de murailles, pour résister aux violences des gens de guerre, à tous les dangers qui pouvaient venir du dehors. Mais dans ce cas, la maison perdait son caractère rural pour se rappro-

---

[1] N. Goulas, *Mémoires*, I, 143.

[2] J. J. Juge, *Changements survenus dans les mœurs des habitants de Limoges depuis une cinquantaine d'années*, 1817, p. 9.

[3] Remettre les vitres dans les deux chambres et dans la chambre à four. — Visite d'une maison de paysan à Pargues, en 1750. — Ce fait n'est pas isolé. (Arch. jud. de l'Aube, n° 1336.)

cher du type de celle des villes. La véritable demeure de l'homme des champs dans le Nord est la chaumière, la *masure* normande, dont l'aspect trop souvent misérable est pourtant pittoresque sous les arbres du verger qui l'entoure et l'ombrage. Dans le pays de Caux, les villages sont des agglomérations de maisons entourées d'enclos boisés, dont la réunion forme, au milieu des champs cultivés, un bosquet du centre duquel s'élance le clocher. Il n'en est pas là, comme dans les villes, où rien ne voile la nudité de la maison du pauvre. A la campagne, la nature pare la misère ; elle pose ses festons, elle répand ses ombres, elle fait grimper ses lierres sur « la chaumine enfumée » de l'indigent ; elle forme un cadre riant à un tableau dénué de beauté par lui-même.

Ce tableau, le tableau de la maison rurale, il faut essayer de le peindre, sans artifice de lumière et d'ombre. Le modèle que je prendrai ne sera ni la demeure du riche cultivateur, ni celle du pauvre manouvrier, encore moins celle de l'homme de loi ou du gentilhomme ; c'est celle du laboureur, propriétaire, fermier, métayer ou colon, de l'homme qui gagne sa vie à la sueur de son front, et qui, sans jouir du superflu, possède le strict nécessaire. Cette maison se présente à nous, avec ses dépendances souvent plus importantes que la demeure de la famille elle-même, sous un aspect patriarcal qui rappelle les civilisations primitives. Le paysan peut être considéré comme un nomade qui s'est arrêté sur un point déterminé du sol avec ses bestiaux ; il se suffit à lui-même; pour vivre il n'a pas besoin d'autrui, comme l'homme des villes, qui doit recourir journellement au boucher, au boulanger, au maraîcher; le laboureur vit de ses récoltes; son grain lui fournit la farine dont il pétrit son pain; il a toujours sa huche et souvent son four; il a ses granges où il entasse ses gerbes; il a ses hangars et ses étables. Sa maison, quelque humble qu'elle soit, a besoin d'espace pour s'étaler avec ses dépendances.

Ces caractères de l'habitation rurale, je les trouve au xvie siècle, en Bretagne, dans le logis d'un « prud'homme rustique bon vilain, » que Noël du Fail décrit avec beaucoup de précision et de charme dans le langage de son temps. Après être entré dans la cour, close de beaux églantiers et épines blanches, « il aperçoit en un coin un beau fumier amassé, » spectacle qu'il est encore donné de voir à tous ceux qui approchent d'une maison de village. A côté s'élèvent des « tects (ou toits) çà et là bâtis en forme carrée, hauts environ de trois pieds et quelque poucée, » qui forment, les uns l'étable aux vaches, les autres le « tect des brebis, clos de gaules de coudres enlacés subtilement. » Près de l'entrée, se trouve « un petit appentis sous lequel étaient force charrues, essieux, timons et limons. » La maison du vilain n'est pas grande; elle a « dix-sept pieds en carré, et vingt-huit de large et non plus, à raison, dit l'auteur, que le villageois disait le nid être assez grand pour l'oiseau. » La paroi est « formée de belle terre détrempée avec beau foin, » placée entre quatre poutres perpendiculaires; « au dessus force sablières et chevrons, dont était enlevé le beau pignon vers le soleil couchant; » l'autre était garni d'une lucarne. La couverture était de paille et de joncs entremêlés; car l'ardoise aurait coûté à amener... mais « le tout si proprement agencé qu'un excellent couvreur confessa que de mieux était impossible... et au dessus du faîte force marjolaine et herbe au charpentier[1]. » La fleur cultivée ou sauvage décore la cabane, comme la chaumière anglaise, si bien décrite par le poète Crabbe, qui voit grimper le chèvrefeuille vers le faîte de son chaume[2].

Deux siècles après Noël du Fail, Cambry trouvera dans la Basse-Bretagne des maisons d'un aspect analogue. Presque toujours elles sont situées dans un fond, auprès d'un courtil. Un appentis couvert de chaume abrite les charrues et les instruments de labourage. Point de granges; les blés dans les greniers et « en mulons.[3] » L'aspect riant des vergers qui entourent ces habitations contraste malheureu-

[1] Noël du Fail, *Baliverneries ou Contes nouveaux d'Eutrapel*, 1548, chap. IV. On trouve une description moins complète d'une maison et d'un enclos rural dans la *Colombière* de Philibert Hegemon, de Chalon-sur-Saône (p. 7):

> Entre ces deux jardins est la maison petite
> Où le rusticq clousier et sa famille habite;
> Le four n'en est pas loin; et un peu à cartier
> Est l'etable et pressoir, la grange et colombier...
> Au milieu du basti et devant est la cour.

[2] *Crabbe's Works*, Murray, 1861, *the Parish register*, p. 132.

[3] Généralement, le paysan avait des granges, et ces meules n'étaient pas usitées en France comme en Angleterre. (*Lettres de madame du Boccage*, 1771, p. 53.)

ment avec la saleté des paysans qui les habitent[1]. La saleté est un des vices de la campagne; vice d'autant plus invétéré que le paysan ne s'en aperçoit point et ne sent point le besoin de s'en corriger. Dans le Roussillon, les villageois, non-seulement mettent leur fumier devant leur porte, mais ils gardent leurs cochons sous leur propre toit. Dans le Périgord, porcs, chèvres et volailles vivent avec les paysans dans des chambres basses, humides et malsaines[2]. Pour beaucoup d'entre eux, la propreté est un luxe que l'aisance seule permet d'acquérir; elle leur est aussi rendue difficile par la vie qu'ils mènent au milieu des animaux domestiques.

C'est surtout dans le centre de la France que la famille rurale vit avec ses bestiaux. En Auvergne, son habitation est partagée en trois : à droite, l'étable; à gauche, la grange ; au milieu, la maison communiquant directement avec la grange et l'étable. Quand l'hiver vient, la famille entière passe dans l'étable; elle y vit, elle y couche. L'air, que la température animale échauffe, y devient étouffant; les émanations malsaines, qu'exhale une épaisse couche de fumier, engendrent des maladies; on n'en persiste pas moins dans les anciennes coutumes[3]. Dans le Rouergue, les maisons couvertes en chaume, dé-

---

[1] Cambry, *Voyage dans le Finistère en* 1793 *et* 1794, Paris, an VII, I, 57.

[2] *Compte de l'administration de M. Raymond de Saint-Sauveur,* 1790, p. 91. — Texier Olivier, *Haute-Vienne,* p. 95 et 338.

[3] Legrand d'Aussy, p. 281, 282, 288. — Voir aussi : Bonnaire, *Desc. du dép. des Hautes-Alpes,* an IX, p. 16; C. Roussel, *Topographie rurale du Bocage,* an VIII, p. 62-63.

nuées de vitres, étaient abritées du froid par les étables qui les entouraient[1]. Souvent, à côté des étables, se trouvaient des constructions légères et grossières servant de poulailler ou de « soue à porc. » Une barrière à claire-voie pouvait fermer la cour, où picoraient le coq et les poules.

La maison villageoise recherche d'ordinaire le soleil; toutes les fois que le terrain s'y prête, elle ouvre sa porte et ses étroites fenêtres vers le midi. Au nord, son toit s'abaisse parfois jusqu'au sol, pour mieux la garantir de la bise. Surtout dans les pays vignobles, elle est surmontée d'un étage; le rez-de-chaussée sert de vinée ou d'écurie pour l'âne, la chèvre ou la vache[2]. Mais le plus souvent, elle n'a qu'un rez-de-chaussée, à coup sûr insalubre, lorsque sans carrelage ni plancher il se trouve au niveau ou en contre-bas du sol[3], et ce rez-de-chaussée ne contient qu'une chambre à feu. Celle-ci communique avec un cabinet, une autre chambre où peut se trouver le four. Que l'on y ajoute un cellier en contre-bas, que dans le centre de la France on

---

[1] Alexis Monteil, *Description du département de l'Aveiron*, an x, p. 24.

[2] En 1788, la maison d'un vigneron à Nogent-sur-Marne se compose d'un rez-de-chaussée, sur cave, avec cuisine, dont les châssis vitrés en plomb sont garnis de volets de bois; à côté, une petite laiterie et l'écurie. Au premier, une chambre sans feu et un grenier. Petit jardin, cour avec deux celliers. Le tout est vendu 1010 l. (Archives nationales, Z² 2709.)

[3] Bossi, *St. gén.*, Ain, 1808, p. 309. — Borie, *Desc. Ille-et-Vilaine*, an ix, p. 53. — Jerphanion, *Desc. de la Lozère*, an x, p. 77.

appelle basse-goutte[1], au-dessus un grenier où l'on pénètre par une échelle, et l'on aura le type le plus fréquent de la chaumière rurale[2]. Habitation exiguë, plus que modeste, mais à laquelle le paysan attache un prix infini, parce qu'il en est d'ordinaire le propriétaire et qu'elle est pour lui le siége de la famille.

Presque partout, surtout en Champagne, le laboureur et le manouvrier sont propriétaires de leur maison[3]. Tantôt ils l'ont reçue en héritage de leurs parents; tantôt elle a constitué leur dot ou elle a été le premier acquêt de leur mariage. Le prix a suivi les variations de la valeur de l'argent, de la prospérité locale, de l'importance de la propriété; il est en rapport avec le prix des denrées et le taux de la main-d'œuvre. La maison la plus modeste vaut de 3 à 400 l. à la fin du siècle dernier[4]. Il est peu de ménages qui n'ait la sienne, car elle est pour chacun

[1] Cte Jaubert, *Glossaire du Centre*, II, 470. — Arch. jud. de l'Aube.

[2] Consultez pour la construction des bâtiments de ferme, les diverses *Maisons Rustiques* des trois derniers siècles, entre autres *l'Agriculture et Maison rustique* de Charles Estienne, 1564, p. 6 et 7; et pour la description des habitations rurales de nos jours : Alexandre Layet, *Hygiène et Maladies des paysans. Etude sur la vie matérielle des campagnards en Europe*, 1882, p. 40 à 74.

[3] D'Arbois de Jubainville, l'*Administration des intendants d'après les archives de l'Aube*, 1880, p. 55. — Voir aussi les inventaires dans les archives judiciaires de l'Aube et aux archives nationales.

[4] Maison à Saint-Jean-de-Bonneval, consistant en une galerie par bas, chambre haulte, grenier, cellier, cour, jardin et accin, adjugée à 120 l. (1675), maison à Isle-Aumont, vendue 40 l. (1676)... à Lirey, vendue 240 l. (1702)... à Villery, 600 l. (1737)... à Joncreuil, 450 l. (1764)... à Luyères, deux chambres

d'eux l'abri nécessaire, le domicile qui distingue l'habitant du vagabond et lui donne un rang dans la société communale.

Si l'on peut comparer la commune à une ruche, la maison en est la cellule. Cette cellule ne renferme pas un individu, mais une famille. C'est une famille qui se groupe sous le même toit, autour du même foyer, et les légères colonnes de fumée qu'on voit s'élever vers le soir au-dessus des maisons indiquent l'existence et le nombre des familles que renferme l'agglomération communale. Dans les recensements officiels comme dans les décisions relatives à la répartition des tailles entre les localités, on ne comptait pas la population par têtes, mais par feux[1]. Le mot de feu resta toujours employé dans le langage administratif pour désigner le groupe de famille que renfermait la maison ; et comme on estimait au siècle dernier que chaque feu correspondait à quatre ou cinq habitants, on peut se former une opinion approximative de la quantité moyenne des membres de chaque famille[2]. Aux élections de 1789 même, le nombre des députés aux assemblées bailliagères accordé

---

dont une à feu, appentis, vinée, granges, le tout couvert en paille, avec jardin potager, vendus 950 l. (1774). Dans le bourg d'Essoyes, en 1763, à la suite d'un incendie, les maisons de manouvriers sont estimées en moyenne 700 l., celles de laboureurs ou d'artisans, 1200 l. — En 1783, les maisons de manouvriers se vendent en moyenne 400 l. aux environs de Troyes, 300 aux environs de Chaumont. (Arch. jud. de l'Aube. — *La publicité à Troyes il y a cent ans*, p. 7.)

[1] De là le nom de *fouages* que l'on donnait à certaines tailles. (Guy Coquille, *Hist. de Nivernois*, p. 341, 342.)

[2] Il y a des cantons où l'on trouve cinq personnes par feu.

à chaque paroisse, fut calculé d'après le nombre des feux et non d'après celui des électeurs. La famille, la maison est donc le premier élément de l'agglomération communale, et les droits communaux ne sont reconnus, le plupart du temps, qu'aux chefs de familles, chefs de maisons ou chefs de feux[1]. Aussi, le paysan ne s'attache-t-il pas seulement à sa demeure comme à l'abri matériel qui garantit son repos contre les intempéries de l'air; il y voit le gage de ses droits communaux; il y voit la propriété que l'héritage et l'épargne lui ont acquise; il y voit le sanctuaire de la famille; il y voit son domaine propre, dont il est, pour ainsi dire, le seigneur. — Charbonnier est maître chez lui. — C'est un vieux dicton que le paysan peut répéter à son profit, lorsque sa porte est close et que son chien veille à l'extérieur; il a une pioche, au besoin un fusil, pour repousser le maraudeur qui voudrait forcer sa demeure. Rien ne saurait la violer, si ce n'est le sergent de justice et l'employé des gabelles, qui, sur un simple soupçon de fraude, peut pénétrer chez lui et s'y livrer à des perquisitions vexatoires; c'est pour cette raison qu'il hait d'une haine profonde et tenace le sergent et le gabelou, tandis qu'il contemple d'un œil confiant les cavaliers de maréchaussée qui parcourent deux à deux depuis le XVIe siècle les

A Lyon et en Auvergne, M. de la Michodière n'en a trouvé que quatre et demi. Il y a des provinces, comme le Berri, où l'on ne trouve que quatre et quatre et quart. (Lettre de Deparcieux à Grosley, du 27 mars 1763. *Lettres inédites de Grosley*, n° 78.)

[1] Voir le *Village sous l'ancien régime*, 3e éd., p. 38.

routes et les chemins[1], répandant la terreur parmi les malfaiteurs et rassurant les campagnards paisibles.

Il éprouve aussi le sentiment de la propriété héréditaire depuis que le servage a disparu dans presque toute la France. J'ai rencontré l'inventaire rédigé, vers la fin du xve siècle, après le décès d'un homme de corps assujetti à la main-morte. C'était un vieillard considéré et d'une aisance au-dessus de l'ordinaire ; il avait marié sa fille à un homme de loi, au mayeur du village voisin ; il possédait une maison qu'on qualifiait d' « hostel, » et qui était composée de plusieurs corps de logis désignés sous le nom de « frestes de maison ; » il avait des vaches dans ses étables et à cheptel ; cinquante-trois « bestes à laine » étaient réunies dans sa bergerie ; il avait enfin quarante arpents de terres labourables ; mais tous ces biens, fruits de son travail et de son épargne, devaient revenir après sa mort au chapitre d'une cathédrale, qui possédait la seigneurie de son village et dont il était l'homme de corps[2]. Le paysan du siècle dernier pouvait envisager l'avenir avec plus de sécurité ; il savait qu'il pouvait transmettre à l'un de ses enfants la maison, tout humble qu'elle fût, où souvent il était né et dans laquelle sa famille avait grandi et vécu.

[1] Jodocus Sincerus, *Voyage dans la vieille France*, tr. du latin par Thalès Bernard, 1859, p. 23.

[2] Inventaire des biens de feu Giles Thibaut, en 1479. Arch. de l'Aube, G. 2860.

CHAPITRE II

LE MOBILIER

Entrons dans cette maison que nous avons essayé de dépeindre. La porte étroite et basse n'est souvent fermée que par une serrure de bois. — Tirez la chevillette, la bobinette cherra. — C'est la description d'un loquet, que Charles Perrault a tracée pour faire sourire les enfants, et qui peut, dans le cas présent, nous instruire.

La porte nous introduit dans une salle, qui est le plus souvent la seule de la chaumière. L'aspect en est sombre, parce que le jour n'y pénètre qu'à travers d'étroites et de rares ouvertures. Le soleil n'y entre guère que par la porte, lorsqu'elle est entièrement ouverte. La salle est d'ordinaire très-basse, sans plancher, ni plafond ; sous les pieds, le sol battu ; au-dessus de la tête, des poutres surbaissées et noircies. Si par hasard, dans une de ces expéditions triomphantes que faisait Louis XIV en sa jeunesse, une princesse du sang couche dans une de ces salles rustiques, il faudra creuser le sol pour que son lit puisse y tenir. C'était en 1674, aux environs de Dôle ; la reine et mademoiselle de Montpensier suivaient le roi et l'armée ; une nuit, elles furent forcées de coucher dans un village ; on trouva pour la reine une chambre de paysan pourvue de vitres et de planchers ; mais la grande mademoiselle dut se contenter d'une salle basse, aérée par deux fenêtres sans vitres, et dans laquelle la pluie filtrait à travers le toit couvert de planches [1]. Abri médiocre, qui suffisait au paysan, dont la chambre n'a pas besoin d'être vaste ; c'est à peine s'il y demeure ; la pluie, le froid ou la nuit seuls l'y font rentrer ; dans la semaine, il travaille dans les champs ; le dimanche, il assiste aux offices religieux, aux assemblées, aux adjudications, et quand il est jeune, il se livre au jeu ou à la danse.

Si l'extérieur des maisons diffère, leur intérieur présente de singulières similitudes ; c'est que l'aspect extérieur dépend des matériaux dont on dispose ; l'aspect intérieur, des besoins, des ressources, des mœurs de l'habitant. Or, du seizième au dix-huitième siècle, ces besoins, ces ressources, ces mœurs ont peu varié. Si l'on compare la demeure d'un paysan breton du xvie siècle, telle que l'a décrite Noël du Fail [2], avec celle d'un paysan champenois du xviiie, on y trouvera les mêmes meubles

---

[1] *Mémoires de Mademoiselle de Montpensier*, édition Chéruel, IV, 366.

[2] *Baliverneries ou contes nouveaux d'Eutrapel*, IV.

que les générations successives se sont transmises, la table, les coffres, le lit, ainsi que les ustensiles de ménage et de travail disposés sur les dressoirs ou suspendus le long des murs. On signalait dans les maisons rurales du Rouergue au commencement de ce siècle des meubles du temps de la Ligue : armoires, couchettes, bancs sculptés, en bois dur si solide qu'on pouvait dire qu'ils avaient « usé plusieurs « maisons »[1]. Fait particulier, et qui rappelle quelque peu la vie nomade, où la richesse est entièrement mobilière : les meubles ont souvent plus de valeur et de durée que l'abri où se réfugie la famille, et surtout si l'on fait entrer en ligne de compte les bestiaux, le contenu de l'habitation rurale est estimé plus cher que le contenant.

Lorsqu'on a pénétré dans la chambre de la chaumière, on est d'abord frappé par la vue du foyer : le foyer, lieu sacré, que révéraient les anciens, parce qu'il était le siège du feu et le centre autour duquel se groupait la famille. La large cheminée à laquelle s'adosse l'âtre est pour ainsi dire la pierre angulaire de la maison ; c'est elle qui en forme le point de résistance, et lorsque l'incendie ou la ruine a passé sur elle, sa masse noircie se dresse encore comme le dernier témoin de son existence. La cheminée est aussi l'indice de la fixité du domicile ; dans les huttes ou les tentes des peuples primitifs, le foyer est situé au centre et la fumée s'échappe à

---

[1] A. Monteil, *Description de l'Aveiron*, I, 123. — Voir aussi Charles de Ribbe, *les Familles et la Société en France avant la révolution*, 1873, p. 211.

travers une ouverture pratiquée dans la toiture mal jointe, comme dans les cabanes de Franche-Comté, que l'on pouvait voir encore à une époque peu éloignée de la nôtre [1]. Mais presque toujours, dans la maison du paysan français aux deux derniers siècles, le foyer se présente, sous le large manteau de la cheminée, avec ses lourds et solides accessoires de fer ou de fonte; les chenets ou « chiennets » de fer à tête recourbée ou terminée en boule; l'indispensable crémaillère, destinée à suspendre la marmite de fer ou d'airain; et chez quelques-uns, la broche, qui indique qu'on ne met pas seulement la poule au pot, mais qu'on la fait rôtir [2]. C'est que la cheminée n'est pas seulement le lieu où la famille, au retour du travail, vient se sécher, se réchauffer et se réjouir à la flamme des ramées; le coin où les parents sur les escabeaux de bois passent les veillées d'hiver; où le vieillard malade dégourdit ses membres glacés par l'âge et dicte son testament [3]; c'est l'endroit où chaque jour, dans la chaudière ou la marmite, se préparent et cuisent les aliments qui servent à la nourriture de la famille. Aussi de toutes

[1] Xavier Marmier, *Nouveaux souvenirs de voyage. Franche-Comté*, 1845, p. 44.

[2] Arch. jud. de l'Aube. — Inventaire d'un vigneron de Gennevilliers, 1736. Arch. nationales, Z² 4121. — Dans les campagnes du Rouergue, on appelle horloge le tourne-broche. (A. Monteil, *Desc. de l'Aveiron*, II, 111.) — « Chez la plupart de nos montagnards, vous trouverez une broche, une casserole et d'autres ustensiles... » (Dusaulx, *Voyage à Barèges en* 1788, I, 84.)

[3] M. de Ribbe cite l'exemple d'un testament fait par un vieillard « assetat au devant lou fuoc sus ung scabello. » (*Les Familles et la Société*, p. 480.)

parts, aux abords de la cheminée sont accrochés ou posés les divers ustensiles de cuisine : le gril, qu'on appelle au xvi° siècle le rostier, la poêle et le poêlon, les pots de terre, les marmites et les chaudrons de fer, de cuivre et d'airain [1].

Lorsque le fagot flambe, sa lueur suffit à éclairer la chambre ; mais il ne flambe pas toujours, et il faut recourir à d'autres moyens pour y répandre la lumière. Si dans les provinces reculées comme la Bretagne, on se sert de torches dont la fumée épaissit la couche noire qui recouvre les poutres du plancher supérieur [2], en Champagne on emploie depuis le xvi° siècle les lanternes, les chandeliers et les lampes. La lanterne « à corne, » à carcasse de cuivre ou de fer blanc [3], peut être emportée sans danger dans les étables et les greniers. Les chandeliers de cuivre, de bois et de fil de fer, ne sont pas toujours usités pour supporter des chandelles, et ce n'est

[1] Voir une gravure de Mariette, reproduite dans *le XVII° siècle*, par M. Paul Lacroix (p. 415), où une cheminée de campagne est représentée surmontée de ses différents ustensiles de cuisine. — On trouve aussi dans les inventaires de l'Aube « l'egasse de potain à queue de fer », avec laquelle on puise l'eau, la *servante* de fer qu'on accroche à la crémaillère. Près de Paris, on rencontre des fontaines de cuivre rouge, garnies de leur couvercle et robinet et d'autres ustensiles de cuivre. (Arch. nationales, Z² 121, 1236.)

[2] Dans les Pyrénées, on ménageait sous le manteau de la cheminée une niche dans laquelle on faisait brûler des éclats de bois résineux pour éclairer la pièce. (Millin, *Voyage dans les départements du midi de la France*, 1807, IV, 550.)

[3] Lumière à corne (inventaire de 1670), lumière à corne de cuivre (manouvrier, 1687), une lanterne de fer-blanc (1750). Arch. jud. de l'Aube.

que par exception que l'on trouve des mouchettes ; quelquefois les chandeliers sont destinés à recevoir une lampe [1]. Les lampes se trouvent partout, et à toutes les époques, depuis le xvie siècle : lampes de cuivre ou de potain, à queue de fer ou sans queue ; lampes à un, à quatre ou à cinq feux ; lampes qu'on transporte et qu'on suspend [2]. Lampes et chandeliers, en effet, se placent d'ordinaire sur la saillie supérieure du manteau de la cheminée ou s'accrochent à ce manteau même.

C'est également au-dessus de ce manteau que l'on suspend le mauvais fusil qu'un grand nombre de paysans champenois conservent chez eux. Le fusil n'est pas toujours en bon état ; tantôt il consiste en un vieux canon long de trois pieds ; tantôt c'est « un fusil monté » et garni de sa platine [3]. En général, la valeur vénale de l'arme est médiocre [4], et il serait peut-être plus dangereux de s'en servir que

---

[1] Une lampe de cuivre à mettre sur un chandelier (1540), un chandelier de fil de richard (fil de fer) (1750) (Arch. Aube), 3 chandeliers, deux à pattes, l'autre à bouette (1526), 5 chandeliers (1531), 3 chandeliers d'airain sur deux desquels il y a des lampes (1649). (Arch. nationales, Z² 2704 et 121.)

[2] Un lumyer de cuivre avec une lucette de fer-blanc, ladite lucette garny de ses queux et luceran (laboureur, 1744), lampe de potain à queue de fer (1746), lampe à quatre feux (manouvrier, 1754), lampes de potain, 1777, 1778, etc. (Arch. de l'Aube.) — Dans l'Aveyron, les lampes à 5 becs sont fabriquées par les chaudronniers. (Monteil, II, 93.)

[3] Inventaires de 1669, 1670, 1723, 1750, etc. Un fussy monté sur son bois et battery, 4 l. (1765.)

[4] 2 liv. en 1750, 4 l. en 1752, 3 l. en 1754, etc. — Voir ce que dit Balzac dans les *Paysans* du vieux fusil pendu sur la cheminée. (*OEuvres*, 1877, XVIII, 248-250.)

d'en affronter les coups. Chez l'un, une vieille épée, un mauvais pistolet accompagnent le fusil ; chez un autre, un fusil propre à tirer des canards, estimé 15 l., est pendu près d'une carnassière et non loin d'une « paire de bottes de cuir fort à canardière[1]. » Malgré les ordonnances sur le port d'armes et la chasse[2], on trouve dans beaucoup de maisons des armes à feu destinées à la défense et peut-être au braconnage.

Au XVIe siècle même, le paysan s'en était servi pour repousser les violences des gens de guerre. Pour montrer quelle sécurité lui fut assurée sous Louis XII, on disait qu'à cette époque, les armes des campagnards étaient

> Enrouillées partout, et que des morions
> Et des vieilz corselets on faisait des chaudrons.

Lorsque, sous Henri III, il y avait des battues au loup, les manants accouraient au rendez-vous, non-

---

[1] Inv. de Chessy, en 1773. Arch. jud. Aube, n° 1528. Il ne faut pas confondre le fusil, à usage d'arme, avec le fusil qu'on trouve dans certains inventaires et qui n'est qu'un morceau d'acier qu'on bat avec la pierre à feu, ni avec le fusil, sorte de tube usité pour souffler le feu dans les campagnes de l'Aube. Le soufflet existait au XVIe siècle dans les campagnes, si l'on en juge par les vers de Joachim du Bellay, nous montrant un paysan, qui
> D'un fer pointu souffle tant et si fort
> Qu'il allume le feu à demi-mort.
(*Divers jeux rustiques*, 1570. Le moretum de Virgile.)

[2] Voir entre autres une ordonnance de l'intendant de Champagne faisant saisir en 1744 à Grandville les fuzils, armes, eperviers et autres engins de pêche et de chasse. (Arch. de l'Aube, C. 1411.)

seulement avec des épieux, des fléaux, des faulx, des leviers, mais aussi avec des hallebardes, des vieilles épées et même des arquebuses[1]. Certaines coutumes féodales obligeaient même les paysans à avoir des armes. Jusqu'en 1787, les manants et habitants de Thiais, « en reconnaissance de l'affranchissement de leurs auteurs, » comparaissaient périodiquement devant le juge tenant ses assises, « habillés honnêtement et décemment, avec armes offensives et défensives, selon l'usage ordinaire[2]. »

Près de la cheminée, où est pendu le fusil, l'on apporte les escabeaux ou escabelles[3], quelquefois un vieux fauteuil de bois noirci par l'usage, et à partir du xviie siècle, les chaises à fond de paille[4]; dans certaines provinces on y place le *siège à sel*, sorte de meuble à base carrée où l'on enferme la provision de sel de la maison[5]; mais les sièges les plus usités, ce sont encore les coffres rangés le long des murs, et les bancs ou bancelles de bois attachés à la table ou placés à sa proximité.

La table, longue, étroite et rectangulaire, était tantôt posée sur des tréteaux, tantôt assise sur des

[1] Cl. Gauchet, *le Plaisir des champs*, 1583, p. 59 et 121.

[2] Archives nationales, Z² 4339.

[3] Deux petites selles à asseoir (inv. prudhomme-laboureur, 1568), 6 escabelles de bois (1688). Arch. nationales, Z² 1236.

[4] 4 chaises garnys de paille (homme de journée, 1605), 5 chaises de bois couvertes de paille (1688). Ibid. Z² 1236 et 121. — En Champagne, les chaises de paille n'apparaissent qu'au xviiie siècle. (Arch. jud. Aube.)

[5] Indications de M. Vernière, de Brioude.

pieds solides[1]. C'est à l'un de ses bouts qu'au xvie siècle, en Bretagne, on mettait la « touaille ou nappe, » sur laquelle on servait le dîner. Beaucoup de paysans possédaient aux siècles suivants plusieurs nappes et des serviettes dans leur coffre[2]. Quoiqu'ils en eussent parfois plus d'une douzaine, il est peu probable qu'ils s'en soient servis tous les jours. L'excès de propreté n'est pas le défaut des chaumières. L'on mangeait souvent dans des écuelles de terre ou de bois. Outre les plats et les écuelles de poterie, qu'on qualifie avec un certain dédain de « terrasse » ou de « terrasserie, » les campagnards possédaient des plats et des assiettes d'étain; ils étaient fiers de les étaler sur leurs dressoirs et sur

---

[1] Table de chesne de deux pieds demie, x pieds de long en deux formes, iij[s] iiij[d] (1479), une table de cinq pieds de troys ayz assemblés (1526), une table de boys de chesne garnye de ses tréteaulx de troys piedz de long 9[s] (1568), une table de boys de noyer faict à l'anticque se tirant par les deux bouts... ayant cinq pieds de long, avec deux formes de bois de chesne et deux escabelles (1649), table montée sur deux coffres (lab. 1670), une table de bois de noyer avec ses bancelles (lab. 1785). (Arch. Aube. — Arch. nationales, Z² 2704, 1236, 121.)

[2] 2 nappes de toile de chanvre (lab. 1588), nappes et 14 serviettes (1639), 4 nappes, 6 serviettes (1649), 2 nappes, 14 serviettes (vigneron, 1702), 6 nappes, 18 serviettes de grosse toile, 6 serviettes ouvrées, 4 torchons (vigneron, 1785). (Arch. nationales, Z² 121, 2711, 4340, 1236.) — 6 nappes et 12 serviettes (1711), 6 nappes et 9 serviettes (1720), 2 nappes, 5 serviettes (manouvrier, 1723), etc. (Arch. de l'Aube.) — Voir aussi pour la nappe du souper, en Languedoc : P. Vanière, *Prædium rusticum*, 1707, lib. II. — 4 nappes et une douzaine de serviettes de chanvre. Inv. de la femme d'un laboureur du Soissonnais. (Félix Brun, *la Vie privée des paysans au moyen-âge et sous l'ancien régime*, 1882, p. 15.)

leurs tablettes; ils y mettaient aussi des pots, des
« potagers » ou soupières, des brocs à bec, des gobelets d'étain[1]. L'étain avait précédé l'argenterie et
la faïence chez les bourgeois, et même chez les dignitaires de l'église. La faïence n'apparut chez les
paysans que sous Louis XV. A cette époque, les
ménagères étalent sur leur buffet ou dans leur « vaisselier » dix à douze assiettes avec un saladier et
quelques plats de faïence[2]. Fabriquées spécialement
pour elles, ces pièces de céramique populaire, avec
leurs fleurs, leurs coqs et leurs personnages peints
en couleurs crues sur un émail brillant, éclairent de
leur aspect gai l'intérieur sombre de la chaumière.

[1] Trois pintes, unze escuelles, trois plats de fin estain (Inv. de laboureur, 1479), 21 livres estain, tant plats, escuelles (1531); des laboureurs ont de 8 à 28 l. d'étain au xviie siècle, de 12 à 37 et 54 au xviiie. (Arch. jud. Aube.) Aux environs de Paris, des laboureurs ont 14 l. d'étain en 1588, 21 en 1639, etc. Un laboureur d'Aubervilliers a 6 plats, 12 assiettes, 2 bassins, 1 pot à eau, 2 pots bourgeois, un potager, une escuelle à oreille, 12 cueillers à bouche, 1 salière. Un autre a en 1721, 12 assiettes, un « petit brocq à l'ancienne mode », une « heguière », 3 sallières, 2 moutardiers, etc. (Arch. nationales, Z[2] 121 et 4340.) — Le luxe des fermières est dans le nombre de leurs plats d'étain, qu'elles se plaisent à étaler. (Monteil, *Desc. de l'Aveiron*, II, 133.)

[2] 4 assiettes de faïence (laboureur, 1722), 2 plats et 8 assiettes (1752, 1758), 1 saladier et 14 assiettes (1752, 1775), 1 saladier et 12 assiettes (manouvrier, 1775, 1779), 25 assiettes, 3 saladiers, 1 écuelle, 1 pot à l'eau et 1 salière de faïence, sur un dressoir, 6 l. (man., 1786), 5 plats longs et 4 plats ronds (lab.), etc. (Arch. jud. Aube.) Il y a moins de faïence, et plus d'étain, à la même époque aux environs de Paris. (Arch. nationales, Z[2].) Dans le Languedoc, au commencement du xviiie siècle, la faïence des fermiers est réservée aux personnes de distinction qu'ils reçoivent et pour les fêtes de village. (P. Vanière, *Prædium rusticum*, lib. II.)

Comme les bouteilles, les verres sont rares; Jamerai Duval, de retour en Champagne, se trouva un jour dans un hameau habité par des sabotiers; comme il faisait chaud, il demanda à boire; on lui apporta de la mauvaise eau dans un grand gobelet de bois. S'il s'était adressé à un laboureur ou à un vigneron dans l'aisance, on aurait pu lui servir du vin dans un gobelet ou dans une timbale d'argent. Les timbales d'argent étaient cependant plus difficiles à rencontrer que les gobelets de bois. Il y avait peu d'argenterie dans les campagnes. Outre les timbales, on trouve dans beaucoup de pays des tasses d'argent[1], qui servent particulièrement à goûter le vin et qui sont quelquefois façonnées en forme de gondole. Le nom ou les initiales du propriétaire y sont gravés[2]. Mais d'ordinaire les cuillers sont d'étain; les fourchettes sont d'acier ou de fer. Il y a des manouvriers qui ont 23 fourchettes et 15 cuil-

[1] Dans les grandes et petites villes, encore plus dans les campagnes, les vignerons, les marchands de vin, marchands forains, rouliers, voituriers, voyageurs, laboureurs, etc... portent leur tasse d'argent. (*Système nouveau présenté au Roi*, par M. Juric des Camiers, l'un des électeurs du tiers état, au pays de Forez, 1789). Cette curieuse brochure, que M. Paul Le Blanc a bien voulu nous communiquer, contient, malgré des évaluations exagérées, de précieuses indications sur le luxe de l'époque.

[2] 1 tasse d'argent (lab. 1711, 1713, 1783), tasse à gondole, marquée E (lab. 1725), 2 tasses, une longue et une ronde (1730, 1751, 1752), une tasse à coquille et une gondole d'argent (lab. 1745), 2 timbales (lab. 1768, man. 1775), 2 tasses, un gobelet d'argent (1786), etc. (Arch. jud. Aube.) — 2 tasses d'argent garnies chacune de deux anses (lab. 1697), une tasse d'argent à cocquille sur laquelle est gravé Jean Defresne (lab. 1713), etc. (Arch. nationales, Z² 121, 1236.)

lers[1]. Peu ou point de couteaux ; chaque convive sans doute apporte le sien[2]. On ne trouve de couverts d'argent, et encore en petit nombre, que chez les gros fermiers, les curés qui ne sont pas à la portion congrue, et quelques juges seigneuriaux d'ordre supérieur. L'argenterie est enfermée avec les objets précieux dans le bas d'un buffet ou dans un coffre en cuir bouilli. On la mettait aussi dans une armoire, dans un bahut ou dans un de ces cabinets de bois de chêne, à deux battants, où le cultivateur enfermait sous clef[3] ses titres de propriété ; on la serrait dans le « buffet ferré » que surmontaient les deux ou trois tablettes du dressoir, couronnées d'une crête ou d'une sorte de fronton, désigné sous le nom de « chapeau[4]. »

[1] 10 fourcelettes d'acier (manouvrier, 1723), une tasse et 4 cueillers d'étain (1721), 8 cuillers d'étain et 5 fourchettes de fer (man. 1758), 5 douzaines de fourchettes de fer (lab. 1772), 10 fourchettes, 10 cuillers (man. 1782), etc. Manger la soupe avec une cueiller était une expression proverbiale pour indiquer un certain degré d'aisance. (*L'Ami des Hommes*, II, 66.)

[2] Une coustellière garnie de cinq cousteaux... (huillier, 1676), — 2 couteaux de table, 14 fourchettes (man. 1779), — gaîne couverte de cuir en laquelle il y a trois couteaux à main avec un couperet pour hacher de la viande, 20 s. (Arch. jud. Aube. — Arch. nationales, Z² 1236.)

[3] Cabinet trousse de bois de noyer (lab. xviie siècle), cabinet de bois de noyer (lab. 1722), cabinet à deux battants (1730, 1750). Arch. jud. de l'Aube, n° 1259.

[4] Un vieux dressoir à l'antique (lab. 1765), un dressoir bois de chesne à trois tablettes et son chapeau, le bas servant de buffet ferré fermant à clef ainsy qu'un petit tiroir, 12 l. (lab. 1784), un autre, chez un manouvrier. (Arch. jud. Aube, n° 1269, etc.) Bas de buffet à deux volets et deux tiroirs (jardinier, 1786), grand dressoir à vaisselle, 4 l. (vigneron, 1784). Arch. nationales, Z² 121, 2711.

Les cabinets et les buffets, surtout lorsqu'ils sont sculptés et à quatre battants[1], ne se rencontrent pas partout. Il n'en est pas de même de la huche, que dans certaines provinces on appelle la *met*. Que son couvercle soit plat ou en dos d'âne, elle est faite d'ordinaire en bois de chêne, et sa longueur est de quatre ou cinq pieds[2]. « La met de chesne propre à faire du pain » est l'indice caractéristique de la nourriture la plus usitée; elle se rencontre dans les chaumières comme dans les maisons bourgeoises sous Henri IV. Le pétrissage domestique, qui peut être regardé comme un des symptômes de la vie patriarcale[3], se suffisant à elle-même, persista dans les campagnes, où les boulangers étaient rares. Les pains que la ménagère pétrissait étaient cuits au four banal, et plus fréquemment dans le four de la maison même. La plupart des maisons rurales de Champagne contenaient un four dont la porte close avec un « bouchoir de fer[4] », s'ouvrait fréquemment sous le large manteau de la cheminée. Le four était aussi placé dans une chambre spéciale, qui servait de buanderie et de débarras. Les pains étaient ensuite renfermés dans la huche, et s'y desséchaient

[1] Un mauvais buffet à l'antique et sculpté à quatre battans, 1 l. (1764).

[2] Une metz à pastes de boys de chesne, VI s. t. (lab. 1532), une met de bois de chesne longueur de 4 pieds et demy, 4 l. (lab. 1783.) Arch. Aube. — Une huche de chesne de six pieds (lab. 1533),— un pestrin en bois de chesne de six pieds de long, 40 s. (1583). Arch. nationales, Z² 1236, 2710.

[3] Charles de Ribbe, p. 403.

[4] On en trouve aussi aux environs de Paris. (Arch. nationales, Z² 1236.)

jusqu'au moment où la ménagère en coupait de larges tranches, soit pour le repas, soit pour l'aumône. « Chez les paysans, la huche et le fruitier sont toujours ouverts, » a dit Jean-Jacques Rousseau.

Le meuble fondamental et nécessaire de la chambre et par conséquent de la maison, c'est le lit. Il se présente à nous avec un luxe relatif qui montre quelle importance on y attache. C'est pour ainsi dire le sanctuaire de la vie domestique; dans certaines provinces, le curé vient bénir le lit nuptial; c'est dans le lit qu'il donne les derniers sacrements au mourant. Le lit est surtout le siège du repos, de ce repos chèrement gagné par le travail et d'autant plus apprécié qu'il est moins prolongé. Aussi, c'est le meuble le plus coûteux de la maison; c'est le principal apport des mariés[1], et sa propriété est souvent assurée par le contrat au survivant d'entre eux; dans les ménages peu aisés, sa valeur égale ou dépasse celle du reste du mobilier. Ce n'est que chez les indigents que le bois de lit, le châlit, est fait à la serpe; d'ordinaire il est en menuiserie de chêne, de noyer ou de poirier. On semble vouloir l'abriter le plus possible contre le vent du dehors, qui passe entre les ouvertures mal jointes. Tantôt il est enfoui dans une sorte d'alcôve ou d'armoire sans porte, garni de courtines et de bonnes grâces; tantôt il avance dans la pièce, avec des pentes et des rideaux que

---

[1] Couche à hauts piliers, garnie de serge de Saint-Lô rouge... donnée en mariage, estimée 100 l. (1683). Arch. nationales.— Contrats de mariage des environs de Brioude, de 1611 à 1659, comm. par M. P. Le Blanc.

peuvent supporter des traverses élevées sur quatre colonnes; on le garnit même de ciels-de-lit, de dossier et de mantelets. Ces rideaux, ces pentes, ces mantelets sont en toile dans certains pays et à certaines époques[1]; mais le plus souvent, en Champagne, à partir du xviii° siècle, ils sont en serge, rarement rouge, violette ou jaune, mais presque toujours verte. La serge est parfois bordée de franges, de galons de soie de même couleur ou de couleur assortie ou tranchante. Sur le lit même, les deux draps de toile, tissée avec le chanvre filé par la ménagère[2], sont dissimulés sous une couverture ou mante de tiretaine rayée ou de drap uni, que fait bomber le lit de plumes[3].

[1] Particulièrement aux environs de Paris, aux xvi° et xvii° siècles, et dans ceux de Brioude, au xvii°. Un contrat de mariage de 1642 dans cette région cite « ung paire de courtines, trois rideaux... pour mettre à la muraille, et garde-jour de lit en toile blanche... Un autre de 1644 indique : une paire de courtines de toile avec leurs franges de filet.

[2] Dans les provinces reculées, on se sert encore de draps de laine, comme au moyen-âge. (Bonnaire, *Desc. des Hautes-Alpes*, p. 16.)

[3] Voici quelques indications tirées des inventaires conservés aux archives de l'Aube : « ung lit forny de deux tayes et un cuissin de toilles, une couverture de drap de laine royée, ung oreiller de plume, prisés ensemble avec III trappans formant chaalit... IIII l. (1479), ung lit forny de taix et cuissin, etc. C s. t. (1532), — un lit fourny de toye... une couverture de drapt vert uny garny de manteletz à frange... deux draps, L s. t. (lab. 1540), — ung chaslit de bois de chesne, couverture de tyretaine blanche et noyre, etc.... IX l. t. (lab. 1540). Lit... tiretaine barrolée... ung ciel garny de manteletz à franges avec le docyer... C s. t. (1546), — ... couverture de tiretaine bleue, courtine de toile (lab. 1675, 1676). — Lit de poirier (lab. 1688).

3

Le lit de plumes, c'est la règle dans les campagnes du Nord-Est. Les paysans de cette région, qu'on représente comme si misérables [1], couchent tous sur la plume. Il n'en est pas ainsi dans toute la France. En Bretagne, les lits placés dans des armoires sans portes, se composent de balles d'avoine ou de seigle, recouvertes de couvertures de gros fil d'étoupe ou de poil; en Auvergne, les pauvres n'ont aussi que des matelas de guérets; mais le lit de plumes est le partage des ménages aisés, et les filles en se mariant font insérer dans le contrat que leur mari leur apportera un matelas de plumes [2]. Aux environs de Paris, le lit est assez sou-

— Lit... serge verte garnye de ses franges et mollets de soye meslée (lab. 1704). — Ciel de lit de brogatelle (1716). — Lit garni de coulleur rouge, avec le tour de pareille serge garni de ses franges, 20 l. (lab. 1720). — Bois de lit garni de son « enfonceur de planches », 10 l.; lit et cuissin de plumes garni de leur toist (taie), 37 l. 10 s. (lab. 1722). — Tour de lit de serge jaune de cinq pièces (man. 1733).— Chalit de noyer, courtines et vergettes de serge rouge (lab. 1744). — Un bois de lit garni de son enfonceure, ciel et dossier, et sur iceluy un lit et traversin de plume, deux draps de toile commune, une couverture de bouge blanc, une garniture de serge rouge composée de quatre pièces avec le tour, pante et bonne grâce, 60 l. (man. 1766). — Bois de lit fait à la serpe et petit lit de domestique, 20 l. (vigneron, 1786).— Couche à piliers, rideaux de serge verte à galons jaunes (man. 1786). — Bois de lit à quatre colonnes (1783, 1787), etc.

[1] La pauvreté de la Champagne était proverbiale sous l'ancien régime. (L. de Lavergne, *Economie rurale de la France depuis* 1789, p. 127.)

[2] Cambry, I, 58, 59. — Legrand d'Aussy, p. 282, 283. — Des contrats de mariage, des environs de Brioude, mentionnent au XVII° siècle des coettes ou lits de basle (d'avoine) avec cuissin de basle ou de plume. Chaque lit est garni de deux « linceulx »

vent garni au xviiie siècle d'un matelas de laine et d'un traversin ; mais fréquemment, la couche de noyer ou de chêne à hauts piliers a son lit de coutil rempli de plumes[1]. En Champagne, on ne trouve pas seulement la plume dans le lit des chefs de famille ; il y en a dans le lit des enfants, placé dans la même chambre ou dans un cabinet voisin, même dans les petits lits, que l'on recouvre d'un lange de serge, bleue ou rouge[2] ; on en trouve jusque dans le lit taillé à la serpe qui est destiné au domestique dans un coin de l'écurie ou de l'éta-

ou draps et d'une couverte de layne blanche. (Comm. de M. Paul Le Blanc.)

[1] Je citerai dans les inventaires conservés aux Archives nationales (Z²) : un lict garny de son traversin avec une couverture de castallogne blanche (Issy, 1520). — Lit avec un ciel de deux leiz garny de ses franges de toile (Milly, 1533). — Lit à piliers tournés... couverture de tiretaine blanche, ciel de lit de toile de chanvre à franges (Thiais, 1588). — Couche faite à l'anticque de bois de chesne garny de son enfonsure dans laquelle a un lit et traversin garny de plumes, ung drap de toile d'estouppe, une couverture de castalogne blanche, un ciel de toile de chanvre avec ses franges, 25 l. (Thiais, 1634). — Lit couty remply de plumes... serge rouge à franges de soye (vigneron, 1702). — Couche à hauts piliers, garnie de son enfonçure, paillasse, lit et traversin de coutil garnis de plumes... huit pièces de serge verte à franges et mollets de soye... 40 l. (lab. 1716). — Serge rouge à franges et mollets de soye (1713). — Couchette à colonnes... tour de lit de gros drap rouge à galons de soie (verdurier, Aubervilliers, 1771). — Lit à hauts piliers... matelas de laine (vigneron, 1780), etc.

[2] Inv. de vigneron et de manouvrier (1736, 1774). On peut noter un berceau, en 1774, à titre exceptionnel. (Arch. Aube.) — On trouve dans un inventaire de 1672, à Nogent-sur-Marne, « une couverture de ratine rouge garnye de passemens de soye et bordé de soye pour usage et pour couvrir des enfans », 40 s. (Arch. nat. Z² 1236.)

ble¹. Ces lits de plumes sont de plusieurs dimensions ; ils pèsent de 25 à 70 livres ; on en rencontre dans les plus pauvres chaumières comme dans les habitations des fermiers et des gens de loi. Un fait, rapporté dans les curieux mémoires de madame de la Guette, peut donner une idée de la quantité de lits de plumes qui existaient dans les campagnes, aux environs de Paris. A l'époque des guerres de la Fronde, les habitants du village de Sussy transportèrent leurs meubles dans l'intérieur de leur église, espérant que la sainteté du lieu les mettrait à l'abri du pillage des troupes lorraines, qui répandaient la terreur par leurs dévastations et volaient extraordinairement. Mais les Lorrains qui, selon madame de la Guette, « étaient faits comme des hiboux », forcèrent les portes de l'église et détruisirent tout ce qu'ils y trouvèrent. Les personnes qui y entrèrent après leur départ, y virent « un désordre épouvantable » ; partout, « les coffres et armoires brisés », et « l'on y marchait dans la plume jusqu'à la moitié de la jambe. » Les matelas des paysans avaient été éventrés et leur contenu formait une couche épaisse sur les dalles de l'église².

Comme les maisons rurales n'avaient d'ordinaire qu'un rez-de-chaussée et que le sol de la chambre était souvent la terre battue, le paysan élevait son lit le plus qu'il le pouvait. Dans le Rouergue, les

---

¹ Arch. de l'Aube.— Chez les laboureurs d'Aubervilliers, les lits d'écurie ont des traversins de coutil garnis de plumes, 2 draps et une couverture de laine verte ou rouge. (Inv. 1713 et 1719. Arch. nationales, Z² 121.)

² *Mémoires de madame de la Guette*, éd. 1856, p. 110.

valets de ferme couchaient sur des ais que des poteaux élevés soutenaient; en Bretagne, les lits étaient superposés aux deux côtés de la vaste cheminée ; dans les Alpes, des sortes de tiroirs placés les uns au-dessus des autres recevaient la literie [1]. En Champagne, le lit est également exhaussé, soit pour le préserver de l'humidité du sol, soit pour mieux faire ressortir l'épaisseur des matelas. Aussi trouve-t-on dans certains villages des marche-pieds de lit, en bois de chêne ou de poirier, qu'on peut fermer à clé [2], et qui sont de véritables coffres pour serrer les vêtements.

Les coffres constituent le mobilier primitif ; ils rappellent la vie nomade, et le moyen âge, après les avoir conservés jusque dans les châteaux et les palais, les a légués aux chaumières de l'ancien régime. Partout on y trouve des coffres, en bois de chêne, de noyer ou de poirier, à pieds ou sans pieds, ferrés ou non ferrés, garnis ou non de serrures. Ils ont d'ordinaire de trois à six pieds de long [3]. Il s'en

---

[1] A. Monteil, I, 120. — Cambry, I, 58, 59. — Ladoucette, *Hist. des Hautes-Alpes*, 1834, p. 441.

[2] Un marchepied servant devant le lit, non fermant à clef, V s. t. (1540). — Marchepied de cinq pieds de long (1720). — Coffre de poirier audevant du bois de lit (man. 1759). — Marche de bois de poirier (1773, 1775, 1785), etc. Arch. jud. de l'Aube.

[3] Coffre de bois de chesne de trois pieds de long (lab. Issy, 1568). — ... fermant à clef, neuf, garny de ses fermoirs et serrure... 4 l. (man. 1687). — Coffre de bois de poirier (man. 1723)... à quatre pieds (1733). — Coffre de chêne, 20 l. (1760). — Coffre de bois de noyer, long de quatre pieds et demi et fermant à clef (1783), etc. (Ibid.)

rencontre en cuir bouilli garni de clous[1]. Désignés au xve siècle sous le nom d'écrins[2], on leur donne aussi celui de bahuts[3]. Comme à la cour des derniers Valois[4], ces coffres servaient de siège, soit qu'on les plaçât le long des murs, soit qu'on les approchât de la table; on les destinait surtout à renfermer les vêtements, le linge et les provisions de la famille. Les paysans, fils des serfs attachés à la glèbe et les plus sédentaires des hommes, avaient tous leurs effets empilés dans des coffres, comme s'ils étaient sur le point de partir pour un long voyage.

Outre les coffres, les paysans aisés possédaient des armoires de bois de chêne, de noyer, de bois blanc ou de « bois meslé »; elles sont à deux ou même à quatre battants[5]. En Normandie, leurs bat-

[1] Coffre de cuir bouilli (1702). — Coffre de cuir bouilli garni de clous (1744). — Petit bahut couvert de cuir (lab. Issy, Vaugirard, 1683, 1688).

[2] Un vieil escrin d'environ six pieds de long fermant à clef (1479).

[3] Grand bahut rond garny de deux serrures fermant à clé, 3 l... de 4 pieds de long, 10 s. (1649). Bahut rond de cuir noir, 50 s. (1674). Coffre bahut carré couvert de cuir garni de clous (1678), etc. Arch. nationales, Z^2, 121, 1236. Les commodes sont très-rares chez les paysans. Le coffre en bois de sapin est qualifié d'arche en Auvergne. (Contrats de mariage du xviie siècle. Comm. de M. P. Le Blanc.)

[4] Viollet Leduc, *Dictionnaire du mobilier français*, I, 23, 24.

[5] Une aulmaire de boys de chesne fermant à clef (1532). — Une paire d'armoire à deux guichetz fermant à clef de bois de chesne, 6 l. (lab. 1649). — Armoire à quatre battans en noyer, 15 l. (1757). — Armoire à quatre volets (jardinier, 1773). — Petite armoire antique à deux grands battans dans le haut (1775). — Armoire de bois melé (1780), etc. Arch. de l'Aube. Arch. nationales, Z^2 121 et 123.

tants sont quelquefois sculptés, et l'on en a conservé qui portent l'empreinte du style gracieux du xviii° siècle. Dans le pays de Léon, au fond de la Bretagne, l'armoire est le principal meuble des jeunes mariés. Elle est encore, dans notre siècle, l'objet d'une fête caractéristique. Le troisième jour des noces, l'armoire en noyer ciré, rehaussée de cuivres polis, ornée de bouquets, est apportée au logis du mari sur une charrette traînée par des chevaux dont la crinière tressée est décorée de rubans. Un combat simulé a lieu entre les parents de la mariée qui veulent introduire le meuble et les gens de la maison qui refusent de le recevoir. La réconciliation a lieu bientôt, et tandis que l'on apporte du vin et des crêpes, des toasts et des chants célèbrent l'arrivée de ce meuble, qui est enfin placé au lieu le plus apparent de la demeure [1].

Les armoires, comme les coffres, n'ont d'ordinaire d'autre luxe que leur propreté. Au xvi° siècle, on faisait l'éloge des meubles qu'on voyait dans les campagnes de la Brie, « tant ils étaient bien forbis et reluisans ». A défaut d'un entretien assidu, qui n'était pas partout la règle, le temps mettait sa sombre patine à reflets de bronze ou d'ébène, sur le chêne et le poirier vieillis. Les sculptures étaient rares; lorsqu'on en rencontrait [2], elles représen-

[1] Hersart de la Villemarqué, *Barzaz-Breiz. Chants populaires de la Bretagne,* 4° éd., 1846, II, 519. — Un usage analogue existait dans les Hautes-Alpes. (Ladoucette, p. 455.)

[2] Coffre à l'antique garni de sculpture antique fermant à clef et en bois de noyer, 30 s. (Inv. vigneron, 1679.) Arch. nationales, Z² 1236.

taient d'une manière assez grossière des emblêmes religieux ou des attributs. En général, l'art était inconnu dans les chaumières ; un peintre pouvait y trouver des effets heureux dans le jeu des lumières sur les meubles noircis et sur les objets accrochés çà et là ; mais la valeur intrinsèque de ces meubles et de ces objets est minime. Le luxe des paysans est l'aisance ; il ne faut pas leur en demander d'autre. Aucune idée de luxe et d'art ne pouvait être éveillée par la vue des gravures sur bois, parfois enluminées, qui représentaient des sujets religieux ou populaires, et que l'on achetait aux colporteurs pour orner les murs dénudés[1]. De grands progrès furent réalisés au XVIIIe siècle dans ce qu'on pourrait appeler le confortable intérieur ; accueillis chez l'habitant des villes, ils ne pénétrèrent point chez le paysan. S'il a chez lui des petits tapis de treillis, il est rare, sauf dans les environs de Paris[2], qu'on

---

[1] Dans un cabaret breton, Cambry (III, 9) signale une estampe représentant : *Crédit est mort,* et le portrait d'un vieillard de 135 ans, Jean Causeur. Une des jolies gravures qui ornent l'édition de 1779 de la *Vie de mon Père* de Rétif de la Bretonne nous montre deux assez grandes estampes attachées au-dessus du manteau de la large cheminée. Je trouve chez un laboureur d'Aubervilliers, peu à l'aise, puisque le total de son inventaire ne dépasse pas 168 l., un grand tableau sur toile garni de sa bordure de bois, représentant la création du monde et qui est estimé 5 s.; chez un autre, un petit tableau représentant l'Enfant Jésus. (Arch. nationales, Z[2] 121 et 123.)

[2] Petit miroir carré bordé d'esbenne noir, 5 s. (meunier, 1684). — Un petit mirouer garny d'un petit cadre noir viel, 8 s. (jardinier, 1689). — Petit miroir à bordure de bois noir (lab. 1719). Arch. nationales.

y trouve un petit miroir [1]. Les horloges n'y apparaissent que sous le règne de Louis XVI; et ce ne sont pas d'ordinaire des horloges de cuivre ou « sonnant heure », mais des « horloges de bois » ou « à eau », dont la valeur vénale varie de 3 à 12 livres [2]. La vie intérieure, la vie intime, se borne au strict nécessaire; on réserve ses dépenses extraordinaires pour la vie extérieure, pour les fêtes religieuses ou communales ; on les réserve surtout pour les vêtements, qui permettent d'y figurer avec honneur.

[1] On connaît la fable de Florian, qui débute ainsi :
Un enfant élevé dans un pauvre village
Revint chez ses parents et fut surpris d'y voir
Un miroir.

[2] Horloge de bois, estimée 1 l. 10 s. (1776)... 4 l. (1780)... avec sa boîte 12 l. (1787). Reloge de bois avec deux poids de pierre, 5 l. (1780), une montre à l'eau garnie de son cadran et cordeaux, 55 s. (Inv. de 1780, d'un laboureur de Pâlis.) Arch. jud. Aube, nos 1372, 1566, 1367.

CHAPITRE III

LE VÊTEMENT

La mode exerce son influence sur le vêtement du paysan bien plus que sur son mobilier. Les costumes surannés se perpétuent, il est vrai, dans quelques cantons reculés. A la fin du siècle dernier, les montagnards du Rouergue, avec leurs pourpoints à basques boutonnées, les femmes, avec leurs capes et leurs surcots, conservaient la coupe de certains vêtements de la fin du moyen âge [1]; les pères de famille de l'Auvergne avaient de larges braies et des jaquettes plissées comme sous Henri IV [2]; de notre temps nous avons pu voir encore les Cauchoises et les femmes de l'Avranchin porter les hautes coiffes du xv° siècle, les Bas-Bretons garder les vestes et les hauts-de-chausses du xvıı°. La plupart

---

[1] Alexis Monteil, *Description de l'Aveiron*, I, 249.

[2] Gault, à la suite du *Tableau de la ci-devant province d'Auvergne*, par Rabani Beauregard, planche VIII; ouvrage communiqué par M. Vernière, de Brioude.

des costumes rustiques, qui frappent par leur originalité, sont des modes arriérées qui ont pris un caractère pittoresque en vieillissant. Il y en avait un certain nombre à la veille de la révolution, mais moins qu'on ne pourrait le croire[1]. Si les femmes conservèrent souvent des coiffures d'un type tout local, les hommes de la campagne imitaient davantage le costume des citadins. Leur tailleur connaissait quelque peu les modes, et comme les vêtements s'usent plus vite que les meubles, ils renouvelaient leurs vêtements[2], en se conformant aux modifications que le tailleur jugeait à propos d'opérer dans leur forme.

Dès le xvie siècle, nous voyons les paysans s'efforcer d'imiter les bourgeois. Les rois mêmes sont obligés de leur défendre de porter « pourpoints de soye, chausses bandées ou bouffées de soye. » Encore en 1614, un cahier de village demande que « deffences soient faites aux serviteurs et servantes de porter soye, argenterye, ny habitz non convenables à leur estat et condition[3]. » Lors même qu'il

---

[1] Sous Louis XIV, on est si surpris de voir dans un bourg de Bourgogne un costume qui diffère de celui des localités voisines, qu'on est amené à dire que les habitants descendent des Suisses, parce qu'ils portent des hauts de chausses de drap violet à la suisse. (Nicolas de la Brosse, *Description de la terre et baronnie de Ricey située en Bourgogne*, 1654, p. 93.) — On décrit en 1788 des restes de l'antique habillement dans les hautes montagnes des Pyrénées. (Dusaulx, *Voyage à Barèges en* 1788, I, 79.)

[2] A la veille de la révolution, les paysans des Hautes-Alpes se faisaient faire tous les ans un costume de drap du pays, dit *Cordeilla*. Leur costume et celui de leur femme revenaient par an à 74 liv. (Ladoucette, p. 647, 648.)

[3] Cahier d'Isle-Aumont. Arch. municipales de Troyes, BB 16.

n'y a pas lieu de réprimer le luxe de leurs vêtements, les laboureurs s'habillent comme les artisans des villes. Par dessus sa jacquette de drap noir doublée de serge blanche, un laboureur du temps de François Ier mettra une robe noire fourrée d'agneau blanc. La mode des fourrures, répandue vers la fin du moyen âge, à tel point qu'on pourrait se demander si les hommes de ce temps étaient plus frileux ou la température plus froide que de nos jours, la mode des fourrures a gagné les campagnes. Un autre jettera sur sa jacquette « de gris » un manteau de panne de couleur blanche, également fourrée d'agneau[1]. Un poète du temps nous montre un père de famille de village visitant ses blés, le matin d'un jour de fête, avec un costume analogue.

> Le beau manteau tanné[2] faict à double rebras[3]
> Luy cachoit les genoux et luy couvroit les bras :
> Sa jaquette de mesme, et la grosse brayette
> Nouée çà et là d'une double esguillette :
> Le bonnet rouge en teste, et dessus le bouquet
> Bien joliment tressé de thim et de muguet.
> Il avait au costé vieillement composée
> La gibsière de cuir, d'y fouiller toute usée ;
> La baguette à la main ; d'une telle façon
> Marchait le bon Pierrot le jour de saint Sanson :
> Un enfant de quatre ans avecq qui il caquette,
> Cheminant, se pendait au pan de sa jaquette.[4]

---

[1] Inv. de 1531, 1532, 1537, 1546. Arch. jud. de l'Aube, n° 1523. — Deux jacquettes de drap grys (1526); jacquette de drap grys... doublé de toile. Arch. nationales, Z² 2704, 2710.

[2] Tanné, couleur de tan.

[3] Revers. Rebrasser veut dire retrousser, relever (Du Cange).

[4] Cl. Gauchet, *les Plaisirs des champs*, 1583, p. 58.

Les gens de la campagne portaient aussi à cette époque des pourpoints de drap ou de « trisly. » Les pourpoints furent en usage dans la Champagne méridionale pendant près de deux siècles. Voici en 1632 un laboureur, en pourpoint et hauts-de-chausses de drap noir, avec un manteau de même drap, rehaussé de galons gris et de bandes de velours noir[1]. Sous Louis XIV, on garde à peu près le même costume ; le pourpoint est de tiretaine ou de drap gris, quelquefois de serge grise garnie de rubans noirs ; le manteau de bouracan couleur musc, de drap gris de fer ou rose sèche. Le pourpoint recouvre la chemisette de drap ou de laine[2], voire même de peau de cerf à boutons d'argent, sorte de gilet court, qui garnit le dos, les bras et la poitrine. Depuis le milieu du xviie siècle, les paysans revêtaient aussi le justaucorps, espèce de veste qui descendait jusqu'au genou et s'ajustait à la taille[3]. Le costume se complétait par une petite fraise ou collerette plissée qui s'attachait autour du cou[4].

[1] Un vigneron aura en 1633 un manteau noir à collet de velours et à passements de soie. Arch. nationales, Z² 4340.

[2] Ratine, boge, serge blanche, rouge ou brune, parfois garnie de peau d'agneau.

[3] Justaucorps de drap couleur de café à usage d'homme. (Inv. 1719.) Arch. nationales, Z² 121.

[4] On en voit à certains paysans de Watteau. Une chanson en patois picard décrit ainsi un joli garçon de village :

>   Ce piaffe a de belles cauches bleues,
>   Une belle baïette (culotte) ;
>   Il a dell' poure dans les caveux (cheveux),
>   A sen cou une frasette (petite fraise).

(Gazier, *Lettres à Grégoire sur les patois de France*, p. 267.)

Avec le règne de Louis XV, l'habit, la veste et la culotte se montrent partout dans les campagnes. L'habit est de drap, d'espagnolette, de bouge, même de velours de laine ou de peluche ; la nuance en varie du bleu au gris, au gris de fer, à l'olive[1], à l'ardoise, au poil de souris ; il y en a de couleur cendre et de couleur musc. L'étoffe des vêtements, qui dans les contrées reculées peut être tissée par la femme du paysan, provient aussi des fabriques éloignées, et l'on est surpris de voir les villageois de Champagne porter des draps d'Elbeuf, de Romorantin[2], de Vire, de Donchery, de Berg-op-Zoom, de Londres et de Maroc. La veste, souvent doublée de serge, peut être d'impériale ou de basin ; d'ordinaire, comme la culotte, elle est de drap assorti ou semblable à l'habit ; ou d'étoffes solides et spéciales comme le fort-en-diable dont on fait aussi des habits[3]. On réserve pour le travail ou pour l'intérieur le bonnet

---

[1] Un habit de drap couleur d'ollive garny de sa veste et culotte, 91 l. (Laboureur, Aubervilliers, 1721.) Arch. nationales, Z² 121. — Habit complet de drap olive, boutons à poil de chèvre, doublure de serge couleur café. (Lab. 1739.) Arch. jud. de l'Aube, n° 1713. En 1717, on cite un habit couleur de pesché.

[2] Habit de droguet d'Angleterre, habit, veste et culotte de drap de Romorantin, 18 l. Manteau du drap de Romorantin, 18 l. (Lab. 1749.) Arch. jud. Aube, n° 1636.

[3] Un paysan en 1781 a un habit et veste de fort-en-diable avec une culotte de toile flambée. Arch. jud. de l'Aube. — Le fort-en-diable est indiqué par Rétif de la Bretonne, qui écrit dans le *Paysan perverti* : « Mon Edmond, je t'envoie des chausses de filoselle avec des culottes de fort en diable, deux vestes et l'habit de bouracan pour te faire brave les dimanches et fêtes. » (Monselet, *Rétif de la Bretonne*, p. 21, 22.) Notons aussi le drap crépé (1717).

de drap noir, brun ou écarlate que l'on avait sous François Ier [1]. Le chapeau noir, blanc ou gris, à larges bords, sera relevé sur deux ou trois côtés, sous Louis XV, et si ses moyens le lui permettent, le paysan le garnira d'un bord et de boutons de fil d'argent[2]. S'il a des sabots pour le travail, il a toujours une paire de souliers et des bas de laine qu'il met le dimanche[3]; il a du linge, huit, douze, quinze chemises[4], et il en change chaque semaine. Il y ajoutera au besoin des collets de grosse mousseline. « Je ne sais comment il est arrivé, écrit Voltaire, que dans nos villages où la terre est ingrate, les impôts lourds, la défense d'exporter le blé qu'on a semé intolérable, il n'y ait guère pourtant un colon qui n'ait un bon habit de drap, et qui ne soit bien chaussé et bien nourri[5]. »

Bien chaussé! cela tenait peut-être au soin extrême qu'il avait de sa chaussure, de l'unique paire

---

[1] Arch. nationales, Z² 1236. Arch. jud. Aube, n° 1523. — Dans le Béarn et les Landes, c'est le berret. (Millin, IV, 604.)

[2] Un vigneron de Nogent-sur-Marne a en 1785 un habit bleu céleste avec un chapeau de laine. (Arch. nationales, Z² 2711.)

[3] Si quelqu'un d'eux a des souliers, il ne les met que les jours de fêtes et dimanches. (Vauban, *Desc. de l'élection de Vézelay*, 1696. A. de Boislisle, *Mém. des intendants*, I, 740.) Dans le Velay, sous Louis XIV, on donne d'ordinaire aux valets de ferme une paire de bas en sus de leurs gages. (Comm. de M. Paul Le Blanc.)

[4] Arch. nationales, Z². Un manouvrier de Bouy, en 1781, a 14 cols de mousseline et une cravate de soie. Il a, en outre, un habit, veste et deux culottes d'impériale, estimés 33 l., un habit, veste et culotte de drap d'Elbeuf, de 50 l., un habit de peluche bleue, un gilet gris, etc. (Arch. jud. Aube, n° 1396.)

[5] Quicherat, *Hist. du costume en France*, 1875, p. 606.

de souliers que souvent il possédait[1]. Les sabots, d'après Furetière, étaient la chaussure usuelle des villageois, des pauvres gens. Dans le centre de la France, on les fabriquait avec une certaine coquetterie; taillés dans des troncs de noyer, d'aune ou de bouleau, on les terminait en triangle, en bec de corbin, en volutes[2]. Dans le Midi, on s'en passait comme de souliers. Sur les routes grandioses du Languedoc, les femmes marchent pieds-nus; quelques-unes vont au marché, avec leurs souliers dans leurs paniers[3]. Dassoucy raconte qu'il aperçut un jour en pleine campagne trois personnages dont l'aspect lui inspira de loin une certaine terreur; mais il se rassura, dès qu'il les vit de près. « C'estoit, dit-il, un curé de village monté sur une bourique avec deux paysans, qui, aimans mieux user leurs pieds que leurs souliers, portaient galamment leurs souliers au bout d'un baston[4]. » Sous le rapport des chaussures, les paysannes champenoises ne

---

[1] Un laboureur de Saint-Lyé a cependant 3 paires de souliers en 1775; un autre, en 1782, a deux paires de souliers de *volacre*... (Arch. Aube.)— Ailleurs, tous les paysans portent souliers. (Bonnaire, *Descr. du dép. des Hautes-Alpes,* an IX, p. 32; Texier-Olivier, p. 102.)

[2] A. Monteil, *Desc. Aveiron,* II, 137. — Bossi, *St. gén. de la France, Ain,* p. 313. — Les sabots ne figurent pas dans les inventaires, à moins qu'ils ne soient neufs. Deux paires de sabots de noyer sont ainsi prisés 16 sous, en 1773. Rétif de la Bretonne raconte que lorsque son père rentrait chez lui, sa femme lui préparait ses sabots (ce sont les pantoufles de ce pays-là) et les remplissait de braise. (*La Vie de mon Père,* II, 84.)

[3] Arthur Young, I, 31, 32, 53, 59.

[4] *Aventures burlesques de Dassoucy,* éd. 1876, p. 77.

sont pas mieux fournies que leurs maris, quoique plusieurs d'entre elles possèdent des souliers blancs, des mules et des pantoufles[1].

Les paysans, qui ôtaient ainsi leurs souliers, gardaient-ils leur habit et leur veste quand ils allaient aux champs? Monteil raconte que dans le Rouergue on portait dans ce cas ses vieux vêtements, mais en les recouvrant d'une espèce de saie de toile grise, faite en forme de grande chemise, avec des ouvertures latérales pour passer les mains dans les poches de la veste[2]. C'était la blouse, dont on ignorait même le nom sous Louis XV, où le *Grand Dictionnaire de Trévoux* ne connaît que la blouse de billard[3], et qui s'est répandue de nos jours dans les campagnes à un tel point qu'on a voulu y voir un vêtement national d'origine gauloise. On a toujours porté des vêtements de dessus pour le travail, comme les *garde-corps* du XIII siècle[4], que l'on reconnaît dans les *garde-robes* du XVII. Les *biaudes* ou *blaudes* dont il est question avant la révolution seraient identiques à la souquenille[5], longue veste de grosse toile semblable à la

---

[1] 3 paires de souliers de femme (man. 1730). — Paire de souliers de maroquin noir, 50 s. — Arch. Aube. Arch. nationales, Z² 121.

[2] Alexis Monteil, I, 121. Cette description est accompagnée d'une gravure qui nous montre cette saie avec son collet brodé.

[3] Furetière n'en parle point non plus. J'ai rencontré pour la première fois le mot blouse dans un inventaire de Lassicourt, en 1788.

[4] Viollet-Leduc, *Dict. du mobilier français*, III, 403.

[5] La Monnoye, *Noci Borguignon de Gui Barozai*, 1720, p. 144.

souquenie que Montaigne revêtit par dessus ses vêtements pour visiter les mines d'argent de Bussang, dans les montagnes des Vosges[1]. La *biaude* des Berrichons était une sorte de grande redingote, de toile écrue, à larges boutons, qu'on mettait par dessus la veste[2]; mais ce n'était pas la vraie *blaude*, vêtement de travail, qu'on rencontre bien rarement en Champagne au siècle dernier[3]. Le paysan se pique d'imiter les citadins; le manouvrier s'habille de même que le gros fermier[4], et s'il met une blaude, il se garde bien de la conserver le dimanche et de la porter quand il se rend à la ville.

Dans la période sombre du règne de Louis XIV, on signale, il est vrai, des paysans si misérables que leurs vêtements, hauts-de-chausses ou jupons, sont de « toile à demi pourrie et déchirée.[5] » On pourrait montrer, d'après les estampes du temps, des travailleurs en veste ou en justaucorps de toile. Au

---

[1] *Journal du voyage de Michel de Montaigne*, I, 28. — Noël de Fail parle de « biaut gallicelle ou sequenie. » (*Contes d'Eutrapel*, XXXII.)

[2] Comte Jaubert, *Glossaire du Centre*, I, 142.

[3] Un mendiant, décédé en 1788, a sur ses habits de droguet une blaude en toile d'étoupe et une autre blaude dans son havresac. — Dans l'Ain, en 1808, on appelle blaude un habit de toile noire croisée. (Bossi, p. 313, 314.)

[4] P. Y. Besnard, *Souvenirs d'un nonagénaire*, I, 303. — Cambry, III, 181.

[5] 1685, 1693. A. de Boislisle, *Mémoires des intendants, Généralité de Paris*, I, 766, 783 et 740. — *Corresp. des contrôleurs généraux*, n°s 165 et 1158. — Stendhal a signalé en 1837 par un temps froid des paysans vêtus de toile bleue ou de toile de coton bleue. (*Mém. d'un touriste*, I, 20, 28.) On peut en voir encore vêtus de même les jours de travail.

commencement du xviie siècle, des vignettes du *Mesnage des champs*, d'Olivier de Serres, représentent des paysans au travail vêtus de tuniques serrées à la taille, les jambes nues dans des sortes de demi-bottes. C'est aussi le costume du berger Céladon, tel qu'il est dessiné sur le frontispice de l'édition de l'*Astrée* publiée en 1618. En sa qualité de berger, il porte en plus une panetière et une houlette à grand fer recourbé et concave. Cette tunique a une réelle analogie avec le *rochet* ou rocquet réservé aux vilains du xve siècle[1]. Sous Louis XIV et Louis XV, les souquenilles ou les tuniques de toile[2], comme les habits de drap[3], affectent de plus en plus la coupe des vêtements en usage dans les villes. L'auteur d'un voyage en vers imprimé en 1760 a pour guide un manant, qui porte une large veste, un habit à longues basques, des culottes, des guêtres et des souliers. N'étaient sa démarche lourde et ses cheveux mal peignés[4], rien ne le distinguerait du citadin qu'il accompagne.

Le paysan n'a pas, il est vrai, comme ce dernier, le loisir de friser ou de poudrer ses cheveux. Il a

---

[1] Viollet-Leduc, *Dict. du mobilier français*, III, 308, 309.

[2] Qu'est-ce qu'un « habit de misère doublé de toile de fil » que possède un marchand de village en Champagne, et qui étant « my usé » est estimé 2 l. en 1744? Est-ce un habit de travail? Un vigneron de Nogent-sur-Marne a en 1780 une veste et une culotte de travail. (Arch. nationales, Z² 2711.)

[3] Le paysan, avec ses habits de laine, est chaudement vêtu et paraît même accablé sous leur poids. (Texier-Olivier, *St. France, Haute-Vienne*, p. 102.)

[4] *Mon Odyssée ou Journal de mon retour de Saintonge*, La Haye, 1760. Les gravures sont de Cochin, d'après Desfriches.

recours au barbier plutôt qu'au perruquier; il ne sent pas le besoin de porter perruque; il laisse d'ordinaire à ses longs cheveux leur couleur naturelle et se contente de les relever en les nouant avec un ruban[1]. Mais, malgré la différence de sa coiffure, il ressemble bien plus à un bourgeois que la paysanne ne ressemble à une bourgeoise.

Au XVIIe siècle, le costume de la paysanne est plus riche, plus éclatant, plus pittoresque que celui du campagnard, mais il diffère davantage du costume des classes supérieures. C'est que la mode pour les femmes est difficile à saisir; ses transformations, qui portent quelquefois sur des nuances, peuvent être rapides et fugitives; il faut un certaine souplesse de corps et d'esprit pour s'y prêter. La paysanne fait des sacrifices pour acheter de belles étoffes; mais elle ne peut pas les renouveler fréquemment, et sa taille, épaissie ou déformée par le travail, les fait rarement valoir. Transmettant parfois à ses enfants les vêtements de fêtes ou de noces qu'elle a reçus de ses parents, elle ne peut suivre que de très-loin et imparfaitement les modes, dont elle a entrevu les modèles à la ville ou au château.

Il est à remarquer que pendant les deux derniers siècles les vêtements d'hommes se sont modifiés en changeant leurs dénominations; le pourpoint, le haut-de-chausses et la chemisette ont été rempla-

---

[1] Fortin, *Souvenirs*, Auxerre, 1867, II, 275. — Je trouve cependant une perruque frisée, en 1748, chez un laboureur de Pargues, et deux perruques, en 1773, chez un manouvrier des Grandes-Vallées.

cés par l'habit, la veste et la culotte, tandis que les paysannes conservent jusqu'à la fin du règne de Louis XV la cotte ou jupe, le corps ou corsage, plus ou moins garni de baleines et montant jusqu'au-dessous des bras; les brassières qui couvrent les épaules; les manches, dont la couleur tranche avec celle du *corps*, et qui se rattachent aux brassières. Quelquefois, on ajoutera un devantier et un tablier. C'est qu'au fond le costume des femmes change moins que celui des hommes dans ses caractères essentiels; les hommes ont porté tantôt la robe, tantôt le justaucorps, tantôt l'habit; ils ont eu les chausses collantes, le large haut-de-chausses, la culotte courte; les femmes n'ont jamais quitté la robe.

Aussi se sont-elles ingéniées à en varier la forme, les dimensions, les ornements, les tissus et les couleurs. En Champagne, sous François Ier, elles ne paraissent pas plus richement vêtues que les hommes; leurs vêtements sont de couleurs sombres ou ternes; cotillons de drap noir ou brun, fourrés de panne ou d'agneau blanc, manches de drap de couleur tannée ou blanche[1]; mais à mesure que la civilisation progresse, le costume de l'homme devient

[1] Une grande robbe usage de femme de drap noyr et doubleure de toylle demy ostade, VII l. (Inv. 1520.) Un corps de drap noir usage de femme, XV s. Un tabelier de drap noir, XII s. t. VI d. (1520). Un corps de drap pers doublé de doublure blanche... un corps noir avec bracerolles de drap blanches (lab. 1533). Arch. nationales, Z² 2704, 2710, 1236. — Ung cotillon de noyr fourré d'aigneaux blancs, 40 s. t.; une paire de manches de drap tané, VI s. t.; un cotillon de drap noir fourré de panne grise, LX s. t. (Inv. 1546.) Arch. jud. Aube, n° 1523.

plus simple, celui de la femme plus éclatant[1]. Sous Louis XIV, les cottes sont de serge violette, bleue, grise, blanche, rouge écarlate ou pourpre[2]. La nuance rose sèche est en faveur. Les corps ou corsages sont de couleurs diverses et d'étoffes différentes, depuis les plus communes, la tiretaine, le droguet, la serge, la futaine jusqu'aux plus riches, telles que le brocard, le damas, le tabis, le satin uni ou figuré. J'ai trouvé même dans l'inventaire d'une manouvrière un corps garni d'une dentelle d'argent. Les guipures, lors même qu'elles ont cessé d'être portées par les grandes dames, restent à la mode dans les campagnes[3]. On comprend la robe de drap de Hollande découpé sur du tabis et les manches tailladées de la jolie fermière bretonne dont parle Mme de Sevigné ; on s'explique encore qu'une fermière du duché d'Aumont ait dans sa garde-robe des corps de damas orangé et bleu, de damas à fleurs et de satin ; qu'elle y attache des devantiers de satin avec des rosettes d'argent[4]; mais si nous pour-

---

[1] L'auteur du *Plaisir des Champs* (1583, p. 65) nous montre une fille de village, la tête ornée d'un beau couvre-chef, le col garni d'un collier fin, avec un devanteau de « tafetas camloté » et une robe bien faite.

[2] Jupes de camelot rouge, de sergette couleur musque, de serge d'Aumale rouge, etc. (1691), jupes couleur de citron, de serise (1695). Arch. nationales, Z^2 121.

[3] Savary dit en parlant des guipures, « espèce de soie tortillée » : Il n'y a plus à présent que les paysannes qui en portent. (Savary, *Dictionnaire du commerce*, 1723, II, col. 296.)

[4] *Un château et une ferme sous Louis XIV*, p. 7. — Les femmes des Riceys portent des brassières de toile à manches de satin. (Nicolas de la Brosse, 1634, p. 93.)

suivons nos recherches dans le siècle de Louis XV, nous verrons, surtout dans les villages peu éloignés des villes, des femmes de laboureurs, de vignerons et de manouvriers dont les vêtements offrent une variété et quelquefois une richesse qui nous surprennent. Il nous serait facile de les évoquer les jours de fêtes ou de noces ; dans la semaine, aux champs, elles portent des cotillons de laine ou de toile, et pour protéger leurs vêtements, le *garde-robe* de toile ou de serge[1] ; mais, comme dans les occasions solennelles ou joyeuses, elles se dépouillent de la livrée du travail pour apparaître sous un tout autre aspect que celui sous lequel les a présentées La Bruyère ! Sont-ce là les « femelles » dont parle le grand moraliste, cette manouvrière en cotte de serge rouge gipée ou guipurée par le bas, avec ses brassières de drap musc, son devantier de damas à fond rouge, ses manches de damas blanc piqué, son tablier de gros de Tours ; cette fermière, dont le corps de satin guipuré est accompagné d'une jupe couleur de rose sèche également guipurée ; cette femme de laboureur en cotte jaune et en corps de satin ; et celle-ci, en corps de damas à fleurs, à manches de serge blanche, et cotte de serge couleur lie de vin ; et celle-là, la femme d'un vigneron, en cotte de drap couleur poil de souris à manches assorties ; celle-là, la femme d'un manouvrier, en

---

[1] En 1679, le garde-robe peut être un vêtement habillé, comme le garde-robe de serge drapé, les garde-robes de serge noire garnis de rubans et bordés de tripes de velours, dont parlent des inventaires de 1583, 1618 et 1636. (Arch. nationales, Z² 1236, 4340.)

corps de brocard, cotte et manches de serge blanche guipurée; et cette autre, la femme d'un laboureur, en jupe de popeline, corps de damas, tablier de gros de Tours? On pourrait en montrer un bien plus grand nombre[1], avec leurs blanches cornettes, avec leurs croix d'or et d'argent suspendues à leur cou, et cette évocation quelque peu surprenante autoriserait peut-être à se demander si les paysannes d'opéra-comique n'ont pas eu des modèles dans la réalité.

Il est vrai de dire que toutes les paysannes de Champagne n'ont pas des corps de damas ou de satin, et des croix d'or. Dans cette province on trouve à coup sûr plus de luxe dans le voisinage des villes que dans les villages écartés[2]. Est-ce une règle générale pour toute la France? La richesse du vêtement ne peut-elle être plus grande dans des pays reculés qu'aux abords de la capitale? Ainsi, les paysannes de la Bresse garnissent de galons d'or et d'argent leurs chapeaux, leurs corsets et leurs manches, bordent de dentelle leurs tabliers de mousseline et de soie[3], tandis que les femmes de différents villages des environs de Paris ne portent que des vêtements de

[1] Pour les indications relatives à ces costumes, voir l'Appendice.

[2] Sur le goût du luxe dans certains villages, voir un conte de Berquin intitulé la *Parure*, dans sa *Bibliothèque des Villages*, 1803, I, 241. En revanche, Rétif de la Bretonne aurait voulu que l'on donnât des encouragements aux paysannes qui se mettraient avec le plus de goût et de propreté. (*Les Gynographes*, 1777, I, 122.)

[3] Bossi, *Statist. gén. de la France, Ain*, p. 315.

laine ou de coton. Sous Louis XIII, il est vrai, quelques-unes avaient eu des corps de serge d'Aumale garnis de velours et de passements ; une vigneronne de Thiais mettait des tabliers de taffetas à cordelettes de velours, garnis d'attaches d'argent doré ; les cottes de drap violet étaient bordées de « tripes de velours noir. » Sous Louis XIV, des chemisettes ou des cottes de serge rouge sont garnies de dentelles noires et de passements de soie[1] ; mais ce luxe de passements et de garniture ne se retrouve plus au siècle suivant[2]. Peut-être les femmes des villages rapprochés de Paris sentaient-elles l'impossibilité d'atteindre, même de très-loin, à la magnificence déployée par les gens de la cour et de la ville ; peut-être préféraient-elles employer plus utilement leur épargne ; l'argent monnayé et les meubles qu'elles possèdent attestent souvent chez elles l'aisance. Des bouchères d'Aubervilliers, qui sont meublées comme des bourgeoises, avec des fauteuils de serge rouge et des tentures de tapisserie de Bergame, n'ont que des cottes de serge et de drap[3]. Mais, si le vêtement est

[1] Inv. 1618, 1633, 1636, 1641, 1672, 1678. Citons aussi un habit complet (pour femme) de serge de Londres rouge, savoir une chemisette emple, une cotte garnye de dentelle par le bas avec un tablier garny de ras de Châlons (1678), une autre cotte semblable garnye de deux passemens et dentelle de soye, etc. (1672). Arch. nationales, Z² 4340, 121, 1236.

[2] Les étoffes qu'on y rencontre souvent au xviiie siècle sont les serges, les ras de Châlons ou de Gênes, l'étamine, la ratine, le crespon, le pinchina, la calmande rayée, la toile d'Orange, etc. En 1785, je trouve un jupon de bourre de soye, estimé 18 l. Je relève aussi un « tablier d'éternelle » la même année, et un « jupon de spéculation » en 1777. Arch. nationales, Z².

[3] Inv. 1691, 1694, 1695. Ibid. Z² 121.

d'une simplicité presque austère, les campagnardes, comme partout, n'en ont pas moins quelques bijoux, et possèdent presque toutes des croix ou des anneaux d'or et d'argent.

Il faut en effet qu'une paysanne soit réduite à l'indigence pour ne pas avoir au moins un anneau et une croix d'argent [1]. La croix d'or est un signe d'aisance. C'est aussi une ressource dans les mauvais jours où l'on peut trouver à emprunter en la donnant en gage [2]. La grande majorité des femmes ont des croix : croix d'or ou d'argent, en Normandie, parfois très-larges, relevées en bosse ou montées en pierreries qu'on tire des environs de Caen [3]; croix à lentilles, dans l'Ile de France [4]; en Champagne, croix plates ou « branlantes », qu'on attache à une chaîne simple ou double de même métal et garnie d'un coulant ou travers [5]. Quelques-unes sont

---

[1] Aux Riceys, elles ont un gros crucifix d'argent pendu à leur col, et les moindres ont des médailles d'argent liées d'un grand ruban qui leur bat sur le dos. (Nicolas de la Brosse, 1634, p. 94.)

[2] Une manouvrière de Lirey emprunte 20 l. sur sa croix d'or. Arch. jud. Aube, n° 1554.

[3] Masson-Saint-Amand, *Mém. statist. de l'Eure,* an XII, p. 53.

[4] 2 croix et leur coulant d'or garnis de leurs clavetons d'argent, 48 l. (1753), etc. — Croix d'or à lentille de cinq moyens et 4 petites lentilles (1780). Arch. nat. Z² 123, 122.

[5] Une petite croix d'or avec une pandure d'une petite chaîne d'argent (man. 1741), une croix d'or plate (man. 1774), autre avec son cœur et coulant, 15 l. (man. 1777), deux croix d'or (lab. Pâlis, 1782), une croix, une chaîne, deux bagues d'or, est. 114 l. 12 s. (lab. St-Léger), une croix branlante avec son coulant (man. 1786), petite croix d'or avec un petit cœur aussi d'or (1790, vigneronne, Arrentières).

ornées d'un christ sculpté en relief et leurs extrémités se découpent en fleurons fleurdelisés. En 1755, un seigneur, ayant gagné un procès contre les habitants de trois villages, les fit saisir. L'huissier, dit un mémoire judiciaire, enleva « tout le mobilier de ces habitants, jusqu'aux croix d'or que les femmes portent à leur cou et les anneaux qu'elles portent à leur doigt »[1]. Toutes les femmes du Rouergue ont aussi des croix d'or et d'argent et l'on remarqua que ce fut le seul signe du culte qui échappa pendant la Terreur à la rigueur des lois[2]. Partout, la croix peut être accompagnée d'un cœur fixé sur un velours noir. Elle est parfois remplacée dans le Bugey par un papillon d'or ou d'argent; dans le Velay et en Auvergne, par une pendeloque en losange, décorée de grenats polis, et désignée sous le nom de Saint-Esprit. Le Saint-Esprit, comme les croix normandes, après avoir été importé des villes dans les campagnes, a fini par être délaissé des paysannes pour être recherché de nouveau par les femmes qui donnent ou suivent la mode[3].

Outre ces bijoux quelques campagnardes possèdent des crochetons, des agrafes, des boucles et des petits boutons d'argent. Quand leur maison est bien pourvue de coffres et d'armoires, les ménagères portent un demi-ceint d'argent avec sa clavelière ou

---

[1] *Mémoire pour J. B. Barbuat de Maison-Rouge contre le comte de Praslin, baron de Chaource*, 1755.

[2] Alexis Monteil, *Desc. de l'Aveiron*, II, 128.

[3] Bossi, *Stat. gén. de la France, Ain*, p. 316. — Communication de M. Paul Le Blanc, de Brioude.

son clavier muni de ses crochets, sorte de demi-ceinture après laquelle elles attachent le trousseau de leurs clefs [1]. Ailleurs, elles laissent tomber autour de leur taille quatre chaînes d'argent, à l'extrémité desquelles pendent leur couteau, leurs clefs, leurs ciseaux et leur épinglier [2].

Le goût des chaînes d'or et d'argent est répandu de toutes parts. « Telles femmes de la ville et de la campagne, dit-on en 1789 dans le Forez, pour peu qu'elles soient commodes (c'est-à-dire à l'aise), portent au cou une chaîne de 300 liv., qui n'auront pas chez elles une provision de bled pour un mois »; ces colliers d'or ont quelquefois huit, neuf et jusqu'à douze rangs; ils sont garnis d'une large rosette et d'un fort claveau; et l'on ajoute que ce genre de parure est plus multiplié à la campagne qu'à la ville [3].

En Artois, les paysannes ne se parent pas seulement de leurs bijoux les jours de fêtes. En 1789,

---

[1] Un demissin garny de sa claveillière et des crochets, le tout d'argent (1675), une clavessonière (1689), clavier d'argent avec sa boucle (lab. 1745), etc. Arch. Aube. — Un crochet d'argent à pendre des clefs (lab. 1697).— Un clavier d'argent garni de son agrafe (1716). Arch. nationales, Z² 121. Cl. Gauchet nous dit en 1583 que la fille de village

> ... d'argentine ferrure
> Environnoit ses flancs; une belle ceinture
> Où bourse et peloton pendilloient d'un costé,
> Belle ouvrage de Caen...
>
> (*Le Plaisir des Champs*, p. 65 et 94.)

[2] Dupin, *Descrip. des Deux-Sèvres*, an IX, p. 7.— Ladoucette, *Hist. des Hautes-Alpes*, p. 443. — *Voyages en France*, 4ᵉ éd., extr. de Bérenger, II, 178, 206.

[3] Juric des Camiers, *Système nouveau*, 1789, p. 24. — Bérenger, *Voyages en France*, II, 140. — Bossi, p. 315.

un voyageur anglais en rencontre, se rendant au marché, le dos chargé de grands et lourds paniers, mais relativement élégantes avec leurs jolis bonnets, leurs cheveux poudrés, leurs boucles d'oreilles, leurs colliers et leurs croix [1].

La coiffure est aussi pour les femmes une occasion de déployer leur luxe ; il est vrai qu'elle varie de province à province, et même dans certaines régions, comme la Bretagne, de village à village. En Bourgogne, principalement dans le Mâconnais, les paysannes posent sur leurs cheveux coupés courts des chapeaux à grands bords semblables à ceux des hommes. Des voyageurs le constatent en 1672 et en 1789 [2]; nouvelle preuve que la mode ne s'est pas sensiblement modifiée dans les campagnes pendant cette longue période. Le costume n'en était pas plus disgracieux ; une femme auteur, madame du Boccage, traversant le pays de Mâcon, déclare que les « paysannes y sont joliment vêtues » [3]. Dans le Rouergue, ainsi qu'aux environs d'Aix, elles ont aussi des chapeaux de feutre; celles du Rouergue, dans leur jeunesse, selon les inspirations de la coquetterie ou du caprice, les inclinent tantôt sur une oreille, tantôt sur l'autre ; mais passé quarante ans, elles le placent horizontalement [4]. En Provence, les chapeaux sont gris, entourés de rubans à fleurs

---

[1] Dr *Rigby's Letters from France, etc., in* 1789, London, 1880, p. 12.

[2] Jouvin, de Rochefort, 1672, I, 39. — Arthur Young, I, 307.

[3] *Lettres de Madame du Boccage*, Dresde, 1771, p. 106. — Bérenger, *Voyages en France*, II, 140.

[4] Alexis Monteil, *Desc. de l'Aveiron*, II, 12.

et de rubans argentés [1]. Ailleurs, et le plus souvent, la toile, la mousseline et la dentelle abritent la tête, tantôt serrées contre les cheveux qu'elles cachent, tantôt rayonnant en festons tuyautés ou s'épanouissant en pièces empesées [2], dont l'ampleur va jusqu'à l'extravagance. Les jeunes filles se contentent rarement de la parure naturelle de leurs cheveux. C'est par exception qu'on en voit recourir à la poussière de chêne pourri ou à la farine pour imiter les dames de la ville qui se poudraient [3]. Tantôt, comme en Auvergne, on dispose les cheveux tressés en forme de cercle sous un transparent rouge ou vert; on les couvre d'une étoffe noire retroussée par une chaîne de laiton, que les mauvais plaisants appellent serre-malice [4]; tantôt, comme dans le Bourbonnais, la tête est abritée sous des chapeaux de paille, allongés et relevés en arrière; le plus souvent on porte la cornette à dentelles, le *doublot* ou serviette pliée en diagonale, dont on se couvre la tête dans certains villages de Champagne [5]; les bavolets, en linge fin et empesé, avec une queue pendant sur

---

[1] Bérenger, *Extr. des Soirées Provençales*, 1786. *Voyages en France*, 4ᵉ éd., II, 206, 207.

[2] Il y avait des dentelles de crin de cheval qui conservaient à merveille leur raideur. (Ladoucette, p. 443.)

[3] Quicherat, *Hist. du costume*, p. 440. — *Rigby's Letters*, p. 12. — Dusaulx, *Voyage à Barèges*, I, 327.

[4] Rabani-Beauregard, *Tableau de la ci-devant province d'Auvergne*, 1802, p. 42.

[5] Grosley, *Glossaire troyen. Ephémérides*, II, 167.— On porte aussi, aux environs de Paris, en 1656 et en 1719, des serviettes servant de couvre-chef à usage de femme. (Arch. nationales, Z^2 121.)

les épaules, que l'on porte aux environs de Paris[1] ; les calles, les coiffes et les bonnets de tout genre ; et tandis que la Normandie s'enorgueillit des bonnets des Cauchoises, semblables à des pains de sucre enveloppés d'ornements, des bonnets des Avranchaises pareils à de grandes ailes de papillons éployées, les environs de Troyes sont fiers de leurs toquats, qui présentent fixées par d'innombrables épingles des sortes de toques, au-dessus et en arrière desquelles s'étale un large cercle de dentelles raidies par l'empois[2].

On ne saurait dire que le luxe des étoffes, des bijoux et des coiffures soit la règle dans les campagnes ; mais la tendance au luxe y est générale, parce qu'elle est inspirée par des sentiments inhérents à la nature humaine. Il y a bien des époques douloureuses, des années de pénurie et de disette, où la profondeur de la misère se mesure à la pauvreté du costume. « Les femmes de la campagne, dit un intendant en 1685, qui étaient curieuses d'un cotillon rouge ou bleu, n'en portent plus guère ; elles

---

[1] De là le nom de bavolettes qu'on donne aux paysannes. (Furetière, *Dictionnaire universel.*) — Bérenger cite avec éloge les bonnets ornés de barbes dentelées de rouge des Landaises, et surtout les toques de mousseline, en forme de mitre par devant, s'arrondissant en queue de pigeon par derrière, que portent les Charolaises. (*Voyages en France,* II, 140, 183.)

[2] Grosley, *Ephémérides,* II, 184. — Dessin d'H. Valton, intitulé le *Beau Tocquat,* et frontispice de l'*Album pittoresque de l'Aube,* dessiné par MM. Fichot et Gaildrau. — Deux toccats garnis leurs coiffures, 3 l. Inv. d'une manouvrière de Saint-Mards, 1789. Arch. jud. Aube, n° 1340. — Le cercle de dentelles était quelquefois accompagné d'ailes également empesées.

sont fort mal habillées et presque toutes de toiles blanches »[1]. Il fallait une longue continuité de détresse pour renoncer aux vêtements de laine, et surtout aux couleurs voyantes, qui non seulement flattaient la vue, mais avaient aussi leur symbole, comme dans le Rouergue, où le rouge et le vert étaient réservés à la jeunesse, le bleu à l'âge moyen, le brun minime à la vieillesse[2]. Mais les disettes trop fréquentes, l'excès des impôts ne nuisent pas d'ordinaire à la garde-robe des femmes de campagne, qui préfèrent jeûner plutôt que de ne pas se faire braves le dimanche. Si elles n'ont pas en Champagne et dans l'Ile de France, comme dans d'autres provinces, des mantes avec ou sans capuchons[3], quelques-unes auront des manchons en fourrure commune, comme la peau de chien garnie de mouton blanc[4]. Presque toutes ont du linge dans leurs coffres ; huit à quatorze chemises, des mouchoirs, et une quantité quelquefois considérable de cornettes de nuit et de jour, de coiffes de mousseline et de toile. A coup sûr, bien peu pourraient empiler dans leur armoire, comme le fait en 1776

---

[1] A. de Boislisle, *Corresp. des contrôleurs généraux*, n° 165.

[2] Alexis Monteil, *Desc. de l'Aveiron*, II, 12.

[3] Dans le Morvand, elles se couvrent en voyage ou aux champs d'une cape ou capote de poulangis assez semblable à la cuculle romaine. (Baudiau, le *Morvand*, 2ᵉ éd., I, 51.)

[4] Un manchon en peau de chien noir garny d'une peau de mouton bland avec son étuy de carton, 2 l. (manouvrière, 1730), manchons de peau de chien (vigneronne, 1736 ; servante de curé, 1762), autres manchons (1702, 1723, 1744). Arch. Aube. — Petit manteau noir de peau de chien (Issy, 1700). Arch. nationales, Z^2 1236.

une manouvrière de Chessy, 48 cornettes de toile fine, 14 cornettes de toile commune, 15 petits tours de bonnet, 9 bonnets piqués, sans compter 34 chemises de toile. En 1762, une servante de curé possédait 60 coiffes de toile de ménage, de toile de marchand et de mousseline[1]. Ces deux femmes avaient sans doute la passion du linge poussée jusqu'à la manie ; mais on trouvera chez d'autres, à la même époque, de 15 à 20 cornettes, des bonnets avec ou sans dentelles, dont la quantité prouve l'importance qu'on attache à la coiffure et combien l'on regarde peu au blanchissage[2]. Si l'on fouille leurs coffres, avec les rédacteurs des inventaires, on ne saurait croire combien on en retire de cottes, de corps, de justes, de camisoles et de tabliers, sans compter, chez les femmes les plus à leur aise, les pièces de toiles et de lainages[3], qui attendent le moment d'être employées. Puis, quelle variété dans les étoffes et dans leur dénomination ; voici surtout

---

[1] Arch. jud. Aube, n°s 1528, 1380. — Une manouvrière, en 1776, a 34 chemises de toile.

[2] 11 cornettes de toile fine, 12 de toile commune (man. 1773), — 5 bonnets piqués, 24 cornettes de toile, 8 de mousseline (manouvrière, 1785). Arch. jud. Aube, n° 1528. — 22 couvre-chefs de toile de lin, plus 6 de toile de chanvre (1636), — 10 coiffes toile blanche, 14 l.; 4 petites cornettes, 9 petites coiffes ; 15 bonettes, savoir 6 unies et le reste à dentelles... 20 l. (lab. 1719), — 4 bonnets ronds de batiste garnis de dentelle commune, 12 bonnets de toile garnis de mousseline, 9 cornettes de mousseline, 3 de toile, 6 l. (vigneronne, 1785). Arch. nationales, Z² 4340, 121 et 2711.

[3] La femme d'un laboureur, en 1744, a dans ses coffres des pièces de droguet de Chaumont et de Vassy, de drap de Châteaurenard et de « velours de gueux. »

les étoffes de laine, l'étamine, le bouge, le camelot, la serge d'Aumale ou de Londres, la calmande, le crépon, le pinchina, le drap d'Elbeuf, la dauphine, l'impériale, le ras, la ratine, le drap de Silésie, le crêpe d'Alençon [1]; les étoffes de fil et laine, comme le droguet, la tiretaine et la tiretainette; enfin les différents tissus de toile et de coton.

C'est au XVIIIe siècle que le coton commence à se répandre dans les campagnes; sous Louis XVI, il est à la mode. On ne voit que siamoises rayées, mouchetées ou semées de fleurs, indiennes de toutes nuances, toiles d'Orange, cotonnades, mousselines. Le coton, qui dans toute l'Europe tend à faire disparaître les costumes anciens et pittoresques [2], exerce déjà sur le costume sa fâcheuse influence au point de vue artistique. Les accortes paysannes de Gravelot et d'Eisen font place aux paysannes, souvent mieux portantes, mais moins élégantes de Freudenberg et de Greuze. Les costumes ont moins de richesse, mais peut-être plus de fraîcheur et d'aisance. La forme des vêtements sur quelques points

---

[1] Quelques-unes de ces étoffes étaient de belle qualité, comme la calmande, étoffe de laine lustrée d'un côté comme le satin et le crépon, étoffe légère de la plus fine laine. Un poète du XVIIIe siècle dit à une jeune paysanne :

> Si notre penchant doit dépendre
> De l'élégance des habits,
> Ton corset de crépon, ta cotte de calmandre
> Ne valent-ils pas bien leur prix ?

(La Louptière, *Poésies et Œuvres diverses*, 1768, I, 156.)

[2] Partout de Russie en Espagne, d'Ecosse en Sicile, la même cotonnade... triste et pauvre. (E. de Laveleye, *Lettres d'Italie*, 1880, p. 280.)

s'est modifiée ; le corps toujours un peu raide a fait place au *juste*, corsage à basques, et à la camisole ; le mouchoir de mousseline, de toile fine et même de soie, remplace la brassière [1] ; la cotte, un peu moins raide et à plis moins serrés, prend le nom plus moderne de jupe ; les cornettes sont plus nombreuses, plus fournies et plus soignées que jamais. On porte des tabliers de siamoise ou de coton brodé [2]. Les vêtements de coton, moins coûteux que ceux de laine, se renouvellent davantage ; sous l'apparence de la simplicité, la recherche du luxe ne diminue point. Un curé de campagne écrira dans le Maine en 1783 : « Les servantes d'aujourd'hui sont mieux parées que les filles de famille il y a vingt ans »[3] ; dans une vallée reculée des Pyrénées on dira en 1788 : « On n'y connaissait il y a soixante ans, excepté chez les ecclésiastiques, que trois chapeaux et deux paires de souliers ; le moindre pâtre aujourd'hui veut en avoir pour se parer à l'occasion. Les mousselines, les draps fins ont dégoûté des toiles et des étoffes du pays »[4] ; et, c'est sans doute en parlant du costume, qu'un cahier d'un village de Provence dira en 1789 : « Le luxe est devenu si général qu'il a pénétré jusque dans les pauvres chaumières »[5].

Même avec les modifications que le coton apporta

[1] C'est aussi le fichu de mousseline garnie d'une petite dentelle, que porte une vigneronne en 1786. (Arch. nationales, Z² 2711.)

[2] Arch. jud. de l'Aube.

[3] Th. Meignan, *Notes du curé de Brûlon. Revue des questions historiques,* janvier 1879, p. 147.

[4] Dusaulx, *Voyage à Barèges,* I, 84.

[5] Cahier de Gignac, sénéchaussée d'Aix. *Arch. parlementaires.*

dans le costume, celui-ci resta si attrayant que pour la première fois la mode vint du village. Déjà, madame Favart avait fait une révolution au théâtre, en osant y paraître sous les vrais vêtements d'une paysanne, l'habit de serge, la coiffure villageoise et les sabots [1]. A la suite des exagérations de la mode qui signalèrent les premières années du règne de Louis XVI, on arriva par un mouvement de réaction naturelle à une simplicité extrême. La reine Marie-Antoinette, dans le village factice qu'elle créa au Petit Trianon, en donna l'exemple. A la veille de la Révolution, « on ne voyait dans les promenades que justaucorps à la paysanne, chapeaux de paille, tabliers et fichus » [2]. Quand la comtesse de Lamotte s'échappa de la Salpêtrière où elle avait été renfermée après l'affaire du Collier, elle ne trouva pas grande difficulté à se travestir en paysanne et à porter avec aisance « le corset de toile à mille raies, le tablier de même étoffe, la jupe de calmande à raies bleues, roses et blanches, et la paire de gros souliers garnis de très-petites boucles d'argent » [3].

---

[1] Edm. de Goncourt, la *Maison d'un artiste*, 1881, II, 175. — La pastorale du xviie siècle créait des bergers de fantaisie. « Ceux qui représentent des bergers sur le théâtre, dit Honoré d'Urfé, ne leur font pas porter des habits de bure, des sabots, ny des accoutrements mal faits comme les gens de village en portent ordinairement; au contraire, s'ils leur donnent une houlette à la main, elle est peinte et dorée; leurs juppes sont de taffetas, leur pannetière bien troussée et quelquefois faite de toile d'or ou d'argent. » (*L'Astrée*, éd. 1618, I, 15.)

[2] J. Quicherat, *Hist. du costume en France*, p. 611.

[3] *Vie de Jeanne de St-Remy de Valois, ci-devant comtesse de Lamotte*, Paris, 1793, II, 197.

Il ne faudrait cependant pas conclure que la richesse et l'élégance des costumes soient un indice indiscutable d'une aisance exceptionnelle chez les campagnards. Si elles prouvent d'une manière certaine que la gêne et la misère ne régnent pas chez eux sans partage, en revanche elles ne sont pas toujours en rapport avec la quantité de leurs terres et le nombre de leurs bestiaux. Il y a des manouvrières qui ont une garde-robe mieux garnie que des fermières. C'est du reste leur seul luxe, et le luxe des vêtements est le luxe des peuples primitifs. Quand on a peu, on veut porter beaucoup sur soi. Le vêtement, quelquefois le bijou, c'est à peu près le seul superflu du paysan. Dans les inventaires des nobles et des prêtres[1] de la fin du moyen âge, vêtements et bijoux figurent aussi dans une proportion prépondérante ; il faut arriver à un certain degré de culture intellectuelle, de richesse et de sécurité, pour tenir davantage à parer sa demeure que sa personne.

[1] Voir entre autres l'inventaire du château de Coursan, en 1482, publié par M. Roserot. *Revue des Sociétés savantes*, 7ᵉ série, III, 253 à 268, l'inventaire du curé de Pont-Sainte-Marie, en 1376, donné par M. Lex, *Rev. de Champagne et de Brie*, XI, 209.

CHAPITRE IV

LES COLPORTEURS

D'où venaient les étoffes nombreuses et variées dont se composait le costume des paysans et des paysannes ? D'où venaient les ustensiles de ménage dont leur chambre était garnie ? Parfois les étoffes avaient été tissées dans le village même ; les ustensiles avaient été forgés ou façonnés par le serrurier, le maréchal ou le potier le plus voisin ; mais la plupart du temps, les uns et les autres avaient été fabriqués dans des ateliers lointains. De ces ateliers, ils avaient été transportés dans les boutiques des villes, où le paysan venait faire des achats, les jours de marché[1] ; ils avaient été déposés chez les rares marchands que possédaient les villages, et le plus souvent, ils étaient apportés chez les habitants mêmes par les colporteurs, qui parcouraient alors

[1] P. Vanière, *Prædium rusticum*, lib. II.

les campagnes en bien plus grand nombre que de nos jours.

Les marchands de village sont d'ordinaire approvisionnés d'une manière précaire; ils vendent tout ce qu'ils peuvent, et ils ont si peu à vendre. Voici dans un village de Champagne assez éloigné d'une grande ville l'assortiment d'un marchand en 1664 : il possède quatre livres de galon de soie de diverses couleurs, une livre de sucre ou environ, douze aunes de « rouslot » (ruban de fil et de laine), dix mains de papier tant grand que petit, une demie grosse d' « esguillettes de peaux, » avec deux aunes de « soye » et quelque « autre petite mercerie meslée. » Ce marchand qui est à la fois mercier, épicier, papetier, rubanier, a en tout pour 10 livres de marchandises dans sa chaumière; car il est logé et vit comme un manouvrier[1]. Très-souvent la femme a un petit assortiment, dont la vente n'empêche pas l'homme de travailler à la terre. Un laboureur de Dampierre, en 1739, vend des poteries et des sabots. Un laboureur de Pâlis, en 1777, a tout son magasin dans une armoire, sauf une demi-grosse de sabots[2], qu'il place dans un cabinet. Il serait facile de passer en revue ses marchandises; ce sont pour les femmes des écheveaux de fil, des lacets, trois milliers d'épingles, plusieurs pièces de « boucle » et quelques morceaux de savon; les hommes, surtout s'ils sont adonnés au braconnage, pourront s'y fournir de poudre et de plomb; l'ar-

---

[1] Invent. de 1664 à Hampigny. Arch. jud. Aube, n° 1427.
[2] Six douzaines, estimées ensemble 22 l. 10 s.

moire contient une livre de poudre, huit livres de plomb, sans compter trois poires à poudre. Enfin, et ce n'est pas le côté le moins curieux de cet inventaire, les enfants qui vont à l'école y viendront chercher du papier (il y en a cinq mains), et choisiront parmi les livres scolaires suivants : 31 « à l'alflabet, » 10 *Pensées chrétiennes*, 9 demi-psautiers, 1 psautier, 5 *Vie de Jésus-Christ* et un petit catéchisme. Tous ces volumes réunis sont estimés 3 livres[1].

On rencontre des détaillants aussi modestes aux environs de Paris. Un marchand de Nogent-sur-Marne tient un assortiment de poterie, de mercerie et de quincaillerie, dans lequel on ne trouve guère à citer qu'une demi-douzaine de jeux de cartes[2].

Certains artisans sont mieux pourvus des objets ou des étoffes qui concernent leur métier. Tels sont les tailleurs qui fournissent d'ordinaire le drap; comme leur réputation généralement était mauvaise, le campagnard défiant faisait couper devant lui les habits qu'il leur commandait[3]. Vers la fin du

---

[1] Citons aussi un marchand de Pougy en 1728, qui vend des toiles de chanvre et de coton ; un marchand de Lesmont en 1764 qui vend du lard, des jambons, du hareng, des peaux de lapin et des sabots. (Arch. jud. Aube, n°s 1330 et 1259.)

[2] Son inventaire contient 145 pièces de poterie, terrines, bouteilles, pots, cruches, 12 l.; 6 mains de papier tant gris que gros et brouillard ; 6 étuis à aiguille ; une demi-douzaine de jeux de cartes; 10 dés à coudre, plumes à écrire, peignes, etc., 3 l.; 12 livres de clous, amidon, 30 aunes de borde gris et jaune, etc., 4 l.; 8 pelles de bois, 24 longes de cordes, 15 toises de cordeau, 2 poêlons de fer, 1 petit chaudron de cuivre jaune, etc., 3 l... Inv. de 1744. (Arch. nationales, Z² 2711.)

[3] Alexis Monteil, *Description de l'Aveiron*, II, 146.

xviiie siècle, on trouvait aussi dans les gros villages des magasins analogues à ceux que l'on y rencontre aujourd'hui, où des marchandises de toute nature sont étalées et vendues. Supposons qu'une fermière entre dans une boutique de ce genre, à Lusigny, en 1788. Veut-elle des étoffes communes? on lui montrera des pièces de coton broché, de quadrillé, de « vilton, » de corse flambée, de cotonnade des Indes. Cela ne convient-il pas? Voici des indiennes, des siamoises, des toiles d'Orange, des toiles écrues, des droguets de Chaumont, du molleton, de la sergette, de la calmande, de la guinguette, du drap de Silésie? Veut-elle des bas? on tire de balles d'osier bas de femmes, bas cadets, bas d'enfants, bas de Chaumont, bas à côte, bas d'estame, bas noirs, bas de Picardie, bas de fil. La fermière est-elle frileuse ou coquette? on lui offrira des gants, des mitaines de laine, de coton et de peau; on lui déroulera 42 aunes de velours de différentes largeurs, 71 aunes de rubans, rubans noirs et rubans à coiffe, sans compter une quantité considérable d'aunes de dentelles à différents prix. Voilà aussi de la gaze et du linon, des mouchoirs d'indienne et de mousseline, des rubans à jarretière et des jarretières de laine, des cravates de soie, de la mousseline mouchetée. La fermière est-elle laborieuse? elle prendra des épingles, des écheveaux de poil de chèvre, de fil, de fil de bon ouvrier, des lacets de fil et de filoselle. Si elle a des petits enfants, elle trouvera des rangs de colliers à leur usage; si ses enfants vont à l'école, voici sur des rayons 4 petits psautiers, 3 douzaines de *fatras* [1], 2 catéchismes et 5 petits livres quart de psautier. Veut-elle faire de pieux cadeaux ? voilà des chapelets. Elle peut acheter également des colliers de Saint-Claude, un peigne de corne, de la pommade en bâtons, voire même de la poudre à poudrer. Pour son ménage, elle n'a qu'à choisir : ici des raisins de Damas et du poivre pilé, là des chandelles, des clous à lattes, des casserolles, des couteaux de bois, des couvets, espèce de chaufferette en terre cuite, et toute la poterie qu'on peut désirer. La boutique de Lusigny est une sorte de bazar, qui épargne au laboureur la peine d'aller à la ville distante de quatre lieues de poste.

Les colporteurs lui épargnent encore plus la peine de se déranger ; ils pénètrent dans les villages reculés, dans les hameaux, dans les fermes isolées. Ils se multiplient dans les campagnes, où ils « vont, dit-on, porter le luxe dans le sein de la rusticité même »[2]. C'est en vain que les marchands des villes et des bourgs s'élèvent contre la concurrence que leur font les colporteurs. Ceux-ci viennent souvent de loin ; ils descendent dans la mauvaise saison des montagnes de Suisse, de Savoie ou du Dauphiné. Comme ils ne paient pas d'impositions, on prétend qu'ils ruinent les marchands domiciliés ; ils achètent, dit-on, les rebuts des objets fabriqués, les vendent comptant et bon marché et remportent à l'é-

---

[1] J'ai trouvé dans un compte de 1574 de l'Hôtel-Dieu de Troyes : « Pour quatre petittes paires d'heures appelées fatraz pour recorder les petiz enfans de l'hopital. » *L'Hôtel-Dieu de Troyes au XVIe siècle*, p. 14.

[2] *Intérêts de la France mal entendus*, I, 83.

tranger, sans avoir toujours payé leurs dettes, l'argent qu'ils ont gagné[1]. L'attrait d'une vie errante et d'un gain facile suscite dans le centre de la France un nombre considérable de porte-balles, marchands d'eau-de-vie, marchands de peaux, de sabots ou de cire, qui non-seulement ne font rien, mais vivent, ainsi que leurs chevaux et leurs ânes, aux dépens du paysan et de ses pâturages, répandant souvent l'inquiétude par leurs allures irrégulières[2]. Mais c'est en vain que l'assemblée provinciale de Berri veut réprimer les abus du colportage[3]. Chaque année, écrit Mme de Lamartine, les colporteurs annoncent l'automne en paraissant, comme les hirondelles en partant[4], et l'on voit le mercier, le *marcier*, comme on dit dans le Berri, arriver avec ses balles, son mulet et son chien maigre[5].

En voici un, qui est de la nation suisse ; il parcourt le nord de la Bourgogne en 1758, vêtu d'un habit et d'un gilet de velours gris à boutons de cuivre, avec la culotte de peau et les souliers à boucles de cuivre. C'est un marchand forain « crin-

[1] Rapport d'un inspecteur des manufactures en 1708. A. de Boislisle, *Mém. des intendants*, p. 637. — Les Dauphinois sont droguistes ou épiciers. (A. Monteil, *Hist. des Français des divers états*, 4e éd., V, 67.)

[2] Déjà au XVIe siècle, certains merciers passent pour voleurs et maraudeurs. *La Vie généreuse des mercelots, Gueux et Boesmiens*, par Pechon de Ruby, 1596. Ed. Fournier, *Variétés hist.*, VIII, 147-191.

[3] *Collect. des proc.-verb. de l'ass. pr. du Berri*, II, 123 et 155.

[4] Lamartine, *Manuscrit de ma mère*, 1871, p. 110.

[5] On dit dans le centre : « Trembler comme un chien de marcier. » (Cte Joubert, *Glossaire du Centre*, II, 573.)

quaillier; » il porte toute sa fortune dans deux balles ou paniers qu'il charge sur son dos et qu'il ouvre dans les villages où il s'arrête. Comme les femmes et les hommes, grands et petits, doivent s'attrouper autour de lui, tandis qu'il défait successivement le contenu de ses balles ! Que de couteaux il possède, à faire envie aux hommes : couteaux à manches de baleine, à manches de bois de cerf, à manches de corne ; couteaux à gaîne ; couteaux à poinçon, couteaux à faire feu, sans doute avec la pierre à fusil. Il a même un couteau de huit pièces et un couteau garni d'argent aux deux bouts. Aux femmes il offrira des paires de ciseaux de Langres et des ciseaux de provenance moins renommée; des épingles de toutes les qualités, jaunes, communes, à crochets; des étuis à aiguille ou *garitiaux* de bois de Sainte-Lucie ; des étuis à épingles ou *guliginaux* ; des pièces de tresses et surtout des miroirs de diverses espèces. Le colporteur fait briller aux yeux des jeunes filles des colliers de verre. Voici qu'il tire d'une petite boîte de « fayet » des boucles de toute grandeur, grande boucle de similor, boucles de cuivre, d'acier, d'étain, de diverses compositions, sans compter les boutons jaunes ou de métal blanc qu'on vend par paires et les boutons d'étain qui sont fixés sur des cartes. Il possède cinq paires de lunettes et seize cols de crin. Il a des cordons de montre, il a des *Etrennes mignonnes ;* pour la toilette, des peignes de buis et de corne, des cure-oreilles d'acier; pour la table, des cuillers et des fourchettes d'acier ou d'autre métal; pour les artisans,

20 alènes de cordonnier, une douzaine de carrelets, des ciseaux à crin [1]. Enfin, les gens de loi, les maîtres d'école, les écoliers trouveront chez lui des écritoires de chagrin, des écritoires plus petits, des étuis ou portefeuilles et 21 bâtons de cire d'Espagne ; mais le choix des livres qu'il met en vente est aussi peu considérable que le nombre. Ce sont 12 almanachs de Châtillon et de Dôle, 6 livres d'heures, 10 livres *à trois offices* et *Petit Chrestien*, plus six petits livres du *Chemin du Ciel* ; modestes livres d'église et de classe, qui n'inspirent pas d'ombrage à la censure administrative ou religieuse.

Notre colporteur possède dans son assortiment des pipes de bois, de grandes et petites tabatières de « crestien » et de bois, et cinq douzaines de râpes, qui doivent servir à râper le poivre ou le tabac [2]. Dans le cours du xviiie siècle, en effet, l'usage du tabac s'est répandu dans les campagnes, surtout dans le Nord et dans l'Ouest. « Les pauvres, dit-on dans le Vermandois, en font un usage au moins aussi considérable que les gens aisés. — Le sel est de première nécessité, dit un cahier de Normandie, le tabac l'est devenu par habitude. — Il est devenu de première nécessité, dit-on dans le Maine, pour les trois quarts des habitants. » Rien n'en détourne les paysans ; ni son prix élevé, puisque le fisc qui en a le monopole le vend 3 liv. 15 s.

---

[1] Nous n'avons pu trouver le sens de « 23 paires de chartiers de curé » et de « bordes à lous » ; ces mots sont sans doute mal orthographiés.

[2] Le laboureur-marchand de Pâlis, dont j'ai parlé plus haut, possède « un moulin à tabac fort usé. » (Inv. de 1777.)

la livre ; ni sa mauvaise qualité, qui « occasionne, dit-on, beaucoup de mal de nez et même des maladies au pauvre peuple. » Le paysan « se refusera le pain et le refusera à ses enfants » pour aller acheter chez l'entreposeur une « carotte toute mouillée et quelquefois pourrie »[1]. Le fisc y gagne, mais le campagnard s'est créé un nouveau besoin qu'il ne peut satisfaire qu'au prix de sacrifices d'argent.

Le colporteur, qui en profite en vendant des tabatières, n'en est pas plus riche. Pierre qui roule n'amasse pas mousse. Le pauvre Suisse, qui portait sur son dos tout cet attirail varié, en est un exemple. Lorsqu'il mourut dans le petit village où la maladie l'avait surpris, d'autres marchands forains, qui habitaient les villes voisines, s'empressèrent de faire saisir ses marchandises pour assurer le remboursement de leurs créances. Il avait aussi d'autres créanciers, tels que le cordonnier d'un bourg voisin, qui lui avait fourni ses chaussures à crédit, et il ne possédait dans sa petite bourse ou « poche de peau d'anguille » que 10 livres d'argent monnoyé[2].

Certains colporteurs étaient moins besoigneux. En voici un qui transporte sur un mulet « de poil jaune » six ballots enroulés dans des serpillières. Il vient des Ardennes et vend surtout des étoffes. Il

---

[1] Hippeau, *Cahiers de Normandie*, II, 513. — Ed. Fleury, *Bailliage du Vermandois*, p. 126, 359. — A. Bellée et V. Duchemin, *Cahiers du Maine*, p. 41, 151, 181, 206. — Voir aussi : *Arch. parlementaires*, VII, table, p. 747-751. — Sur les droits sur le tabac : Letrône, de l'*Administration provinciale et de la réforme de l'impôt*, 1788, liv. III, ch. IV.

[2] Inv. de 1758, à Etourvy. Arch. jud de l'Aube, n° 1513.

était venu demander l'hospitalité dans une ferme isolée, dominée par une vieille tour féodale depuis longtemps en ruines, et située sur un plateau qui s'élève au-dessus du château de Pont et de la vallée de la Seine. Ce fut là qu'il mourut en 1739, et qu'on lui fit faire des obsèques dont les frais dépassèrent 150 livres. Quand on ouvrit ses ballots, on y trouva toutes les étoffes dont on se servait d'ordinaire pour les vêtements de paysans ; le molleton commun rayé de blanc et de bleu, la serge de Blicourt, des coupons de drap bleu de Romorantin et de drap de couleur vineuse, le bouracan et le bougran brun, la tiretaine bleue, à 15 sous l'aune, la calmande rayée qui en vaut 30, le droguet de couleur gris de lin clair, qui en vaut 40, sans compter les étamines de Lude, le pinchina gorge de pigeon, les serges de couleur écarlate ou autre, la siamoise rayée de bleu, de blanc et de rouge, de blanc et de citron, et la toile barrée de différentes couleurs. Un ballot contient surtout des bas de toutes tailles et de toutes qualités ; bas de laine pour hommes, à 10 s. et à 24 s. la paire, bas à cadet, bas à enfants, à 5 sous la paire, bas destinés aux femmes, de couleur bleuâtre, musc et café. Ce qui tend à prouver que l'usage des bas existait pour tous les âges à la campagne. Il y a aussi des bonnets de laine blanche, de grosse laine, de toile de coton. Si l'on veut garnir les bonnets de femme, voici 80 aunes et demie de « grosse dentelle tant a roiseau qu'à bride et mignonnette », à 5 sous l'aune; ce qui est à la portée de bien des bourses ; voici douze aunes de ruban. Pour les attacher, le porte-balles a des fils de toutes les couleurs, des paquets de soie et de poil de chèvre de nuances variées. Un de ses ballots est en outre rempli de toile de Troyes, de toile batiste, de toile de linon, de mousseline unie, à fleurs ou rayée ; de fichus de coton de diverses teintes. Enfin, dans un petit sac de peau, il conserve avec soin une croix, deux paires de boutons, 43 bagues, 4 cœurs et 10 agrafes d'argent, plus une croix et deux bagues d'or [1]. Ce n'était pas la partie de son assortiment qui devait exciter le moins de convoitise chez les femmes.

Le petit nombre des bijoux qu'il portait montre qu'il n'en faisait qu'un trafic accessoire. C'était chez l'orfèvre de la ville voisine que les jeunes gens, au moment de leur mariage, allaient acheter la croix et l'anneau qu'ils offraient à leur fiancée ; c'était aussi chez lui qu'on faisait estimer après le décès des parents les objets d'or et d'argent qu'ils avaient laissés à leurs enfants [2].

Les marchandises du colporteur ardennais dont nous venons de parler ont bien moins de valeur que celles d'un certain marchand forain, qui mourut en 1761 dans un cabaret de Lesmont. Celui-ci ne transporte pas ses balles sur son dos, ni sur le dos d'une mule ; il les charge sur une charrette [3] que

---

[1] Arch. jud. de l'Aube, n° 1709.

[2] Nous avons trouvé dans les inventaires, de nombreuses cartes imprimées d'orfèvres de Troyes du xviii° siècle, au dos desquelles sont écrites les estimations des bijoux.

[3] Un harnois monté sur ses roues, 24 l. D'après Furetière, un harnois signifie une charrette.

traîne un bon cheval noir. Avec sa culotte de peau, ses jarretières garnies de boucles d'argent, son ceinturon de cuir et sa perruque, il a l'air d'un demi-bourgeois. De fait, il a plus de 800 liv. en or et en argent dans une cassette, et ses étoffes sont estimées 3,321 l. Il a bien des bas de soie, des bas drapés, des bas de peau à usage d'homme, des mitaines et des gants ; mais ce n'est que l'accessoire ; outre des mouchoirs de la compagnie des Indes et de toile de Rouen, il a surtout des coupons de toile de différentes qualités, de coton, de basin uni ou rayé, et de mousseline. La mousseline occupe une place importante dans ses balles d'osière; il en a pour plus de 1200 livres, et elle varie de 25 s. à 4 livres l'aune[1]. Cette quantité considérable n'étonnera pas ceux qui connaissent l'importance que les femmes attachaient à la quantité et au luxe de leurs coiffures.

Si nous avons donné, comme nous l'avons fait, le détail des marchandises de ces porte-balles, c'est pour faire connaître jusqu'à quel point les produits de l'industrie se répandaient dans les campagnes.

---

[1] Inv. de 1761. Arch. jud. Aube, n° 1259. Ce marchand forain était débiteur de négociants de Troyes, les Tezenas et les Gouault. Il a 15 paires de bas de peau à usage d'homme, valant 25 l., 5 paires de bas drappés, 10 l., 3 paires de bas de lin, 6 l., 3 douzaines et demy de mitaines, 15 l., 8 paires de peaux (?) 32 l., 52 mouchoirs de la compagnie des Indes, 52 l., 25 mouchoirs de toile de Rouen, à 8 l. la douzaine. Le basin uni vaut 22 s. l'aune ; le basin rayé 32. — J'ai trouvé à Pougy, en 1744, l'inventaire d'un « marchand savoyard trafiquant par le royaume. » Il vend aussi des étoffes de coton, renfermées dans une seule balle. (Ibid., n° 1330.)

Les chemins étaient souvent impraticables pour les voitures; la vapeur et l'électricité n'avaient point, comme de nos jours, centuplé les moyens de communication; les services postaux étaient intermittents ou nuls dans les villages éloignés; mais partout, dans les hameaux les plus écartés, dans les maisons les plus isolées, le colporteur pénétrait, portant avec lui les produits et les idées des villes, et pour ainsi dire le reflet de leur civilisation.

CHAPITRE V

L'ALIMENTATION

Il n'en est pas de la nourriture du paysan comme de ses vêtements; il ne la fait point venir de loin; il la tire du sol qui l'entoure. Aussi son alimentation, peu variée dans ses éléments principaux, varie-t-elle souvent en quantité et en qualité selon les époques, selon les régions, selon les produits du sol, l'industrie ou le travail des habitants, et surtout suivant l'importance des récoltes.

L'alimentation, plus grossière que dans les villes, est aussi plus précaire et plus incertaine. Il en était du paysan d'autrefois comme du sauvage, qui demande à la chasse sa subsistance journalière; s'il abat une pièce de gibier, il est dans l'abondance; si le gibier lui échappe, il souffre de la faim. Le paysan cultivateur doit compter de même avec les récoltes; belles ou seulement passables, il est dans l'aisance; insuffisantes ou nulles, il connaît la misère. Vivant au jour le jour, il n'a pu conserver l'excédant des récoltes précédentes ; il n'a point les ressources nécessaires pour faire venir de loin le blé qui lui manque ; et réduit à se priver de ce qu'il ne peut se procurer, il se voit menacé de mourir de faim, si la charité publique ou privée ne vient à son aide.

Que de fois, dans les années de disette, le paysan et la paysanne, assis au coin de leur feu, sur des escabelles, comme le bûcheron et la bûcheronne du conte de Perrault, se sont-ils dit avec douleur qu'ils ne pouvaient plus nourrir leurs enfants ! Que de fois ils ont gémi en voyant leur huche dégarnie, leur saloir vide, leurs maigres récoltes épuisées ! Les famines n'ont été que trop fréquentes pendant les deux derniers siècles : les unes produites par la guerre civile ou étrangère, comme sous les minorités de Louis XIII et de Louis XIV ; les autres par l'insuffisance des récoltes et les entraves apportées au commerce des blés. Des témoins autorisés n'ont-ils pas dit qu'à certaines époques et dans certaines provinces les paysans étaient réduits « à paître l'herbe à la manière des bestes » ? Qui aurait pu en douter, lorsqu'aux États Généraux de 1614 Savaron l'attestait dans les termes les plus pathétiques à Louis XIII, en ajoutant : « Cela est tellement véritable que je confisque à Votre Majesté mes biens et mes offices, si je suis convaincu de mensonge »[1]. A d'autres époques, Saint-Simon, Massillon, René d'Argenson affirment les mêmes faits navrants. D'autres témoignages viendront confirmer les effets désastreux des disettes. « Je pense, écrivait Guy

---

[1] *Des Etats généraux*, 1789, XVI, 198-199.

Patin en 1661, que les Topinambous sont plus heureux dans leur barbarie que ne le sont les paysans français d'aujourd'hui ; la récolte n'a pas été bonne »[1]. « Je ne vois, écrit de Bretagne madame de Sévigné, que des gens qui me doivent de l'argent et qui n'ont pas de pain, qui couchent sur la paille et qui pleurent »[2]. Plus tard, la mauvaise récolte de 1788 contribua beaucoup au mécontentement général qui précéda la Révolution de 1789 ; elle fut une des causes de son explosion ; elle inspira les plaintes de certains cahiers des bailliages et des paroisses. Bien peu d'entre eux, il est vrai, écriront comme les villageois du Vermandois, avec une orthographe que je conserve parce qu'elle est caractéristique : « Le sort des gens de travail est à peu près le même partout; ils onte a peine du pain a mangé et de l'aux à boire et de la paille pour se couché et un réduit pour se loger ; leur état est pire que celuy des sauvages de l'Amérique ». S'il y a de l'exagération dans ces plaintes, il y a plus de vraisemblance dans celles qui signalent la misère du paysan réduit à se nourrir de pain et d'eau, quand ce pain noir et grossier ne lui fait pas défaut »[3].

[1] *Lettres de feu M. Guy Patin*, II, 245.

> Sans mentir, quand une chère année
> Stérile en blé, nous est du ciel donnée,
> C'est en ce temps qu'un esclave enchaîné
> Parmi les Turcs n'est pas plus mal mené...

F. Poumerol, *Discours sur une pourmenade*, 1631, Fournier, *Var. hist.*, VI, 158.

[2] Lettre du 9 juin 1680. — Madame de Sévigné n'écrivait pas ainsi tous les ans.

[3] Ed. Fleury, *Bailliage de Vermandois*, p. 127. — *Archives parlementaires*, II, 695, III, 363.

Tous ces témoignages affligeants ne peuvent être niés; ils dépeignent dans les années mauvaises la situation du paysan comme pire que ne l'est celle du paysan d'aujourd'hui dans des circonstances analogues. Mais, quelque nombreux, quelque accablants qu'ils soient, ils ne sauraient s'appliquer aux années beaucoup plus fréquentes où la récolte a été abondante ou passable. Ils ont, il est vrai, si vivement frappé l'imagination que beaucoup d'historiens ont été portés à présenter ces symptômes d'un état exceptionnel, comme les manifestations d'un état normal. Grâce à Dieu, il n'en a rien été; et malgré les crises lamentables et trop prolongées qui ont pesé sur les classes agricoles, pendant la seconde période du règne de Louis XIV, malgré les effets désastreux d'une législation financière et économique défectueuse, le paysan a vu plus d'une fois son saloir plein de lard, ses greniers, ses granges et ses étables garnis, et ses pains, enfermés dans la huche ou étalés sur la planche, sur l'aïs, comme on dit en Berry, comme autant de preuves de sa subsistance assurée pour le lendemain.

Le pain est la base de l'alimentation du paysan, on pourrait dire du Français; mais tandis que celui du citadin, fait avec du froment, est blanc et de qualité supérieure, celui du paysan est grossier; la couleur en est bise ou noire. L'orge, le seigle, l'avoine, la châtaigne, les pois entrent, selon les pays, dans sa composition. Dans une année de disette, madame de Maintenon donna à Versailles l'exemple de manger du pain d'avoine [1]; mais quel pain man-

---

[1] Voltaire, *Siècle de Louis XIV*, chap. XXI.

geait-on alors dans les campagnes? Lors de certaines famines, on voit des paysans se nourrir de pains faits de farine de glands et de racines de fougère [1]. Le pain de seigle, d'avoine, d'orge et de farine mêlée de son était dans certaines provinces lourd et gluant[2]; mais en général, la ménagère y mettait ses soins, et plus d'un citadin, qui vint en goûter, fut disposé, comme Jean-Jacques Rousseau, à trouver bon le pain bis, fait avec le blé recueilli par le paysan [3].

Ce pain pouvait être bon, quand il était frais; mais au bout de peu de temps il se desséchait, il devenait résistant et dur comme du biscuit de mer. Dans le Dauphiné, on le faisait cuire deux fois par an, et il se gardait jusqu'à dix-huit mois. Les petits paysans, qui allaient étudier au collège d'Embrun, emportaient leur pain pour six mois [4]. Aussi fallait-il le briser à coups de marteau et le tremper pour le manger. « La nourriture ordinaire, disent des paysans du Vermandois en 1789, est du pain trampé dans l'eau salée que ce n'est pas la peine de dire qu'on n'y mest du beurre » [5]. Même affirmation dans le Maine : « Le menu peuple n'a pour soutenir la

---

[1] En 1687, on fit bouillir de la racine de fougère avec de la farine d'orge et d'avoine. (A. de Boislisle, *Mém. des intendants*, I, 783.) — Mêmes faits au siècle suivant. (*Inv. Arch. Sarthe*, Supplément E, p. 62.)

[2] Legrand d'Aussy, p. 283. — *Inv. Arch. Calvados*, C. 284.

[3] J.-J. Rousseau, *Emile*, éd. 1772, II, 64.

[4] Ladoucette, *Hist. des Hautes-Alpes*, p. 425. — Bonnaire, *Desc. du dép. des Hautes-Alpes*, an IX, p. 31.

[5] Ed. Fleury, *Bailliage de Vermandois*, p. 126. — Le manœuvre auvergnat et limosin dévore quatre livres de pain qu'il trempe dans l'eau. (Voltaire, *Dict. philosophique*, au mot BLÉ.)

rigueur de ses travaux qu'une soupe au pain bis, de mauvaise qualité, dont le sel fait tout l'assaisonnement »[1]. La soupe qu'on fait chauffer dans le chaudron d'airain et de fer, la soupe est le plat de résistance du repas principal. Le paysan d'Auvergne en mange même trois fois par jour, sur les cinq repas qu'il fait dans les longs jours de l'été[2]. Plus elle est compacte, mieux elle vaut; mais souvent l'assaisonnement y fait défaut. Si le dimanche on y met du lard, si parfois on y verse du lait, plus fréquemment elle est faite au beurre et « même au pur sel ». On se plaint même en Normandie de ce que le fisc interdit au peuple de prendre de l'eau de mer pour « agoûter une nourriture fade et grossière ». Si un commis rencontre une femme qui est allée chercher de cette eau, il brise le vase qui la contient[3]. Mais d'ordinaire, on se plaint davantage du haut prix du sel que de sa rareté; en Champagne même, on ne se refuse pas le poivre; dans des ménages de petits cultivateurs et de manouvriers, on rencontre assez sou-

[1] A. Bellée et V. Duchemin, *Cahiers des paroisses du Maine*, I, 73.

[2] Ces cinq repas sont ainsi dénommés : 1° *Dina*, 6 heures du matin, la soupe. 2° *Lanaou*, 9 heures, fèves noires, pois, gesses, patchiades (sorte de crêpe composée de farine, de lait et d'œufs). 3° *Medjournâ*, midi, la soupe au lait. 4° *Sparti darei*, 3 ou 4 heures, le meilleur repas : fromage, viande salée de porc ou de vache. 5° *Soupâ*, à la nuit, soupe et lait. Les repas se font aujourd'hui aux mêmes heures, mais on y mange de la viande et on y boit du vin comme on ne le faisait pas autrefois. (Communications dues à l'obligeance de M. Paul Le Blanc, de Brioude.) — En Bresse, on fait quatre repas par jour. (Bossi, *Ain*, p. 312.)

[3] Hippeau, *Cahiers de 1789 en Normandie*, II, 417.

vent un moulin à poivre, un « brioux à brier poivre », deux poivriers ou une poivrière de bois blanc, avec un égrugeoir de bois qui sert à râper le poivre [1].

Quand le paysan fait la moisson ou la vendange, c'est aux champs que sa femme lui porte sa soupe [2], « un pot plein de potage, dit Gauchet, du fourmage et du lard pour sa crouste en frotter ». Le même poëte du xvie siècle nous montrera une troupe de vendangeurs venant faire le repas du midi, sur l'herbe et sous les saules. L'un d'eux

... Coupant par morceaux un pain faitif[3] entier
D'un couteau bien trenchant, disant maintes sornettes,
Faict tout autant de parts qu'il y a de serpettes.

Les travailleurs arrivent....

               A pas lent et petit,
Tout chargés de vendange, encor' plus d'appetit.
Alentour de la nappe affamez ils s'arrangent,
Et sur la terre assis quatre à quatre se rangent :
La grand' marmite est là, dont la fumée sort,
Pleine de pain, potage et de choux jusqu'au bord :
Pour leur entrée de table on leur donne à soulée,
Tant qu'il en peut tenir, à quatre une esculée...
Lors d'appetit pareil se rue la brigade
Avecques les cinq doigts sur la chaulde panade [4].

On ne fait pas seulement de la soupe au pain ; en Bretagne, on sert deux fois par jour de la bouillie de

---

[1] Inv. de 1652, 1697, 1744, 1749, 1785. (Arch. jud. Aube.)

[2] Philibert Hegemon, la *Colombière*, 1583, fol. 17. — Voir aussi à l'appendice les extraits des *Plaisirs de la vie rustique*, du sieur de Pibrac, 1575.

[3] Pain faitis, pain bis. (Du Cange).

[4] Cl. Gauchet, le *Plaisir des Champs*, 1583, p. 99 et 184.

sarrazin[1]. « Le laboureur, dit une chanson bretonne, se nourrit de bouillie, de pain sec et de lavure »[2]. Dans le centre, on mangera des châtaignes bouillies; dans le midi, de la bouillie de maïs[3]; nourritures compactes qui alourdiront le paysan peu dégourdi de sa nature. Il est vrai qu'en Bretagne il mangera des crêpes et des galettes de sarrazin[4]; partout, il relèvera sa fade pitance par le condiment des légumes à forte odeur, l'ail, la ciboule, l'oignon. N'a-t-il pas le plus souvent dans son courtil, dans son enclos, un carré de terre où il plante, où il récolte quelques légumes verts ou quelques racines? N'a-t-il pas un coin de terre où il cultive des choux et des fèves[5]? « On peut aussy

[1] Cambry, I, 53, II, 57.
[2] Hersart de la Villemarqué, *Barzaz-Breiz*, II, 219.
[3] Baurein, *Variétés bordeloises*, 2ᵉ éd., III, 23. — Cette bouillie se nomme cruchade dans les Landes (Bérenger, *Voyage dans les provinces méridionales;* Millin, IV, 602), gaudes en Bresse. (Bossi, *Ain*, p. 310.)
[4] En Bretagne et en Vendée, on mange beaucoup de *furs*, sorte de hachis d'herbes et de mie de pain, mêlé d'œufs et d'épices. (Dupin, *Desc. des Deux-Sèvres*, an IX, p. 69.) — Cambry, III, 181.
[5] Joachim du Bellay nous montre un paysan cultivant « la bette au grand feuillage, la vinette, la mauve, l'eaule, les chiches pois, oignons, pavots, la friande laictue... et la concourde ventrue. »
>   Il en portait chaque jour à la ville,
>   Et puis au soir retournoit à grand' joye
>   Leger d'espaule et chargé de monnoye...

Il mangeait pour sa part de l'oignon, le cresson allenois... endive... roquette, des aulx, des coriandes gresles, du persil, de la rhue. Avec ces légumes, du « fourmage » dur et salé, un peu d' « olif » et « un petit fil de vinaigre, » le paysan fait une sorte

quelquefois mangé des fevres et des aricots, disent les vignerons du Vermandois, quand le maître n'empêche pas d'en maitre dans les vignes » [1]. Et les fruits, dans les années abondantes, croit-on qu'ils fassent défaut ? Si l'on ne possède point d'arbres qui en portent, ne peut-on s'en procurer à bon compte, au moyen d'échanges avec les voisins qui en regorgent ? Et de ces fruits, aux jours de fêtes, ne saura-t-on faire de rustiques tartes, que la ménagère cuira dans son four ? Dans le Nivernais, on y cuit d'appétissantes galettes aux poireaux à la crême [2].

Le lait est aussi un des éléments essentiels de l'alimentation rurale. En Champagne, dans les contrées où il existe des prés communaux, il faut qu'un manouvrier soit bien dénué de ressources pour ne pas avoir une vache; il faut qu'il soit dans la dernière misère pour ne pas avoir une chèvre. La vache est l'animal nourricier par excellence des races ariennes; la fille ou la femme, dont le nom dans certaines langues indo-européennes signifie celle qui trait la vache [3], la femme recueille le lait, le convertit en beurre ou le réduit en fromage. Dans bien des maisons, on trouve la baratte ou « tinette à

---

de tourteau que J. du Bellay compare au *moretum* de Virgile. (*Divers jeux rustiques*, 1570.) Poumerol montre en 1631 le paysan « dans une chère année... se nourrissant de raves et d'avoine.» (*Discours sur une pourmenade*, Fournier, *Var. hist.*, VI, 158.)

[1] Ed. Fleury, p. 126.
[2] A. Monteil, *Hist. des Français des divers états*, IV, 294.
[3] Adolphe Pictet, *les Origines Indo-Européennes*, 1863, II, 352 et suiv. On trouve le sanscrit *duhitar*, le grec θυγατηρ, l'anglais *daughter* qui proviendraient de la racine *duh*, traire.

battre beurre », les « chazières d'ozière » [1] ou « claies d'osier à mettre fromage ». Dans le Nord, le beurre est l'accompagnement par excellence du pain bis et l'assaisonnement de la soupe ; dans le centre, en Auvergne, par exemple, c'est le fromage [2] ; le fromage qu'on fabrique pour la vente entre pour une part importante dans l'alimentation de celui qui le prépare. Et avec le beurre n'a-t-on pas sous la main les œufs qui se cuisent dans la poêle, « la poêle à queue », que dans tant de chaumières champenoises on voit appendue près de la cheminée ? Les œufs ne sont pas loin, car bien souvent le paysan possède six, huit, dix, vingt, trente poules et le coq, poules qu'on désigne tantôt comme renfermées dans le « gelinier », tantôt sous le nom caractéristique de « poules de fumyer » [3].

La poule nous fait songer au vœu populaire du roi Henri, de ce roi gascon, qui eut tant de verve française. « Nous n'avons pas, disaient des paysans de Normandie en 1789, selon les vœux d'un de nos rois, tous les dimanches le morceau de lard et la poule au pot » [4]. Malgré les incontestables progrès

[1] Paniers à deux étages où l'on fait sécher le fromage salé. (Grosley, *Vocabulaire troyen. Ephémérides,* II, 164.)

[2] Ordinaire, Stat. man. du Puy-de-Dôme. — Au souper des vendangeurs dans le Valois, on donne pour deux un plat de choux et du pain à foison : Cl. Gauchet ajoute (p. 185) :

> Parfois à leur dessert pour leur donner courage
> Ils ont avecq' cela la pièce de fromage.

Voir aussi à l'Appendice les extraits des *Plaisirs de la Vie rustique,* du sieur de Pibrac.

[3] Arch. jud. de l'Aube.

[4] Hippeau, les *Cahiers de 1789 en Normandie,* II, 417.

de l'alimentation, je doute que le souhait du Béarnais soit réalisé de nos jours ; à coup sûr, il ne pouvait l'être dans l'ancienne France, où les paysans mangeaient moins de viande que dans notre siècle. N'en mangeaient-ils pas du tout ? Voltaire leur faisait dire : « Est-il quelqu'un qui ignore que nous ne mangeons jamais de viande ? Hélas, il est prouvé que si chaque personne en mangeait, il n'y en aurait pas quatre livres par mois pour chacune. Peu d'entre nous ont la consolation d'un bouillon gras dans leurs maladies ». Ce qui est assez piquant, c'est que la pièce qui débute ainsi est dirigée contre les évêques qui obligent les paysans à faire abstinence de viande pendant le carême ? « On nous déclare, disent ceux-ci, que ce serait un grand crime de manger un morceau de lard rance avec notre pain bis »[1]. Ils mangeaient donc du lard, qui pour être rance, n'en était pas moins un aliment gras. Presque partout, dans la porcellière ou la soue, petit réduit attenant à la maison, on entendait, on apercevait, on sentait le porc à l'engrais ; dans un recoin de la demeure, on trouvait le saloir en pierre ou en planches de chêne garnies de ferrements, dans lequel 20, 30, 100 livres de lard étaient entassées[2]. Quelquefois deux jambons pendaient à la cheminée ; des quartiers de lard étaient accrochés aux poutres de la chambre, au milieu de paquets

---

[1] Voltaire, *Police et législation. Requête aux magistrats.*

[2] Deux quartiers de lard salé et deux jambons (lab. 1736), etc. Arch. de l'Aube.— 50 livres de lard (jard. 1683). 4 quartiers de lard de 8 livres chacun (1689), etc. Arch. nationales, Z^2.

d'ails, de bottes d'oignons et de raisins ridés[1]. Le porc avait été, surtout au moyen-âge, le principal aliment populaire. Souvent, comme les anciens Gaulois, les villageois possédaient des troupeaux de porcs, qu'ils envoyaient chercher leur nourriture dans les grandes forêts des seigneuries et des monastères. Au xve siècle, les nobles bretons louaient encore la glandée de leurs bois, qui figurait souvent au nombre des droits d'usage que possédaient les habitants. La réduction de ces droits diminua le nombre de porcs ; mais quoiqu'on les eût proscrits dans certaines villes, où leur chair put être regardée comme malsaine, elle n'en resta pas moins la principale alimentation animale des paysans. Pour ceux du Périgord, c'était la *maîtresse viande* ; pour tous, la nourriture préférée. « Si j'étais roi, dit un campagnard dans un conte populaire, je mangerais tous les jours une soupe dont les trempes seraient de lard et le bouillon de graisse »[2]. « Le nombre des porcs excède celui des maisons, dit-on en Auvergne. Il n'est pas de famille, surtout dans les campagnes, qui ne tue un de ces animaux ; pour peu qu'elle soit à l'aise, elle en tue deux. C'est aussi pour ainsi dire la seule chair d'usage dans les villages »[3].

[1] P. Vanière, *Prædium rusticum*, trad. par Berland, I, 124.

[2] Conte populaire des environs de Brioude, recueilli et communiqué par M. Paul Le Blanc. Le second paysan dit : « Si j'étais roi, je ne porterais que des souliers bien ferrés ou des sabots de fer » ; le troisième : « si j'étais roi, je garderais mes moutons à cheval. »

[3] Statistique manuscrite du dép. du Puy-de-Dôme rédigée en l'an xii par l'abbé Ordinaire, p. 354. (Comm. de M. Vernière, de Brioude.)

On n'en faisait pas usage tous les jours, car les jours d'abstinence étaient nombreux. On s'en servait surtout, en quantité restreinte, pour relever le goût de la soupe et des légumes. Un chanoine du siècle dernier, qui avait fait ses humanités chez un curé de village, était logé et nourri, avec quelques condisciples, dans une pauvre chaumière, à la façon des paysans. « La nourriture, dit-il, était semblable au logement. On nous fournissait un pain pour quinze jours, du beurre, du lait, des œufs, du lard et quelques légumes. Les jours gras, avant de partir pour la classe, nous jetions chacun un petit morceau de lard dans trois pintes d'eau ; le soin en était confié à une vieille fille que nous désolions. Nous rentrions à midi ; une jatte de soupe, telle qu'on en sert à ces rustiques habitants de l'Auvergne, était notre unique met ; le soir, on mangeait le lard... »[1] Les cultivateurs peu aisés n'en mangeaient à coup sûr qu'une ou deux fois par semaine. Dans le Correjou, en Bretagne, ils se nourrissaient le dimanche, le mardi et le jeudi, de vache salée, de lard et de soupe de graisse[2].

Les paysans consommaient bien moins de viande de bœuf ou de mouton que de lard ; dans certaines régions, c'était pour eux un régal exceptionnel. « Pour de la chaire, disent les vignerons de Vermandois, on en mange le jour du mardy gras, le jour de Pasques et le jour de la fette patron, lors-

---

[1] *Mes souvenirs. Récits de Nicolas-Zacharie Simonnot*, publiés par M. Léon Pigeotte, 1878, p. 62.
[2] Cambry, II, 57.

qu'on va au pressoire pour le maître et lorsqu'on va aux noces »[1]. En Bretagne, le bœuf et le veau ne figurent sur les tables rustiques que les jours de fêtes et de mariages [2]. Dans le Berry, les paysans donnaient le nom d'*habit à la viande*[3] à leur costume des dimanches et des fêtes, parce que c'étaient les seuls jours où ils mangeassent de la viande. Si dans d'autres régions, ils en avaient moins souvent encore et même presque jamais, il n'en était pas partout ainsi. Les paysans des Dombes du xviie siècle, ceux du Roussillon du xviiie, qui se faisaient servir de la viande quatre fois par jour[4], étaient des exceptions peut-être plus difficiles à rencontrer que celles qui consistaient dans l'abstinence complète de ce genre de nourriture. Il semble aussi contraire aux idées les plus répandues d'admettre de prime abord l'opinion d'un érudit moderne, d'après laquelle on aurait fait dans les campagnes de la basse Normandie « une plus grande consommation de viande au xvie siècle qu'on ne le fait de nos jours »[5]. Ce qu'il y a de certain, c'est que dans certaines provinces les paysans n'ont pas cessé de recourir à ce genre d'alimentation pendant plusieurs jours de la semaine. Dans les montagnes du Rouergue, on se nourrissait toute l'année de bœuf salé, dont les quartiers pendus au plafond de la chau-

---

[1] Ed. Fleury, *Bailliage de Vermandois*, p. 126.
[2] Cambry, III, 182.
[3] Cte Jaubert, *Glossaire du Centre de la France*, 1855, I, 520.
[4] Voir le *Village sous l'ancien régime*, 3e éd., p. 363 et 364.
[5] Tollemer, *Journal d'un sire de Gouberville*, 2e éd., p. 401.

mière forçaient les visiteurs à se tenir inclinés[1]. Dans la Champagne méridionale, il n'est pas de cultivateur qui n'ait au moins deux vaches, et souvent les manouvriers en ont une. Ils ont aussi quelques moutons, surtout lorsque le village possède des pâturages communaux. « Les dits habitans, écrit-on en 1664, en parlant des paysans d'un village, ne font nourriture de bestial pour n'avoir bois, pasturage, ny commune »[2]. Il faut en conclure que ceux qui en avaient se nourrissaient de bestiaux ; les communaux étaient alors plus étendus que de nos jours ; le nombre des animaux de boucherie était relativement considérable[3]. Les statistiques de 1787 comparées avec les statistiques actuelles permettent de dire que dans le département de l'Aube le nombre des bêtes à corne n'a augmenté que d'un cinquième et celui des moutons que d'un onzième[4]. L'approvisionnement de Paris venant en prélever une moins grande quantité, il en résultait que les habitants en consommaient à peu près autant qu'aujourd'hui. Les bouchers étaient nombreux dans les campagnes ; des bourgs de 7 à 800 âmes en avaient

[1] A. Monteil, *Description de l'Aveiron*, I, 24.

[2] Arch. de l'Aube, G 1181. — En 1790, le cinquième des villages de ce département possédait encore des communaux. (*Procès-verbaux de l'assemblée du dép. de l'Aube en* 1790, p. 475.)

[3] Un rapport fait en 1722 signale un plus grand nombre de vaches qu'il n'y en a jamais eu dans certaines régions de la généralité de Paris. (A. de Boislisle, *Mém. des intendants*, I, p. 674, 675.)

[4] D'Arbois de Jubainville, l'*Administration des intendants*, p. 190.

trois ou quatre, et presque tous étaient dans l'aisance [1].

Dans d'autres provinces, l'alimentation était plus copieuse encore. En Normandie, sous Louis XVI, les deux tiers des paysans auraient été des « laboureurs opulents aimant à étaler à l'envi leur germe de magnificence dans la parure et la bonne chère ; ils sont même devenus gourmands », ajoute-t-on [2]. « La nourriture des habitants, dit un curé de l'Anjou en parlant de son village, même chez les moins aisés, était substantielle et abondante. Le pain dans lequel il n'entrait qu'un tiers d'orge sur deux tiers de blé était fort bon, et le cidre, plus ou moins affaibli par l'eau, ne manquait à personne. La soupe, au dîner et au souper, était suivie d'un plat de viande ou d'œufs ou de légumes ; au déjeuner et à la collation, on avait toujours deux plats, beurre et fromage, puis souvent un troisième de fruits crus ou cuits ou secs, pommes, noix, etc. Les plats étaient servis entiers, sur une table couverte d'une nappe, où chacun, muni d'assiette, de cuiller et de fourchette, mangeait suivant son idée » [3]. Nous savons aussi qu'en Champagne presque tous les ménages avaient au xviiie siècle des fourchettes, et les fourchettes servent surtout à manger des aliments solides, tels que la viande.

---

[1] Arch. jud. de l'Aube. — On accuse les bouchers de campagne, en 1789, de profiter de la hausse « pour survendre ». (*Cah. des par. du Maine*, I, 155.)

[2] Henri Baudrillart, *la Normandie, Passé et Présent*, 1880, p. 92, d'après Lepecq de la Clôture.

[3] François-Yves Besnard, *Souvenirs d'un nonagénaire* publiés par M. Célestin Port, 1880, I, 301.

Le paysan, qui, suivant certains auteurs, n'aurait jamais ou presque jamais mangé de viande, ne buvait-il que de l'eau ? Lorsque la récolte de la vigne ou les fruits des pommiers faisaient défaut, il était obligé de recourir à cette boisson. Un intendant dit en 1698, en parlant du Périgord : « Cette province a perdu dans les années de disette le tiers de ses habitants ; ce qui reste est réduit au seul breuvage de l'eau, qui est contraire à leur naturel »[1]. Mais on dira plus tard : « Le vin est la boisson chérie des paysans pauvres et riches ; aussi l'ivrognerie est-elle le vice par excellence »[2]. Que de fois l'on s'en plaindra dans les campagnes ! Il y avait autrefois dans les régions du Nord plus de vignes qu'aujourd'hui ; on en cite même au xve siècle en Normandie et en Picardie, où le cidre a prédominé[3]. « Le vin est commun à tous en France, dit-on à la fin du xvie siècle, aux enfans, filles, serviteurs, charretiers et tous autres[4] » ; on croit que la culture de la vigne nuit à celle du blé, et l'on demande que l'on réprime par des ordonnances, comme le fit plus tard Louis XV, la tendance des paysans à planter une trop grande quantité de vignes. Leurs produits trop variables influaient

---

[1] Boulainvilliers, *Etat de la France*, II, 341. — On ne boit que de l'eau dans les Landes. (Millin, IV, 604.)

[2] Baurein, *Variétés bordeloises*, 2e éd., III, 23.

[3] De Robillard de Beaurepaire, *Mém. soc. libre de l'Eure*, 3e série, VIII, 456 et suiv. — Baron de Calonne, la *Vie municipale au XVe siècle*, p. 93.

[4] *Discours sur les causes de l'extresme cherté qui est aujourd'hui en France*, 1596. Ed. Fournier, *Variétés historiques*, VII, 163.

sur la quantité et la cherté du vin. Tantôt il était d'un prix aussi élevé qu'aujourd'hui ; tantôt il n'égalait pas la valeur du tonneau, et l'on s'en félicitait, parce que le vin bon marché faisait oublier au peuple la misère qui l'accablait[1]. Dans ce cas, le cultivateur en achetait quelques fûts ; beaucoup avaient aussi une vigne pour leur consommation personnelle ; si la grêle ou la gelée survenait, il fallait renoncer au vin, et recourir au cidre, au jus de prunelles, à l'eau. Souvent, en jetant de l'eau sur le marc pressuré, on faisait pour la boisson des vignerons et des garçons de charrue du petit vin, qu'on appelait du *travin* en Auvergne et du *rapé* en Bourgogne. Dans cette contrée, le père de famille buvait du vin vieux, tandis que la mère et les enfants n'avaient que de l'eau[2]. La qualité du vin variait selon les climats ; dans l'Ouest, il était parfois si vert et si âpre qu'on lui donnait le nom caractéristique de *grince-dents*[3] ; mais dans des contrées plus

---

[1] Théron de Montaugé, l'*Agriculture... dans le pays Toulousain*, p. 83. — Les variations du vin sont extrêmes. En 1780, dans la Haute-Auvergne, l'hectolitre vaut 8 fr.; en 1790, 25 fr. (Saint-Ferréol, *Notices sur Brioude*, II, 173, 180.) Voici quelques prix de vin dans les derniers siècles : vin clairet du cru de Noisy-le-Sec, 1691, 16 l. le muids. — Vin de Nogent-sur-Marne, 1780, 18 l. (Arch. nat.) — Vin de Vauchassis, 1720, 20 l. le muids ; vins de Lassicourt et de Lesmont (Aube), 1782, 15 l.; 1786, 10 l. — Vin de Bouilly, 1784, 115 à 125 ; vin de qualité inférieure, de 70 à 80 l.

[2] *La Vie de mon Père*, II, 66, 67. — Stat. manuscrite du Puy-de-Dôme, p. 361. La moyenne de la consommation du vin y était de 60 pintes par tête et par an. — Dupin, *Desc. des Deux-Sèvres*, an IX, p. 69.

[3] *Inv. Arch. Sarthe*, Suppl. E, p. 1.

méridionales, Jean-Jacques Rousseau ne dédaignait pas le vin du paysan, qu'il trouvait noir et grossier, mais désaltérant et sain[1]. On ne le buvait pas seulement pendant les repas; on en offrait pour souhaiter la bienvenue à un hôte et pour sceller un marché; il semblait qu'il eût un rôle dans les relations sociales.

En résumé, la nourriture des cultivateurs et des manouvriers de l'ancien temps, fournie directement par les produits du sol, participait de la nature de ces produits, sans être excessive ou insuffisante dans les années ordinaires. Un Allemand, qui parcourut la France au commencement du xviie siècle, ne pouvait assez s'extasier sur la richesse de ses productions. Il admire ses bois et ses pâturages servant à faire paître le gros et menu bétail... la quantité de viande, de lait, de beurre, de fromage, de laine qu'ils produisent. Il signale l'abondance de la volaille et du gibier. « Si l'on consommait, s'écrie-t-il, en un an dans les autres pays le même nombre de chapons, de poules et de poulets qu'on fait disparaître ici en un jour, il serait à craindre que l'espèce n'en pérît »[2] ! Ce tableau, qui s'appliquait à l'ensemble de la France, pouvait être vrai sous Louis XIV dans quelques cantons où le défaut de communications et l'éloignement des villes maintenaient l'abondance et le bon marché des vivres. « Le gibier, la volaille, la chair de boucherie, dit un voyageur, étaient donnés presque pour rien en

---

[1] *Emile*, II, 64.
[2] Jodocus Sincerus, *Voyage dans la vieille France*, p. 19.

Bretagne; un veau bien gros et gras n'était vendu que trente sous » [1]. En pareil cas, le paysan, s'il ne s'enrichissait pas, consommait lui-même ce qu'il ne pouvait vendre. Au siècle suivant, Voltaire parlera de « l'affluence de nourritures excellentes » que les campagnes apportent à toutes les villes de France. L'étranger, dit-il, est étonné de l'abondance qu'on y trouve [2]. L'abondance de certaines provinces et de certaines années, qui rendait, dit-on, le paysan paresseux [3], n'empêchait pas la disette et la pénurie de se produire en d'autres temps et en d'autres lieux. Quoique Voltaire ait dit que le paysan était bien nourri [4], il l'était moins bien que de nos jours; la pomme de terre, si saine et si nourrissante, ne fut introduite dans nos campagnes que vers le milieu du siècle dernier [5]; et bien que la viande et le vin fussent servis sur la table des villageois, ils l'étaient moins fréquemment et moins largement qu'ils ne l'ont été depuis [6]. On dit bien que le régime frugal

---

[1] Jouvin, de Rochefort, *Voyage d'Europe*, I, 211.

[2] *Dictionnaire philosophique*, au mot POPULATION.

[3] Guy Coquille, *Hist. de Nivernois*, 1622, p. 337. — Boulainvilliers, *Etat de la France*, II, 154, 399 (Dauphiné, Touraine.)

[4] Voir plus haut, p. 48.

[5] En Irlande, grâce à la pomme de terre, la population s'est élevée de 3,000,000 en 1766, à 8,295,501 en 1845. (De Molinari, *l'Irlande, le Canada, Jersey*, p. 18.)

[6] L'accroissement de la nourriture animale a été général dans la majeure partie de l'Europe depuis 40 ans. Il y a trente ans, dit-on en Angleterre, un tiers du peuple ne consommait pas de nourriture animale plus d'une fois par semaine; presque tous maintenant en ont une fois tous les jours... (Escott, *l'Angleterre*, I, 296.) — Il y a quarante ans, mangeait-on de la

des paysans convient à leur santé [1], on les loue de connaître les avantages de la sobriété [2], on signale leur aspect vigoureux et sain [3] dans certains pays ; mais quelque robustes que fussent les hommes d'autrefois, leur force vitale était moindre qu'aujourd'hui, puisqu'il est avéré que la durée de leur vie moyenne était d'environ vingt-sept ans à la veille de la révolution de 1789, et qu'elle dépasse aujourd'hui quarante [4]. Ce résultat, qui fait à coup sûr honneur

viande dans les villages de Bretagne ? Voir à ce sujet un curieux passage du *Rapport d'un voyage dans les cinq départements de la Bretagne,* par MM. Benoiston de Chateauneuf et Villermé, *Mém. de l'Académie des sciences morales,* IV, 65. Aujourd'hui, la consommation de la viande en France laisse encore beaucoup à désirer, surtout dans les campagnes. Tandis qu'on l'évalue à 68 kilogrammes en moyenne pour l'habitant des villes, cette moyenne ne dépasserait pas 6 à 7 kilog. pour le paysan. (Alexandre Layet, *Hygiène des paysans,* 1882, p. 212, 213.)

[1] J.-J. Rousseau, *Emile,* I, 49.

[2] *L'Espion dans les cours des princes chrétiens,* 1717, III, 200.

[3] Entre Calais et Lille, un voyageur anglais remarque que les hommes sont forts et athlétiques. Il ajoute : The women too — of the lower classes, — ase strong and well made. (Dr *Rigby's letters from France in* 1789, p. 12.) — *Lettres de Lady Montague.* Voir *le Village,* 3e éd., p. 363.

[4] Il résulte de recherches faites avec le plus grand soin par des instituteurs de l'Aube dans sept communes de ce département, que de 1700 à 1710, la vie moyenne y était de 31 ans, de 1750 à 1760, de 24, de 1780 à 1790, de 22, de 1820 à 1830, de 28, de 1860 à 1870, de 42. Ces observations portent sur des chiffres trop restreints pour être adoptés sans réserves ; dans un de ces villages, on trouve, par suite de circonstances sans doute spéciales, la moyenne de 43 ans pour la période 1725-1750 ; mais leur ensemble n'en est pas moins digne d'attention, d'autant plus qu'il se rapproche des observations faites au siècle dernier par Deparcieux, Messance et Lavoisier.

à notre civilisation, ne doit pas être attribué, comme on l'a fait tant de fois, à des causes exclusivement politiques; la culture de la pomme de terre, les progrès des moyens de communication, les améliorations agricoles, l'élévation des salaires et du prix des denrées y ont partout et surtout contribué.

CHAPITRE VI

L'AISANCE

———

« *Né pour la peine* », c'est la devise qui surmonte une vieille estampe, où le dessinateur a représenté un « homme de village » de la fin du règne de Louis XIV. Ce campagnard, vêtu d'une veste et d'une culotte, porte des bas troués et des sabots. Un fléau est appuyé sur son épaule, tandis qu'une houe et une pioche fourchue sont accrochées sur son avant-bras. Il s'est levé dès l'aurore, comme l'indique le coq perché sur son manteau, avec cette mention : *Réveille-matin de campagne*, et il jette du grain à ses poules. *Sa journée est d'un petit prix*, dit la légende en parlant de la poule ; plus loin, on voit le cochon, *méprisé et nécessaire ;* la vache, si précieuse pour l'homme puisque *par son moyen l'on boit et mange ;* les ruches, où s'abrite l'abeille. *Chacun a part à ses travaux*, dit-on. Dans le lointain, le vigneron pioche, le cultivateur laboure, le clocher du village pointe au-dessus du versant du côteau ; enfin l'on aperçoit la chaumière, à la porte de laquelle se présente le collecteur, et dont le pignon porte cette inscription : *But des gens de campagne, tailles payées* [1].

Cette estampe quelque peu satirique nous montre sans fard l'existence et les ressources de l'homme de village, au commencement du xviiie siècle ; il vit au milieu de ses instruments de travail, de ses bestiaux et de ses champs ; sa chaumière est l'abri, où il se repose en paix lorsqu'il a payé ses impôts. C'est qu'il n'a pas seulement à lutter contre le sol et les intempéries pour conquérir sa subsistance ; il faut qu'il lutte contre les obstacles que les institutions lui opposent. Obéissant sans le savoir à cette loi de nature qui veut que l'homme aspire à rendre sa condition meilleure, il multipliera, souvent en vain, ses efforts pour y parvenir. A coup sûr, sa condition, toute précaire qu'elle soit, vaut mieux que celle de ses pères. Sait-il que ses pères étaient

---

[1] Estampe intitulée l'*Homme de village*, à Paris, chez N. Guérard, graveur, rue S.-Jacques à la Reyne du Clergé proche S.-Yves. Cette estampe fait partie d'une série qui représente : 1º l'homme de guerre ; 2º l'officier de marine ; 3º l'artisan. Celui-ci tire le diable par la queue avec cette devise : *Il n'est pas seul*. Il est intéressant de comparer l'estampe de l'*Homme de village* avec celle du laboureur de la Danse des morts, d'Holbein, au bas de laquelle on lit ces vers :

> A la sueur de ton visage
> Tu gagneras ta pauvre vie.

George Sand a décrit et commenté cette gravure avec éloquence au début de son beau roman rustique la *Mare au Diable*.

serfs, gens de main-morte, de « poesté, » attachés à la glèbe, corvéables et taillables à merci, enlacés dans tous les liens du réseau féodal ? Sait-il qu'ils furent longtemps pillés et maltraités par les gens de guerre, et qu'ils endurèrent des maux terribles pendant la guerre de cent ans, les guerres de religion et la Fronde [1] ? Les traditions s'effacent si vite qu'il est peu probable que le paysan de la fin du règne de Louis XIV connaisse le sort de son trisaïeul. Il apprécie le sien, et il en voit surtout les mauvais côtés ; il ne perçoit pas nettement l'amélioration de sa situation sociale ; il ne pressent pas davantage les progrès que verront ses enfants. Sans doute il subit trop souvent la misère ; il est encore assujéti à des corvées seigneuriales, d'ordinaire limitées et pour lesquelles il reçoit des indemnités en argent ou en vivres [2] ; sa propriété est encore grevée de droits féodaux ; mais nul ne peut l'en déposséder et il est certain de la transmettre à ses héritiers naturels. Il sait que les lois le protègent, s'il ignore que la France est celui des grands États de l'Europe, après l'Angleterre, où les propriétés sont le plus

[1] Sur les maux éprouvés par les campagnes pendant la Fronde, voir : A. Feillet, la *Misère au temps de la Fronde et Saint Vincent de Paul*, 4ᵉ éd., 1868.

[2] Vers 1770, les laboureurs et les manouvriers, appelés par corvée à casser la glace des pièces d'eau et à enlever les feuilles mortes des allées du château de Villacerf, reçoivent les premiers 6 sous et les seconds 4 sous par jour. (Arch. de l'Aube, E, reg. 59, 60.) En Franche-Comté, il était d'usage de donner au serf corvéable 2 livres de pain et une pitance raisonnable. Ailleurs, on lui donne à dîner. (Finot, Intr. à l'*Inv. Arch. de la Haute-Saône*, p. 7. — *Inv. Arch. Vosges*, II, p. 22.)

assurées[1]; et il travaille avec persistance, dans la pensée instinctive que son labeur ne sera pas stérile, malgré l'excès des impôts, malgré les redevances féodales, malgré les effets nuisibles des règlements et des usages.

Notre homme de village appartient à la classe moyenne des travailleurs de la terre. Au-dessus de lui se trouvent les propriétaires qui cultivent leurs biens avec des serviteurs, et les gros fermiers qui exploitent d'importants domaines ; au-dessous, ce sont les manouvriers ou les ouvriers agricoles, qui vivent de leur salaire et non des produits du sol. Lui, c'est le petit laboureur, le métayer, qui travaille avec sa famille, vivant au jour le jour sans l'aide de personne, cultivant le domaine d'autrui qu'il tient à loyer ou le champ qu'ont acquis ses pères, heureux s'il peut y ajouter un nouveau champ. Sous ses hangars, dans sa chambre même, sont déposés ou suspendus ses instruments de travail ; sa charrue, dont la forme parfois ne s'est pas modifiée depuis les Romains et qui naguère encore en Auvergne était garnie de sortes d'oreilles en silex taillé[2]; sa herse, ses bineaux, sa faulx, sa pioche, son pic, sa houe, sa « besche de fer fournie de son manche », ses faucilles, sa serpe, sa cognée, qui

---

[1] Voltaire, *Police et législation. Pensées sur l'administration publique.*

[2] En Auvergne, on l'appelait araire et elle avait une grande analogie avec la charrue antique, *aratrum*. (Gault, à la suite du *Tableau de la ci-devant province d'Auvergne,* par Rabani-Beauregard, 1802, p. 172. — Communication de M. Paul Le Blanc.)

pour la plupart ont conservé les formes du moyen âge [1]; sans compter les fléaux, les vans, les boisseaux, les « sas à passer farine », les paniers à mouche à miel, placés sous ses hangars. Dans ses étables, il possède en Champagne une ou deux vaches, dont la valeur vénale, qui s'était beaucoup élevée du xv° au xvii° siècle, resta à peu près invariable de Louis XIV à Louis XVI; souvent des moutons et des brebis, qu'on désigne sous le nom de bêtes blanches; un ou deux chevaux, dont le prix varie suivant l'âge et la force; à leur défaut, un âne, une « bête asine », dit-on aux environs de Paris et au nord de la Bourgogne; sans compter le porc, les poules [2], et dans quelques localités, les dindons, les canards, les oies, que des greffiers appelleront dans leurs inventaires, les *mères loie* ou *mères ouées*, avec leurs oisons [3].

Si les manouvriers ont souvent du bétail, si leur étable peut faire envie à celle de certains laboureurs, il y a parmi eux des misérables, dont le mobilier est aussi restreint que possible. On pourrait voir s'abattre sur un mobilier de ce genre pour l'inventorier, quatre hommes de loi, le juge, le procureur fiscal, le greffier et le sergent priseur, et après l'avoir estimé à la somme totale de 23 livres, prélever sur cette succession infime 18 livres pour

---

[1] Viollet-Leduc, *Dictionnaire du mobilier français*, II, p. 491, 496, 504, 505, 516.

[2] Voir l'Appendice sur le prix des animaux domestiques.

[3] Inventaires. Arch. jud. de l'Aube. Arch. nationales, Z². — Voir aussi pour les instruments: Noel du Fail, *Baliverneries*, IV.

honoraires[1]. Les gens de loi furent souvent les sangsues de l'homme de village[2]; ils étaient les auxiliaires rapaces de l'usurier de la ville, qui dans les années de gêne lui prêtait de l'argent à dix pour cent au moins[3]; mais le campagnard les redoutait moins encore que les commis des aides et le collecteur.

> Tous les jours au milieu d'un champ,
> Par la chaleur, par la froidure,
> L'on voit le pauvre paysan
> Travailler tant que l'année dure,
> Pour amasser par son labeur
> De quoy payer le collecteur !

On peut lire ces mauvais vers, rédigés en style de complainte, au bas de l'estampe dont nous avons parlé plus haut; ils peignent la situation du paysan du siècle dernier, qui ne fut souvent allégé des obligations seigneuriales que pour retomber sous le poids plus écrasant des impositions royales. Les tailles, les aides, les corvées, l'atteignent et le harcèlent de toutes parts; sans doute, il n'est que trop porté à se plaindre; il se plaint de sa récolte, dont il n'est jamais satisfait; il se plaint outre mesure du tirage au sort de la milice, qui ne touche par an qu'à six mille garçons, tandis qu'aujourd'hui le service obligatoire les enlève tous aux campagnes;

---

[1] Inv. de 1780. Arch. jud. Aube, n° 1315.

[2] En Limousin, certains paysans disaient dans leurs prières : Délivrez-moi de tout mal et de la justice. (J.-J. Juge, p. 128.)

[3] F. Poumerol, *Discours sur une pourmenade*, 1631. Fournier, *Var. hist.*, VI, 160.

mais, à certaines époques, surtout à la fin du règne de Louis XIV, les impôts sont accablants.

Ce comble des impôts fut un pesant fardeau.
Mais trop heureux encore on nous laisse la vie,

écrit sur son registre paroissial en 1711 un bon curé de village du Maine[1], témoin des misères, écho des plaintes de ses paroissiens ! De toutes parts, les agents du fisc et des tailles réclament l'argent du cultivateur. Pour le rendre heureux, il faudrait qu'on « retirât de dessus son territoire ces vampires errants, appelés porteurs de contraintes, archers de corvée.... »[2]; il faudrait qu'il ne fût jamais obligé de vendre ses bestiaux pour payer ses tailles[3]. L'impôt ne vient pas, comme on l'a dit, absorber entièrement le produit de ses récoltes et de son travail, mais il le réduit dans de trop fortes proportions ; il rend pour lui l'épargne difficile.

Et cependant le paysan luttera ; doué d'une infatigable ténacité, rien ne l'arrêtera ; ni l'excès des dîmes et de certains droits féodaux ; ni le mauvais état des chemins, qui ne lui permet pas de conduire aux marchés voisins l'excédant de ses produits ; ni les lois prohibitives qui lui défendent de les faire sortir de la province et du royaume. « Il en coûte moins à certains cantons de la France, dit-on sous Louis XV, de faire venir du blé de l'Angleterre ou de l'Afrique, que de le faire voiturer pendant dix lieues en

---

[1] *Inv. Arch. de la Sarthe*, Suppl. E, p. 458.
[2] Le Mis de Mirabeau, *l'Ami des Hommes*, I, 227.
[3] Ed. Fleury, *Bailliage de Vermandois*, p. 151.

France »[1]. La disette, qui frappe si cruellement le paysan, le surexcite ou l'abat momentanément, mais sans tarir les sources de son courage. Des petits laboureurs, des manouvriers du Maine, manquant de pain, s'en iront par troupes dans les mauvaises années, sur les chemins et par les villages, frappant aux portes des curés et des personnes aisées, et quand on ne leur donne pas l'aumône, enfonçant les portes et volant le pain chez les fermiers[2]; mais à la moindre apparence de récolte, ils se reprendront à l'espérance.

Ce qui les soutient, c'est qu'ils sont propriétaires pour la plupart; c'est qu'ils s'attachent à la terre, qui leur appartient, et qu'ils cultivent avec plus de soin que celle qu'ils tiennent à loyer[3]. Mais leur petite culture est souvent un obstacle à l'aisance qu'ils poursuivent; si elle suffit à leur alimentation annuelle, elle les laisse sans ressources lorsque la récolte fait défaut. Dès la fin du moyen âge, le morcellement de la propriété était extrême[4]. Guy Coquille disait : « Les partages sont la ruine des maisons de village »[5]. Dans la Brie, sous Henri IV,

---

[1] *Les intérêts de la France mal entendus,* Amsterdam, 1756, I, 82.

[2] Années 1709, 1738-39, 1770. *Inv. Arch. Sarthe,* Suppl. E, p. 7, 62, 264, 359. — Disette de 1700, Baudiau, *le Morvand,* I, 204-206.

[3] Ordinaire, Statistique manuscrite du Puy-de-Dôme, p. 317.

[4] En Bretagne, au xve siècle, la terre est morcelée en parcelles en quelque sorte infinitésimales. (Dupuy, *Hist. de la réunion de la Bretagne à la France,* 1880, II, 319.)

[5] Bonnemère, *Hist. des Paysans,* II, 333.

un seigneur veut se créer un parc d'une superficie de trente hectares ; il sera obligé d'acheter deux cents parcelles de terre[1]. Il faut lire, au xviiie siècle, ce qu'écrit Quesnay fils sur l'excès du morcellement[2] ; il faut entendre Arthur Young déplorer le trop grand nombre des petites terres cultivées par leurs propriétaires et qui formaient le tiers du royaume. La petite propriété était, suivant lui, la source de maux effroyables, et le voyageur anglais n'hésitait pas à lui attribuer plutôt qu'aux institutions la détresse dont souffraient les campagnes. Il voyait dans la division excessive des terres une grande déperdition de force et de peine. « Un propriétaire qui n'a rien à faire ôtera une pierre d'un endroit pour la remettre dans un autre, disait-il ; il fera dix milles à pied pour vendre un œuf »[3]. La passion de l'égalité dans les partages avait multiplié la subdivision des héritages. Chaque enfant voulait avoir son lot dans chaque pièce de terre laissée par les parents, et les biens d'un cultivateur se composaient de dix, de cinquante ou de cent parcelles de terre, dont la plus grande n'avait pas un arpent et dont les plus petites étaient insignifiantes[4]. Ce n'est que par exception que l'on trouve

---

[1] Denis, *Lectures sur l'hist. de l'agriculture dans le département de Seine-et-Marne*, 1881, p. 248.

[2] *Encyclopédie*, éd. in-4, XIV, 51.

[3] *Voyages en France*, II, 214, 220, 222 et suiv.

[4] Un laboureur d'Isle-Aumont dont l'héritage est évalué 3020 l. en 1701, possède 60 pièces de terre ; la maison et son verger valent 1500 l.; le prix des pièces de terre varie entre 75 liv. et 4 liv. 10 sous.

dans le Nivernais et le Berry des familles conservant par indivis le domaine patrimonial ; c'est seulement dans certaines régions du Midi que les Coutumes ou l'usage attribuent à l'aîné des fils la majeure partie ou la totalité du domaine du paysan[1]. La tendance générale, qui s'affirmera davantage à l'époque de la Révolution, est en faveur de la propriété individuelle et subdivisée. Elle va même jusqu'à provoquer le partage des biens communaux, sorte de réservoir permanent, où la petite propriété puise des forces sans que la grande en souffre.

Ces transformations économiques influent sur le sort des paysans. Un des résultats de l'excès des partages fut de réduire à tel point les biens de quelques petits propriétaires, qu'ils se virent forcés de reprendre le métier de serviteurs à gages ou de colons qu'avaient exercé leurs pères [2]. Il en fut ainsi dans le Berry, où un certain nombre de paysans avaient dû vendre jusqu'à leurs maisons. Cependant, les salaires, qui leur furent donnés, s'élevèrent en proportion de la diminution de la valeur de l'argent, surtout au xvie siècle [3] et à la fin du xviiie [4]. Sous

[1] Voir plus loin, chapitre XI.

[2] *Coll. de procès-verb. de l'Assemblée prov. de Berri*, 2° éd., III, 52. — Denis, *Lect. sur l'hist. de l'agriculture*, p. 231.

[3] *Discours sur les causes de l'extresme cherté qui est aujourd'huy en France*, 1596, attribué à du Haillan. Ed. Fournier, *Variétés hist.*, VII.

[4] De 2 à 3 sous au commencement du xvi° siècle, la journée d'un manouvrier s'élève à 12 ou 18 sous en 1760, pour monter à 20 ou 25 sous à la veille de la révolution. De 1760 à 1770, les ouvriers agricoles employés au château de Villacerf furent augmentés de 12 à 15 sous. (A. Young, II, 270 à 272. — Stat.

Louis XIV, on donne aux valets de ferme de 12 à 30 livres par an, plus une paire de bas, une paire de sabots ou de souliers et une chemise[1]. Sous Louis XVI, un maître charretier recevait 150 livres de gages, et autant pour indemnité de nourriture[2]. La rareté des travailleurs, sur certains points, faisait accroître leurs gages en même temps que leurs exigences : « Ils veulent gagner en un jour, disait-on dans le Berry, de quoi vivre sans rien faire, durant plusieurs jours... Les cultivateurs, ajoutait-on, sont les esclaves de leurs valets, et reçoivent, comme un bienfait le peu de travail qu'ils en obtiennent... Cependant les gages de ces hommes, qui deviennent de plus en plus mauvais, renchérissent d'année en an-

man. du Puy-de-Dôme, p. 282. — Arch. de l'Aube, E, reg. 59, 60). En Languedoc, les ouvriers ruraux étaient moins occupés, et leur salaire moins élevé. (Théron de Montaugé, p. 64, 65.) En temps de moisson et de vendange, les salaires variaient suivant les besoins. C'est ainsi que sur les bords de la Loire, on paye la journée de vendangeuse 12 s. en 1710, 18 en 1714, 22 en 1720. Cette même année, les hotteurs ou hottiers reçurent 50 s. (Boullay, *Manière de bien cultiver la vigne dans le vignoble d'Orléans*, 3ᵉ éd., 1723, p. 556 à 559.)

[1] Un domestique de la ferme du Grand-Marivas reçoit en 1701 pour six mois 33 liv. de gages et une paire de bas de boge. (Arch. jud. Aube, n° 1608.) Aux environs de Brioude, de 1673 à 1733, un cultivateur loue pour un an des valets, aux prix divers de 7 l. 10 s., 11 l., 12 l., 24 l., 30 l., 34 l. La plupart reçoivent en plus une chemise, une paire de bas, une gaste (leur entretien) de sabots ou une paire de souliers. Un d'eux, qui n'a que 9 l. par an, est habillé ; son maître lui achète 4 aunes de drap gris à 20 s. l'aune, un quart de toile pour la doublure, et un chapeau de 25 s. (Communication de M. Paul Le Blanc.)

[2] *L'art d'augmenter son bien*, 1784, p. 12.

née »[1]. On remarquait aussi qu'à mesure que le salaire s'élevait, la quantité du travail journalier diminuait. François Ier était resté populaire, sous le nom de roi au grand nez, parmi les vignerons de la même province, parce qu'il avait réduit le nombre de leurs heures de travail[2]. Il n'avait pas été besoin d'ordonnances royales pour diminuer ce nombre ailleurs, et l'on demandait plutôt des règlements pour assurer la régularité du travail que pour en réprimer l'excès[3].

Si la rareté et les exigences des ouvriers agricoles attestaient une amélioration dans leur condition, elles rendaient pour les propriétaires et leurs fermiers l'exploitation des terres plus difficile. Les terres n'étaient pas seulement pour les bourgeois un placement sûr ; elles pouvaient leur conférer un titre honorifique. Cependant, à la fin du xviie siècle, les biens fonds étaient dépréciés, et l'on appelait terres à gendre certaines métairies que l'on donnait en dot pour une valeur supérieure à la réalité[4]. Depuis la Banque de Law, les rentes constituées ou viagères, les tontines, les contrats particuliers vinrent aussi détourner des campagnes l'argent qui les aurait

---

[1] *Collect. de procès-verbaux de l'Ass. pr. de Berri*, 1787, II, 112, 120. — En Auvergne, les salaires des domestiques sont de 40 l., en Périgord, de 72 à 95. (Statist. man. de Puy-de-Dôme, p. 282. — Texier-Olivier, *Stat. Haute-Vienne*, p. 266.)

[2] Cte Jaubert, *Glossaire du Centre*, II, 280.

[3] En 1614, le cahier de la Ferté-Loupière demande que les manœuvres, vignerons et gens de corps soient tenus de travailler depuis « solleil levé jusques à solleil couché. » Arch. de Troyes, BB 16. — Voir aussi l'*Ami des Hommes*, I, 409.

[4] A. de Boislisle, *Mémoires des intendants*, I, 782.

vivifiées[1]. Mais tandis que le noble et le bourgeois se montraient moins disposés à acquérir des terres, le paysan s'efforçait d'en acheter quelques parcelles, et comme il vendait souvent son blé à un prix rémunérateur, on le voyait petit à petit augmenter son domaine en même temps que son aisance.

Les crises trop nombreuses que l'agriculteur eut à subir, particulièrement à la fin du règne de Louis XIV, n'empêchèrent point des progrès réels de s'accomplir dans les campagnes. C'est ainsi que le Médoc, solitaire et sauvage au XVIe siècle, s'était assaini, défriché, cultivé dans les deux siècles suivants; il s'était couvert de vignes et peuplé de vignerons[2]. C'est ainsi que Voltaire dira en parlant de la France entière : « On a planté plus de vignes et on les a mieux cultivées; on a fait de nouveaux vins qu'on ne connaissait pas auparavant, tels que ceux de Champagne; cette augmentation des vins a produit celle des eaux-de-vie; la culture des jardins, des légumes, des fruits, a reçu de prodigieux accroissements... Les plaintes qu'on a de tout temps fait éclater sur la misère des campagnes ont cessé d'être fondées ». Et Voltaire ajoute : « Il n'y a guère de royaume dans l'univers, où le cultivateur, le fermier soit plus à l'aise que dans quelques provinces de France, et l'Angleterre seule peut lui disputer cet avantage ». Il écrit ailleurs : « Comment peut-on dire que les plus belles provinces de France

[1] René d'Argenson, *Considérations sur le gouvernement de la France*, p. 169 et 261. — *Intérêts de la France mal entendus*.
[2] Baurein, *Variétés bordeloises*, 2e éd., II, 418. Comm. de M. l'abbé Allain.

sont incultes ? Il suffit d'avoir des yeux pour être persuadé du contraire[1] ». Ces provinces, le marquis de Mirabeau les énumère : ce sont « celles du Nord, la vallée de la Loire près de Tours, la vallée de la Garonne près d'Agen, les environs d'Orléans, de Lyon et de Marseille, qui présentent l'image de la prospérité et de la fécondité ». Dans ces contrées, les maisons particulières ne sont presque séparées que par leurs vignes et leurs vergers, et le manouvrier revenant de journée, bêche son champ au clair de lune. La petite propriété a souvent produit des effets excellents. La culture maraîchère des environs de Paris est admirable[2]. Les régions moins fertiles ne sont pas tout à fait déshéritées[3]. En Bretagne, si la majeure partie de la province est mal cultivée, il y a des cantons qui le sont avec beaucoup d'intelligence et de succès[4]. En tout cas, la France, que Shakespeare appelait le « meilleur jardin du monde »[5], la France est loin de présenter au xviiie siècle l'aspect inculte que lui attribuent certains publicistes contemporains.

---

[1] *Siècle de Louis XIV*, chap. XXX. — *Dict. philosophique*, au mot POPULATION.

[2] *L'Ami des Hommes*, 1756, I, 176 à 178.

[3] Le marquis de Mirabeau prétend que dans les beaux pays le paysan est plus misérable que dans les mauvais. (*Ibid.*, II, 73.) — Se void par experience... que les peuples demeurans en païs sec et stérile ordinairement sont plus industrieux, et que ceux demeurans en païs fertile et gras sont plus grossiers. (Guy Coquille, *Hist. de Nivernois*, 1622, p. 337.)

[4] *Corps d'observation de la société d'agriculture de Bretagne*, 1760, Intr., p. XXII.

[5] The world's best garden. *King Henry V*, Act. V, Sc. II.

Il est des époques où l'on aime à se plaindre, comme il en est d'autres où il paraît naturel de se vanter. A la veille de la Révolution, il semble qu'on se soit plu à exagérer ses maux afin de mieux les guérir. Les progrès réels qu'on avait obtenus faisaient supposer qu'on pouvait en réaliser de plus grands. Les administrateurs eux-mêmes se faisaient volontiers les échos des publicistes. « C'est un grand plaisir de se plaindre et de censurer », je l'avoue, disait Voltaire, qui s'y connaissait. Et il ajoutait, après avoir énuméré les productions les plus fines que l'agriculture en France peut fournir à la table : « Il est doux, dis-je, de plaindre, dans une digestion un peu laborieuse, le sort des campagnes qui ont fourni toutes ces délicatesses »[1]. Mais ces plaintes, qui avaient l'inconvénient de peindre sous des couleurs trop sombres une situation qui laissait à coup sûr à désirer, ces plaintes avaient l'avantage de stimuler le zèle et les améliorations. A partir de 1760, les améliorations s'accentuèrent sous l'impulsion des administrations, des sociétés d'agriculture et de l'esprit public. Des provinces entières se transforment, comme le Languedoc. L'intendant d'Étigny, dit-on, y a vivifié l'agriculture. En dix ans, les paysans auraient décuplé, avec leur population, la quantité et le prix de leurs denrées. De 1762 à 1789, la valeur des propriétés y a doublé[2]. Partout, cette valeur a progressé dans des proportions notables.

---

[1] *Dictionnaire philosophique*, au mot POPULATION.

[2] Balgueric, *Statist. du dép. du Gers*, an x, in-8°, p. 34 à 36. — Théron de Montaugé, p. 124.

« Les fermages, dit-on dans le Maine, en 1777, ont augmenté des deux tiers ; un nombre considérable de personnes en cherche sans pouvoir en trouver »[1]. La libre circulation des grains a produit les meilleurs résultats ; le blé se vend cher, et le cultivateur s'enrichit[2]. Sans doute, il y a encore bien des terres en jachères dans certaines provinces ; les méthodes sont surannées ; la terre est loin de donner tout ce qu'elle peut rendre[3] ; de nombreux progrès restent à réaliser. Arthur Young l'atteste fréquemment ; mais s'il y a trop d'aspects affligeants, il en est qui laissent une toute autre impression dans l'esprit. Au témoignage quelque peu pessimiste d'Arthur Young, on peut opposer celui d'un de ses compatriotes, le Dr Rigby, qui avait publié comme lui des ouvrages estimés sur l'agriculture. Rigby, qui traversa la France de Calais à Antibes en juillet 1789, ne tarit pas sur la culture et la fécondité des contrées qu'il parcourt. Il en exprime à plusieurs reprises son étonnement. Ce n'est pas seulement la Flandre

---

[1] *Inv. Arch. Sarthe*, Suppl. E. — Voir aussi : F. Y. Besnard, *Souvenir d'un nonagénaire*, I, 297.— *Mém. pour Ant. Ch. Lucas*, 1773, p. 2, 3.— La ferme de la Coste, qui renferme 170 arpents, est louée par le sieur de Villemereuil 400 l. de 1725 à 1773, où on la porte à 600 l.

[2] L'hectolitre de froment vaut en Languedoc 15 l. 37 en 1764, 22.68 en 1789, 17 f. en 1864, 27.61 en 1867. (Théron de Montaugé, p. 658.)— Le boisseau de Troyes, qui vaut 5 f. en 1880, a valu 2 l. 10 s. en 1782, 3 l. 17 s. en 1784 et jusqu'à 6 l. 16 s. en 1789. — Voir aussi les relevés faits dans le Var par M. Magloire Giraud : la moyenne de la charge de blé est de 30 l. 5 s. de 1702 à 1767, de 40 l. environ de 1768 à 1789. (*Bull. de la Soc. des sc. du Var*, 23e année, 217-220.)

[3] Courtépée, *Description du duché de Bourgogne*, 2e éd., I, 304.

qui le comble de surprise par la beauté de ses froments bien supérieurs à ceux que produit l'Angleterre; c'est la Picardie, c'est l'Ile de France. « La culture de ce pays, dit-il en Picardie, est réellement incroyable, et nous n'avons pas vu un pouce de terre qui ne fût cultivé et fertile ». Et quand il sera en Bourgogne, il dira : « Nous avons maintenant voyagé pendant 5 ou 600 milles en France et nous avons vu à peine un arpent inculte, si ce n'est dans les forêts de Chantilly et de Fontainebleau. Partout ailleurs, à peu près chaque pouce de terrain a été labouré ou bêché, et semble en ce moment écrasé sous le poids de ses moissons ». En allant de Dijon à Lyon, l'enthousiasme du Dr Rigby augmente. Les collines sont couvertes de vignes jusqu'au sommet, tandis que des maisons, des villages et des villes sans nombre apparaissent à leur pied. « Quel pays ! s'écrie notre Anglais. Quel sol fertile ! quel peuple industrieux ! quel charmant climat ! » Il descend la vallée du Rhône, et il est frappé de voir que l'on cultive jusqu'aux fissures des rochers où le temps a déposé un peu de terre végétale; il fait la même remarque aux environs de Toulon. Et qu'on ne croie pas que le Dr Rigby soit toujours d'un optimisme invétéré; lorsqu'il retourne en Angleterre par la Suisse et l'Allemagne, il sait très bien remarquer que dans le pays de Clèves il n'y a pas la centième partie du sol qui soit cultivée et que dans une partie de la Hollande on ne voit guère que des friches. « Combien, dit-il, les pays et les peuples que nous avons vus depuis que nous avons quitté la France perdent à être comparés avec ce pays plein de vie ! »[1]

Arthur Young, moins bienveillant d'ordinaire, est aussi frappé du contraste que présente la France avec l'Espagne. Il s'écrie en quittant la Catalogne, et en entrant dans le Roussillon : « Nous nous trouvions tout à coup transportés d'une province sauvage, déserte et pauvre, au milieu d'un pays enrichi par l'industrie de l'homme ». Et Young n'hésite pas à attribuer cette prospérité au gouvernement. « En effet, le Roussillon, dit-il, est et fait une partie de l'Espagne; les habitants sont Espagnols de langage et de coutumes; mais ils sont soumis à un gouvernement français »[2].

Pour bien juger de l'état d'un pays, il faut le comparer à celui des pays voisins, à la même époque. « Voyagez, Messieurs, dit Voltaire à ceux qui se plaignent du sort des campagnes en France, et vous verrez si vous serez ailleurs mieux nourris, mieux abreuvés, mieux logés, mieux habillés et mieux voiturés »[3]. L'Angleterre, si l'on en croit Macaulay, aurait été plus inculte que la France, dans la seconde moitié du XVIIe siècle. Selon cet éminent historien, des milliers de milles carrés, qui sont maintenant de riches terres et de vertes prairies, n'étaient alors que des bruyères ou des marécages abandonnés aux canards sau-

[1] Dr *Rigby's letters from France, etc. in* 1789. London, 1880, p. 10, 16, 96, 104, 105, 120, 138, 224, 225.

[2] *Voyages en France*, I, 50, 51.

[3] *Dictionnaire philosophique*, au mot POPULATION.

vages ¹. Au siècle suivant, l'Angleterre avait fait de tels progrès que sa richesse était volontiers opposée par les publicistes à la prétendue misère de la France. Et cependant Rigby est partout frappé en France de l'activité laborieuse de la population, de son air de contentement et d'aisance. S'il y a vu moins de marques d'opulence qu'en Angleterre, si surtout les maisons de campagne sont moins nombreuses, en revanche peu de membres des classes inférieures sont, comme en Angleterre, revêtus de haillons, voués à la paresse et à la misère ². Il y avait dès cette époque dans notre pays moins de grandes fortunes, mais aussi moins d'inégalité dans les conditions que de l'autre côté de la Manche.

Le docteur anglais parle aussi de l'étonnante population de la France. Cette population avait en effet singulièrement progressé depuis la diminution sans précédents qu'elle avait subie au commencement du siècle et qui avait frappé les villes plus encore que les campagnes. Mais à partir du ministère de Fleury, la progression avait repris; elle s'était accentuée surtout après 1760. A défaut de recensements généraux, les relevés faits par les États de Bourgogne et de Languedoc attestent l'augmentation incessante des naissances et des mariages ³. L'augmentation des naissances était souvent

---

[1] *Hist. d'Angleterre depuis l'avènement de Jacques II*, tr. Em. Montégut, I, 308.

[2] Dr *Rigby's letters*, p. 11.

[3] Dans la généralité de Montauban, le chiffre annuel des naissances s'élève de 1770 à 1786 de 17,589 à 22,801; dans celle de Toulouse, de 23,583 à 27,000. (*Inv. Arch. Lot*, C 7 et

compensée par la mortalité des enfants en bas âge; mais des effets salutaires n'étaient pas moins signalés de toutes parts. La liberté du commerce des grains y contribua. Un curé de Bourgogne publia à ce sujet des chiffres qui ont lieu de surprendre : de 1764 à 1770, le nombre des naissances aurait quintuplé dans sa paroisse; le prix des bestiaux doublé et les friches réduites des neuf dixièmes [1]. Vers la même époque, on dit sur différents points : « La population est infinie dans les campagnes. — Il est vrai qu'il y a une multitude d'enfants. — La population qui s'est accrue d'une manière étonnante laisse à peine à nos champs le temps nécessaire pour se reposer [2]. » Si la majorité des publicistes se plaignent du manque de bras et de la désertion des campagnes, Arthur Young au contraire attribuera leur misère à l'excès de population qui s'y trouve [3].

Cet excès de population augmenta le nombre des émigrations des campagnes dans les villes, dont on se plaignait autrefois comme aujourd'hui; mais cette émigration n'était pas toujours amenée par la misère; elle est également suscitée par un louable esprit de travail et d'entreprise. A certaines époques

24.) — Dans la généralité de Bourgogne, les naissances de 1770 à 1786 furent portées de 40,448 à 46,589. (*Inv. Arch. Côte-d'Or*, C 48 à 56.) Voir aussi : Voltaire, *Dict. philosophique*, au mot POPULATION.

[1] *Lettre de M. le curé de Mondreville. La cuisine des pauvres*, Dijon, 1772, p. 77-84.

[2] A. Bellée et V. Duchemin, *Cahiers des paroisses du Maine*, I, 58. — *La population de Troyes au XVIIIᵉ siècle*, p. 9, 10. — *Inv. Arch. Sarthe*, 1775, Supplément E, p. 79.

[3] *Voyages en France*, II, 322 et suiv.

on fuit les villages pour échapper à la faim, pour éviter les impôts onéreux[1], pour demander sa part des secours que les fondations charitables distribuent dans les villes; mais en revanche, on quitte son clocher pour aller chercher fortune ailleurs, pour s'efforcer d'élever sa condition matérielle, sociale ou morale. C'est surtout parmi les laboureurs, dit-on, que se recrutent « les laquais, les coureurs, les valets de pied et de chambre, les palefreniers, les piqueurs, les perruquiers, les tailleurs, les limonadiers, les aubergistes, les gargotiers, les décrotteurs que le luxe attire dans les grandes villes.[2] » Il arrivait aussi que beaucoup de gens de village, qui s'étaient engagés comme soldats, ne voulaient plus revenir chez eux, lorsqu'ils étaient libérés du service. Ils avaient porté l'épée, et auraient cru déroger en se livrant de nouveau au travail des champs. On parle, au commencement du xviie siècle, de plus d'un « qui avait changé son coultre en une espée et sa vache en une arcbuse, et se faisait appeler désormais M. du Ruisseau, de la Planche ou du Buisson »[3]. En tout cas, le nombre des émigrants ne fut jamais exagéré, puisqu'on estimait en 1791 à près des quatre cinquièmes la proportion des habitants des campagnes à la population totale du royaume; proportion très-inférieure à celle qui doit exister dans un état puissant et bien équili-

---

[1] Roschach, continuation de l'*Hist. du Languedoc*, p. 1156. — Semilliard, Journal manuscrit, année 1708, III, p. 574, 575.

[2] *Les intérêts de la France mal entendus*, 1756, I, 79, 159 et 57.

[3] *Le paysan françois*, p. 10. Ed. Fournier, *Var. hist.*, VI, 332.

bré[1]. Si le service militaire enlevait quelques campagnards à leurs champs, si beaucoup d'entre eux allaient se placer comme domestiques au château et à la ville, les paysans restaient en très-grande majorité dans le village où ils étaient nés, s'efforçant d'améliorer leur situation par leur travail et leur industrie.

Les anciennes institutions ne se sont pas opposées à ces efforts légitimes, et n'ont jamais interdit au paysan de chercher à s'élever au-dessus de la condition de son père. Les derniers mainmortables qu'on ait vus en France pouvaient s'instruire, quitter la profession de leurs ancêtres et devenir médecins ou prêtres[2]. Les paysans, même dans les contrées les moins favorisées, parvenaient à arrondir leur domaine; il ne leur était pas impossible d'amasser quelques économies pour les mauvais jours; ils réussissaient même à réunir quelques sommes d'argent pour doter leurs enfants, comme ces « gens de labeur » de villages du Vélay, qui trouvent moyen de donner 7 ou 800 livres et un trousseau à leurs filles pour les faire entrer dans une congrégation religieuse[3]. Sans doute, les paysans de certaines con-

---

[1] On comptait en 1791 5,709,270 habitants dans les villes et 20,521,358 dans les campagnes. Young dit que, d'après des lois certaines, dans les pays florissants moitié des habitants doit vivre à la ville. (*Voyages en France*, II, ch. XVI.)

[2] J. Finot, *Inv. Arch. Haute-Saône*, Introduction, p. 5.

[3] Plusieurs filles de gens de labeur s'agrégèrent ainsi de 1709 à 1742 aux demoiselles filles associées sous le vocable de saint Joseph établies à Saint-Georges-l'Agricol et à Craponne. Il y a des dots de 400, 500, 700, 850 livres. On donnera en outre 4 à

trées étaient si pauvres que la vue d'une somme de 36 livres leur faisait perdre la tête. Tel était un brave forgeron du pays de Foix à qui l'intendant de la province avait fait décerner un prix de pareille valeur[1]. En général, dans les inventaires après décès de Champagne, on voit figurer peu d'argent monnoyé chez les petits laboureurs et les manouvriers[2]; il était trop facile de le faire disparaître. Cependant il se rencontrait des thésauriseurs, qui préféraient enfouir leur épargne dans tous les recoins de leur demeure plutôt que de la convertir en terres et en vignes. Un cultivateur de Champagne laissa à ses héritiers plus de 2,500 liv., parmi lesquelles on compta 1,034 pièces de 2 sous, 2,200 pièces de 18 deniers et 2,692 petits liards[3].

Des paysans, animés d'un tel esprit de patience et de ténacité, étaient capables, grâce à une épargne d'apparence sordide, en affectant les dehors de la misère, d'arriver petit à petit à la conquête de l'aisance. Nous les verrons parvenir même à des positions libérales; nous les voyons exercer, sans sortir des occupations manuelles, des professions qui leur

---

8 septiers de seigle, 2 costumes complets, un lit garni parfois d'une couverture de Catalogne, une garde-robe fermant à clef, et du linge. (Recueil de pièces manuscrites sur les Filles de saint Joseph, communiqué par M. Paul Le Blanc, de Brioude.)

[1] Raymond de Saint-Sauveur, *Compte rendu*, p. 112-113.

[2] On en trouve davantage aux environs de Paris.

[3] Arch. jud. de l'Aube, n° 1523. — Un laboureur d'Aubervilliers possède en 1713, outre 230 l. d'argent monnoyé, 19 escus neuf, 25 pièces de 5 s. vieux, 102 de 10 s. vieux, 2 louis d'or vieux, 285 pièces de 4 sols vieux. (Arch. nationales, Z² 121.)

assurent des ressources nouvelles. Beaucoup d'entre eux, surtout en Picardie, en Normandie et en Champagne, demandent un supplément de revenus à l'industrie du tissage et de la bonneterie[1], et savent se livrer à des occupations lucratives quand l'hiver les retient loin des travaux des champs. Les femmes filent pour elles-mêmes quand elles ne filent pas pour autrui ; elles ont presque toujours le fuseau à la main[2]. Dans le Vélay, comme aux alentours d'Alençon, elles utilisent les loisirs de l'hiver à faire de la dentelle ; à Craponne, les filles associées de Saint-Joseph enseignent cette industrie à plus de 300 jeunes filles de cette petite ville et des villages voisins[3]. Dans toutes les provinces, les paysans les plus industrieux exerceront un métier ; l'un sera maréchal-ferrant, serrurier ou charron ; un autre tonnelier ou maçon ; un autre cordonnier[4], cabaretier, aubergiste ou boucher ; des cultivateurs auront un moulin à huile[5] ; quelques-uns, plus hardis,

---

[1] Sur les avantages de l'industrie dans les campagnes voir : De Vroil, *Clicquot Blervache*, p. 334 ; Boulainvilliers, *Etat de la France*, I, 72 ; *Hist. de Troyes pendant la Révolution*, I, 90. — Un métier de tisserand, avec tous ses outils, est estimé 14 l. en 1782. (Arch. jud. Aube, n° 1713.)

[2] Millin, IV, 552. — Dauchy, *Stat. de l'Aisne*, an x, p. 51.

[3] Dél. mun. de la ville de Craponne du 25 mai 1766. Recueil de pièces manuscrites de M. Paul Le Blanc. — La Magdeleine, *Desc. de l'Orne*, an ix, p. 45.

[4] Chez un cordonnier de Pâlis en 1782, les cuirs tannés et corroyés sont prisés 212 l. avec tous les outils. Ce cordonnier a une vache, une chèvre, 2 brebis, 2 agneaux, 8 poules et le coq. Il possède cinq habits de drap, dont un de drap blanc.

[5] Un métier à faire huille garny de sa mûle, brois et gimille... avec la poille... 200 l. Inv. d'un laboureur à Vauchassis, 1752.

feront le commerce de bois ou de laines. S'ils ont quelques avances, s'ils ont quelque crédit, ils loueront le moulin ou la ferme du seigneur, ils deviendront meuniers, fermiers, maîtres de poste, et s'ils réussissent, leurs fils, élevés dans un collège, achèteront des charges de judicature ou de finances dans la ville voisine.

Le maréchal-ferrant a d'ordinaire un attirail important; sa forge et ses outils sont estimés assez haut; il est quelque peu marchand de fer et tient au besoin des assortiments de serrures [1]; il est plus à l'aise que le maçon, le bourrelier [2] ou le tonnelier, qui sont des artisans pourvus d'un matériel moins considérable; le meunier, en revanche, est un plus gros personnage. Vêtu d'un habit de drap et de culottes de panne de couleur gris blanc, il porte une perruque qu'il poudre à peu de frais [3]. Pré-

---

[1] « Une boutique de maréchal, savoir 2 enclumes, 2 soufflets, 4 estos, 1 bigorne, 1 crôtiere, 18 martos tant petis que gros, 12 paires de tenaille, 3 meules, 2 auges de bois, ensemble tous les menus outils consistans à 200 pièces tant petis que gros, y compris les limes, ensemble toutes les ferrailles, fer neuf et vieux... 800 l. » (Inv. de 1737.) — Chez un autre, on estime un grand soufflet et une enclume, 100 l.; un millier de fer, 120 l., etc. (Inv. de 1727.) — Un maréchal de Daudes a 6 serrures de coffre à 50 s.; 3 de cabinet et une en cœur à 25 s. (1728.) — Un « choderonnier » de Pargues est dans une situation moins brillante (1688.) — En revanche, un potier d'étain de Beaufort, aujourd'hui Montmorency, qui possède en 1606, plusieurs moules servant à son métier, est assez à l'aise pour avoir 9 cuillers d'argent. (Arch. jud. de l'Aube.)

[2] Un bourrelier de Pâlis, en 1783, possède une bande de cuir de 10 l. et les outils de son métier estimés 18 liv.

[3] Inv. du meunier de Lévigny, 1787.

levant son paiement sur le grain de ses clients, il chôme seulement lorsque les eaux sont basses ; dans les comédies du dernier siècle, on le représente comme un bon vivant dans l'aisance, et c'est à coup sûr un des gros bonnets du village.

Quant aux fermiers, il y en avait de toutes les fortunes, depuis les gens gênés, plus mal nippés et meublés que les manouvriers, jusqu'aux riches qui rivalisent de luxe ou du moins d'aisance avec les bourgeois. Il n'est pas rare en Champagne de rencontrer des fermiers qui ont dans leur écurie de 15 à 20 chevaux et dans leur étable plus de 20 vaches[1], sans compter les volailles qui peuplent la basse-cour et dont une partie sera donnée en redevance au propriétaire. 50 paires de poules, 42 dindes, 20 dindons, 62 oisons se trouvent chez un fermier de l'abbaye de Larrivour. Ce fermier, qui paie seulement à cette abbaye 300 l. de fermages, avec quelques redevances en nature, a plus de 3,600 l. en argent monnoyé ; il a de l'argenterie, 2 tasses, 2 timbales, 3 cuillers et 3 fourchettes, sans compter 2 croix et 5 bagues en or. Un de ses voisins a

---

[1] Ferme de Vallières, 1756. — Le fermier de la Porcherie, dépendant de l'abbaye de Larrivour, cultivait 55 arpents en blé, 50 en orge et avoine, 6 en navettes, 5 quartiers de chenevières ; il a 14 juments, 5 poulains, 25 vaches, 10 bœufs et 9 veaux. Son mobilier est estimé 8,220 l. (Arch. jud. de l'Aube, n° 1433. Cette liasse contient d'autres inventaires de fermes, qui indiquent une grande aisance.) Dans le Maine, en 1780, il y a d'ordinaire dans une ferme de 40 arpents, 6 bœufs de travail, 6 vaches laitières, 6 génisses, 6 taureaux de l'âge de 1 à 3 ans, 2 juments poulinières, 6 à 70 moutons de taille moyenne, 4 à 5 porcs, etc. (F. Y. Besnard, I, 300.)

10 couverts d'argent, 6 tasses et 3 timbales[1], et l'estimation de ses biens dépasse 36,000 l. Les bijoux sont également nombreux. Le clavier d'argent est pour ainsi dire l'insigne de la fermière. Il est à remarquer que les fermiers des monastères sont souvent plus prospères que les autres ; l'on en voit qui se perpétuent de père en fils dans la même exploitation[2]. Leurs redevances sont raisonnables, et souvent l'abbaye consacre des sommes considérables à l'amélioration des terres qu'ils cultivent[3]. Chez les fermiers à l'aise, est-il besoin de dire que les hangars abritent de bons chariots, des camions, des charrettes, que les greniers et les granges sont remplis de froment, de seigle, de navette, les celliers de cire et de beurre, les coffres de linge et d'étoffes[4]. Une fermière de Saint-Pouange a dans

---

[1] Arch. jud. Aube, n° 1453.— En 1785, un laboureur de Villehardouin, dont l'inventaire monte à 12,337 l., possède 15 couverts, 2 écuelles, 2 gobelets à pied, 4 grandes cuillers à ragoût d'argent, valant 785 l. (Ibid., n° 1596.) — Un laboureur d'Aubervilliers a 6 cuillers, 15 fourchettes et 7 petits gobelets d'argent. (Arch. nationales, Z² 123.)

[2] Denis, *Lectures sur l'hist. de l'agriculture dans Seine-et-Marne*, 1881, p. 292.

[3] On n'ignore pas, dit le marquis de Mirabeau, et il est passé en proverbe, que les bénédictins par exemple mettent cent sur leurs terres pour leur faire produire un. Je connois dans leurs biens telle chaussée d'étang ou contre des rivières, tel autre ouvrage enfin utile ou nécessaire, qui a certainement coûté trois fois le fonds de l'abbaye entière. Ces travaux longs et dispendieux, qui sont une sorte d'ambition et de joie pour ces corps, qui se regardent comme perpétuels, toujours mineurs pour aliéner, toujours majeurs pour conserver, sont au-dessus des forces des particuliers. (*L'Ami des Hommes*, 1756, I, 64.)

[4] Arch. jud. Aube, n°ˢ 1453, 1376, etc.

son coffre 10 aunes de toile commune, 10 aunes de droguet blanc et 18 aunes de bouge blanc. Malgré leur aisance, dans beaucoup de provinces, les fermiers ne s'élevaient pas au-dessus des paysans au milieu desquels ils passaient leur existence et dont ils partageaient les occupations ; mais dans la Brie, ils vivaient presque comme des gentilshommes. Dès le xviie siècle, on y citait une infinité de « riches laboureurs plus aisés et plus pécunieux que beaucoup de seigneurs ». Cent ans plus tard, Arthur Young séjourna chez l'un d'eux dont le père s'était enrichi et avait acheté une charge de secrétaire du roi pour jouir des privilèges de la noblesse. « J'étais heureux, dit l'agronome anglais, de voir une telle fortune due tout entière à la charrue »[1].

Il y avait dans l'ancienne société des moyens légaux d'acquérir la noblesse, tandis que sous le régime démocratique qui prévaut de nos jours, la noblesse est une caste historique, où ni le mérite, ni la fortune ne peuvent donner accès. L'acquisition d'une charge honorifique, qui conférait les privilèges de la noblesse, n'était pas un mauvais placement pour un agriculteur ; moyennant une somme relativement peu élevée, elle l'exemptait des impôts les plus onéreux[2]. Des pierres tumulaires, que l'on peut voir encore dans quelques églises de Brie, conservent le souvenir de gros fermiers qualifiés d'offi-

---

[1] Denis, p. 304. — *Voyages en France*, I, 229.
[2] Clicquot Blervache cite un laboureur qui payait 800 l. d'impôts et qui s'en affranchit en achetant 3,000 f. la charge de *Musette du Poitou*. (*Mém. sur les moyens d'améliorer la condition des laboureurs.*)

ciers chez le roi, de seigneurs et de nobles hommes. D'autres, se laissant aller à la vanité, ajoutaient à leur nom roturier celui d'une terre ou une désignation de fantaisie[1], comme Georges Dandin, qui pour plaire à sa femme, se laissait nommer M. de la Dandinière. Dans la roture même, il y avait des degrés : le simple laboureur était appelé « mon maître » comme l'artisan des villes, et le qualificatif d'« honorable homme », qu'on ne donnait pas aux manouvriers, lui était accordé dans les actes »[2].

Dans certaines régions, les anciennes familles de cultivateurs avaient leurs traditions et tenaient à garder leur rang. Elles n'auraient pas consenti à ce qu'un de leurs fils épousât une servante[3]. Laborieuses et économes, elles finissaient parfois par acquérir les fermes que, pendant de longues années, elles avaient tenues à loyer. On a pu suivre en Normandie, pour l'une de ces familles, la progression de l'aisance depuis le XVIe siècle. A chaque génération, le trousseau et la dot des enfants augmentent. En 1688, un des chefs de la famille louait 78 acres de terre moyennant 630 l. Un de ses descendants, à la veille de la Révolution, était possesseur de 257 acres et se refusait à en augmenter le nombre, quelques années plus tard, en achetant à vil prix des domaines nationaux[4].

[1] Denis, p. 305.

[2] *La civilité puérile et honnête.* Manière de qualifier les personnes. — Furetière, *Dictionnaire*, au mot HONORABLE. Ce titre est à présent avili, dit-il.

[3] Bossi, *St. de la France, Ain*, p. 322.

[4] Paul Allard, *Une famille de cultivateurs normands sous*

Au nombre des cultivateurs, il faut citer les maîtres de poste, qui avaient le privilège envié de faire valoir leurs terres sans payer de tailles[1]. Souvent ils tenaient une auberge pour les voyageurs qui couraient la poste; tel était le maître de poste du village de Montiéramey. En 1733, ses écuries renfermaient 15 chevaux harnachés[2]; ses dressoirs supportaient 36 assiettes et 3 soupières de faïence; ses armoires contenaient 64 draps de lit. Il y avait aussi des aubergistes-cultivateurs dans les villages importants, quelquefois même dans des lieux isolés, à la bifurcation des grands chemins; les auberges, que l'on qualifiait fréquemment du nom modeste de cabarets, étaient garnies de bons lits de plumes, que pouvaient orner des falbalas de serge jaune, et il n'était pas impossible d'y rencontrer 10 ou 12 couverts d'argent[3]. Les charretiers, les voyageurs de commerce, les bourgeois et les gentilshommes, qui cheminaient dans leur voiture, ceux qui prenaient le coche, le carrosse ou la diligence s'y arrêtaient pour y dîner ou pour y passer la nuit[4]; et il aurait

l'ancien régime. Revue des questions historiques, avril 1878, p. 598-603.

[1] *Cahiers des paroisses du Maine*, I, 450.

[2] Estimés 1320 l. avec les harnachements. (Arch. Aube.)

[3] Inv. d'un cabaretier de Saint-Aubin, 1712. Arch. Aube. — Un cabaretier d'Aubervilliers, en 1765, possède 17 saladiers de faïence, 57 plats d'étain, une vaisselle d'étain et de faïence en proportion. Son argenterie se compose de tasse, timbales et de 18 fourchettes. Il a 5 tables sur leurs tréteaux, « un jeu de gallet et ses huit gallets de potain ». (Arch. nationales, Z² 122.)

[4] On faisait dix lieues par jour, couchant dans des auberges de village. (Paul de Mardigny, *Notice hist. sur les voitures pu-*

fallu voir, lorsque les voyageurs descendaient de voiture, le maître d'une de ces hôtelleries s'avancer vers eux, vêtu comme un personnage de comédie, l'hiver, de peluche beige, et l'été en habit, veste et culotte de toile de coton semé de fleurs peintes et tacheté de mouchetures [1].

bliques de Metz à Paris, Metz, 1853, p. 20.) — Depuis deux jours, nous voyageons de cabaret en cabaret... (*Lettres d'E... mée de Bo... on La..c..be,* 1791, p. 154.)

[1] Inv. de 1784. Arch. jud. de l'Aube, n° 1683.

CHAPITRE VII

LES PROFESSIONS LIBÉRALES

On s'est plu souvent à représenter l'ancienne société française comme une agglomération de castes, semblables à celles de l'Inde, où les familles et les individus auraient été renfermés sans pouvoir en sortir par les efforts de leur travail et de leur intelligence. Cette opinion trop répandue est contraire à la réalité. L'ancienne société, fondée sur l'inégalité, était une hiérarchie savamment ordonnée, dont les degrés étaient accessibles à tous. Elle mettait même à la portée des plus humbles des professions libérales en aussi grand nombre qu'aujourd'hui, leur permettant ainsi d'élever le niveau de leur condition matérielle et de leur situation sociale. L'armée, il est vrai, n'ouvrait pas une carrière bien vaste à l'ambition des paysans, qui s'y engageaient volontairement; si quelques-uns d'entre eux devenaient officiers, ils trouvaient dans les gentilshommes des concurrents puissants et dédaigneux, qui occupaient la majorité des grades inférieurs et la presque totalité des grades supérieurs. Mais à côté de l'armée, où ils n'obtenaient le plus souvent à la fin du xviiie siècle que les galons de sergent, les offices de judicature, la magistrature rurale, le clergé, l'enseignement, les finances offraient aux gens de village quelque peu instruits des emplois à leur portée et qui leur permettaient de s'élever au-dessus de la condition de leurs pères. Il y avait dans les campagnes une quantité surprenante de gens de loi et de prêtres au xvie siècle, et si le nombre en avait quelque peu diminué aux siècles suivants, il était encore bien plus considérable que de nos jours. Chaque seigneurie avait son juge, et si ce juge gradué résidait à la ville, son lieutenant ou son prévôt demeurait au village ; chaque seigneur avait son procureur fiscal ; la plupart des localités avaient leur notaire, leur procureur, leur praticien, leurs sergents. La grande majorité de ces hommes de loi subalternes se recrutaient parmi les paysans ; il en était de même des curés de campagne, des maîtres d'école, des chirurgiens, de certains employés des tailles, des fermes et des gabelles. Ceux d'entre eux qui étaient intelligents et laborieux profitaient de leur situation nouvelle pour améliorer le sort de leur famille, et il arrivait que le fils du tabellion de village, élevé dans le collège de la ville voisine, où l'instruction était souvent gratuite, devenait avocat en parlement et membre d'une juridiction supérieure.

La plupart des familles nobles et bourgeoises

sont de souche campagnarde. Ne peut-on dire qu'Adam fut le premier paysan du monde? Il y a dans le passé de la plupart des familles un point de départ obscur que la vanité se garde bien d'éclaircir. On se souvient de son aïeul qui exerça une profession libérale; on se garde de dire à ses enfants que leur trisaïeul était artisan ou paysan. Les familles arrivées jouissent aujourd'hui des efforts de travail et d'épargne que les ascendants ont accumulés sans que les fils leur en sachent toujours gré. Elles sont sorties de la masse, qui gagne sa vie par le travail manuel, pour entrer dans l'élite qui acquiert et conserve l'aisance par le travail de l'intelligence. Si les familles modestes avaient leurs annales, si elles avaient toujours rédigé leurs « livres de raison », on pourrait suivre pas à pas leur marche ascendante vers une situation meilleure. C'est ainsi qu'on montrerait un vigneron du temps de Louis XIII, dont le fils fut marchand, le petit-fils notaire et procureur fiscal, l'arrière petit-fils officier chez le roi. L'un des fils de ce titulaire d'un office assez modeste devint avocat en parlement et magistrat dans la capitale de la province, où il exerçait sa charge au moment de la révolution[1]. Barnave, avocat à la même époque, était fils d'un procureur et petit-fils d'un marchand de village[2]. Certaines familles s'élevaient plus vite encore par la finance, l'armée, les emplois. Le maréchal de Coigny avait pour aïeul un juge de village, pour bisaïeul un manant qui s'appelait Guillot. Un

---

[1] Documents particuliers.
[2] Anatole de Gallier, *la Vie de province au XVIIIe siècle*, p. 94.

des dignitaires de la cour de Louis XIV était petit-fils d'un simple sabotier[1]. On pourrait citer d'autres fortunes rapides non moins exceptionnelles ; mais d'ordinaire, c'était par gradations que l'on montait des positions les plus modestes aux rangs supérieurs[2].

Grâce à ce travail incessant, qui tendait à faire sortir des foules laborieuses un certain nombre d'individualités plus heureuses et plus méritantes, il s'était formé dans les campagnes, entre les paysans et les gentilshommes, une sorte de classe intermédiaire, à laquelle on pourrait donner le nom de bourgeoisie, comme l'a fait un sagace auteur russe[3], bien que le nom de bourgeois soit réservé d'ordinaire aux habitants des villes. Ces bourgeois de village pouvaient être des citadins, qui venaient chercher à la campagne un calme relatif; c'étaient quelque-

---

[1] *Mémoires du duc de Saint-Simon,* éd. Chéruel, IV, 192, X, 257.

[2] M. Charles de Ribbe indique des exemples de cadets de paysans s'établissant à la ville et arrivant à de hautes fonctions. (*La Famille et la Société en France,* p. 57.) — Vulson de la Colombière descendait d'une famille de paysans des Alpes dauphinoises. Son bisaïeul était cultivateur et tabellion; son aïeul fut capitaine sous les ordres de Lesdiguières. (*Revue des Sociétés savantes,* 7ᵉ série, IV, 118.) — Ailleurs, on cite une famille de Pourtent, commencée par un laboureur, continuée par de petits marchands et dont le chef devint au XVIᵉ siècle seigneur d'un village où il bâtit un château. (Bᵒⁿ de Vernheil, *De l'avénement des nouvelles couches sociales dans l'ancien régime. Le Correspondant,* CXIV, 25.) Voir aussi : Maquet et de Dion, *Nobiliaire du comté de Montfort. Mém. Soc. archéologique de Rambouillet,* V, 424.

[3] N. Karéiew, *les Paysans en France dans le dernier quart du XVIIIᵉ siècle,* Moscou, 1879, ch. II.

fois des marchands de bois ou de bestiaux enrichis; mais ils se recrutaient surtout parmi les campagnards, qui grâce à une instruction supérieure avaient pu remplacer, pour gagner leur vie, l'outil par la plume et la parole; dans les conditions les plus voisines de la vie ordinaire du paysan, c'étaient le maître d'école, l'arpenteur, le sergent ou l'huissier; un peu plus haut, le chirurgien, le procureur fiscal, le procureur, le greffier, le praticien, l'employé des tailles et des aides; un degré de plus, le notaire, le prévôt, le lieutenant, le bailli; enfin, le curé. Pour bien faire connaître leur rôle dans la hiérarchie sociale, il nous semble utile d'étudier ces différents personnages, non pas dans l'exercice officiel de leur profession, mais dans leur vie intime et leurs relations privées.

Voici d'abord le maître d'école. Sa demeure est modeste, même lorsqu'il est logé par la communauté d'habitants. Il a d'ordinaire deux chambres; il couche et fait sa cuisine dans l'une; dans l'autre, il tient sa classe. Pas de mobilier scolaire dans cette dernière pièce, qui peut être en même temps la chambre à four. Dans l'une d'elles, le mobilier consiste dans un fauteuil, une petite table, une petite cassette avec un coffre servant de marchepied, une maie et un établi. Tout autour de la salle sont pendus des outils de menuiserie et de jardinage, des serpettes, des fourches, des « sas à passer farine ». Le recteur d'école pourrait se servir de ces divers objets pour donner des leçons de choses. Il n'est question ni de bancs, ni de livres. La classe, si on peut lui donner ce nom, est rarement mieux aménagée ; quelquefois il s'y trouve un lit, avec ses courtines de serge. Dans l'une d'elles, se rencontrent deux tables, l'une carrée de bois de poirier, l'autre indiquée comme pliante. Sur les onze maîtres d'école dont j'ai parcouru l'inventaire[1], trois seulement étaient pourvus de livres ; l'un possédait un traité d'arithmétique, que l'on désignait ainsi : *une regelle de la resmetique de Bolome* ; les autres avaient quelques livres de piété[2]. Les ouvrages de classe devaient-ils être apportés par les élèves, ou les maîtres se croyaient-ils assez savants pour s'en passer ?

Tous ces recteurs d'école étaient meublés comme des paysans ; dans leur cuisine, un lit, parfois à pieds tournés, est garni de serge rouge, bleue ou verte. Leur vaisselle d'étain ou de faïence est plus ou moins importante. Ils ont un peu d'argenterie, un gobelet à pied, une ou deux tasses, une timbale. La femme possède une croix et un anneau d'or. Comme les pères de famille payaient souvent les rétributions scolaires en nature, les greniers du recteur pouvaient être remplis de boisseaux de blé ou d'avoine, ainsi que d'écheveaux de chanvre. Beaucoup de ces

---

[1] Saint-Mards, 1682 ; Pars, 1739 ; Longpré, 1742 ; Lajesse, 1743 ; Lusigny, 1758 ; Lesmont, 1761 ; Pargues, 1762 ; Faverolles, 1765 ; Crancey, 1767 ; Brévonne, 1783 ; Pel-et-Der, 1785. — Arch. jud. Aube.

[2] Le recteur d'école de Pargues avait 4 volumes : *Heures de l'office paroissial*, la *Mort chrétienne*, *Instruction familière*, et l'*Imitation*. Celui de Lesmont avait 6 livres de piété sur son dressoir.

maîtres, dont la classe était fermée pendant l'été, exploitaient quelques terres, soit leurs biens patrimoniaux, soit les propriétés affectées à la dotation de l'école. Dans ce cas, ils avaient dans leur étable une ou deux vaches, quelques moutons, un porc, voire même une « bête asine; » dans leur basse-cour, le coq, les poules et parfois des oisons. Le travail agricole suppléait aux ressources insuffisantes que leur procurait leur triple métier de pédagogue, de chantre et de sacristain.

Auxiliaires du curé, ils furent longtemps vêtus de noir. Mademoiselle de Montpensier, qui rencontra en 1673 un prince allemand tout costumé de noir et sans épée, dit qu'il était habillé comme un maître d'école de village[1]. En effet, en 1682, j'en trouve un en justaucorps et hauts de chausses noirs. On leur recommandait, à la même époque, de tenir leurs cheveux courts et modestes, et de porter pendant les offices des soutanes que les fabriques devaient leur fournir[2]. Plus tard, ils s'affranchirent de ces règles et se vêtirent comme les autres paysans; l'un d'eux, en 1743, met le dimanche un habit, une veste et une culotte de drap brun; celui-là, plus fantaisiste, nous apparaît avec un habit de velours de gueux, une veste de toile de coton et une culotte de peau de mouton. Plus cossu est ce recteur d'école qui étale en 1783 sous son habit de

---

[1] *Mémoires de Mademoiselle de Montpensier*. Ed. Chéruel, IV, 341.

[2] *Actes de la province ecclésiastique de Reims*, IV, Syn. de Laon, 1683, art. XXIX.

drap de Silésie sa veste brodée ou son gilet de satin. Les femmes des maîtres ont moins de prétention, et leur costume n'égale pas en recherche celui de beaucoup de paysannes.

Est-ce parmi ces recteurs d'école, dont le vêtement s'était affranchi de la sévérité pédagogique, que les comédies d'autrefois allaient chercher les magisters de village qu'elles ont mis en scène ? Les comédies ne sauraient être regardées comme des documents historiques d'une véracité certaine ; mais elles reproduisent avec vraisemblance les mœurs contemporaines, tout en exagérant le côté par où elles prêtent au ridicule. Si l'on rencontre dans la réalité des maîtres d'école qui sont ménétriers, s'ils sont volontiers disposés à débiter des harangues [1], étaient-ils faiseurs de chansons, organisateurs de fêtes rurales, comme ceux que nous présentent les poètes comiques ? Dès 1665, un magister de village figure dans des divertissements destinés à amuser la compagnie que reçoit un seigneur [2]. Dans une pièce du théâtre de Gherardi, le magister compose et chante des chansons [3]. Dans *les Bourgeoises de qualité* de Dancourt, c'est le magister qui se charge d'organiser des réjouissances champêtres. Il paraît que sous Louis XIV, un magister pouvait parler comme un paysan, car c'est dans les termes suivants qu'il s'exprime : « Ne vous boutez pas en peine;

---

[1] Il n'y a pas un curé, écrit Racine, ni un maître d'école qui ne m'ait fait le compliment gaillard... Lettre du 15 novembre 1661. OEuvres de Racine, éd. 1823, V, 30.

[2] V. Fournel, *les Contemporains de Molière*, II, 572.

[3] *Attendez-moy sous l'orme*, 1695, scène VII.

partant que les garçons ne manquiont pas de vin et les filles de tartes, et que vous nous bailliassiés 20 écus pour les ménétriers et pour les petites chansonnettes que je fourrerons par ci par là ; n'an ragaillardira votre soirée de la belle façon »[1]. Plus tard, en 1771, le magister jouera un rôle semblable. Il compose et chante des couplets remarquables par leur niaiserie, et lorsque le seigneur le félicite, en lui disant : « Je ne vous conseille pas de quitter votre muse » ; le magister répond : « Muse, je connais pas ça »[2]. Une autre pièce du même temps en fait un véritable jocrisse ; le magister en est pourtant le personnage important ; il représente le seigneur ; il est l'exécuteur de ses volontés pour le choix d'une rosière ; mais il manque de prestige, et quand il arrive, un paysan dit : « Je crais que j'découvre le magister ; c'monsieur qui fait l'capable, et qui n'sait ni ce qui dit, ni ce qui veut dire ». C'est en effet un personnage grotesque ; lorsque le seigneur s'écrie : « Que la fête soit gaie ! » le magister s'empresse de lui répondre : « Sa grandeur doit savoir qu'il n'est pas de jour où je ne la fasse rire ! »[3] Au moment même de la révolution, Collin d'Harleville présentait encore un maître d'école aux risées du parterre[4]. Les vers burlesques, qu'on mettait dans la bouche des magisters, pouvaient

[1] *Les Bourgeoises de qualité*, 1700, act. II, sc. I.

[2] *L'Amoureux de quinze ans*, par Laujon, 1771, act. II, sc. VIII.

[3] *La Dot, comédie en trois actes*, représentée pour la première fois par les comédiens ordinaires du roi devant Leurs Majestés, à Fontainebleau, le 8 novembre 1785. Paris, 1786.

[4] *Monsieur de Crac*, 1791, scène XXVIII.

être l'écho de compositions faites par quelques-uns d'entre eux. Ils aimaient les jeux de mots, comme on a pu le constater, en trouvant sur des registres judiciaires des énigmes écrites par un maître d'école [1]; ils présentaient même des placets en vers aux seigneurs et aux grands, comme ce pauvre professeur de latin, qui s'avisa de remettre au comte de Saint-Florentin un quatrain, dont la platitude égaya à un tel point les secrétaires du comte, qu'ils le firent insérer dans le *Mercure de France* [2].

Delille a décrit en termes plus favorables le maître d'école de village; mais on voit qu'il aborde un personnage quelque peu ridiculisé, lorsqu'il croit nécessaire de dire :

Muse, baisse le ton, et sans être grotesque,
Peins des fils du hameau le mentor pédantesque !

La peinture qu'il en fait est plus vraie que ne pourrait le faire supposer ce début trop pompeux :

Mais le voici; son port, son air de suffisance,
Marquent dans son savoir une noble confiance.
Il sait, le fait est sûr, lire, écrire et compter,
Sait instruire à l'école, au lutrin sait chanter;
Connaît les lunaisons, prophétise l'orage
Et même du latin eut jadis quelque usage...
Tout le monde l'admire et ne peut concevoir
Que dans un cerveau seul loge tant de savoir...
Paroît-il? sur son front ténébreux et serein
Le peuple des enfants croit lire son destin.
Il veut, on se sépare; il fait signe, on s'assemble,
Il s'égaie, et l'on rit; il se ride, et tout tremble.

[1] Arsène Thévenot, *Ormes, l'Arcisien*, 1880, p. 76.
[2] *Saint-Florentin pendant la révolution, Ann. de l'Yonne*, 1881, p. 27.

Après quelques jolis vers sur l'autorité qu'exerce le maître d'école et des périphrases aussi étonnantes qu'ingénieuses sur l'emploi de la verge destinée à fouetter les enfants, Delille exprime un sentiment plus moderne, lorsqu'il demande qu'on relève la situation du maître d'école :

> Encouragez-le donc : songez que dans ses mains
> Du peuple des hameaux reposent les destins,
> Et rendant à ses yeux son office honorable,
> Laissez-le s'estimer pour qu'il soit estimable [1] !

Au fond, il s'estimait assez haut, en se comparant aux paysans qui l'entouraient, et ceux-ci, qui savaient moins que lui et qui lui devaient le peu qu'ils savaient, étaient tout disposés à le prendre au sérieux. Sa situation morale était souvent supérieure à sa condition matérielle ; elle dépendait plutôt de son caractère que du degré de sa science, et son influence pouvait être réelle. Le recteur d'école appartient parfois à une famille dont la plupart des membres se sont voués à l'enseignement primaire ; le respect qu'il inspire s'adresse aussi à la maîtresse d'école. « On la salue, il faut voir ! » dit un personnage d'un roman de Marivaux [2], en parlant de sa tante, qui tient une école. Les évêques veillaient avec soin à la moralité des maîtres, leur recommandant d'être modestes dans leurs gestes, de fuir

---

[1] *L'Homme des champs ou les Géorgiques françaises*, par Jacques Delille, 1800, p. 58-60. — Il est intéressant de comparer à ce portrait celui que Goldsmith a tracé du maître d'école anglais dans *le Village abandonné*, vers 193 à 215.

[2] Marivaux, *le Paysan parvenu*, 1737, II, 30.

les jeux de hasard, les cabarets, la chasse, les entretiens ou divertissements mondains avec les filles et les femmes. Ils leur interdisaient même d'aller dans les maisons des habitants pour y boire et y manger [1]. Ces prescriptions n'étaient pas toujours suivies ; mais dans beaucoup de villages, les recteurs d'école, surveillés par le clergé, faisaient l'édification et méritaient le respect de la paroisse.

Fréquemment, le maître d'école était arpenteur; il savait mesurer les superficies au moyen de l'odomètre et du graphomètre [2]; il y avait cependant dans les villages importants des arpenteurs royaux, qui possédaient quelques propriétés. L'arpenteur royal a des livres, outre les instruments qui servent à l'exercice de sa profession. Dans certaines contrées, on le range avec les notaires, les praticiens et les experts au nombre des docteurs de village [3].

Le chirurgien de campagne méritait mieux ce titre. Marivaux dépeint ainsi l'un d'entre eux : « C'était une espèce d'honnête homme, demi païsan et demi bourgeois, qui savait passablement son métier, mais dont la main était un peu grossière et qui maniait ses outils lourdement. » Ce chirurgien disait : « Quoique j'habite au village, ce n'est pas à dire pour cela que je n'en sache autant qu'un chirurgien de la ville.... » [4] Les malades ne partageaient pas

---

[1] *Reglemens pour les Régens et maistres d'école, St-Syn. d'Alet*, 1765, p. 167-170.

[2] *L'Ecole de village pendant la révolution*, p. 22, 191.

[3] Gazier, *Lettres à Grégoire*, Gers, p. 104.

[4] *Pharsamon*, 1737, I, 29.

toujours la bonne opinion que les chirurgiens avaient d'eux-mêmes. « A peine savent-ils saigner et purger, disent les paysans du Vermandois, et par leur impéritie ils donnent la mort à des milliers d'hommes »[1]. On dit ailleurs que « pour tout apprentissage, ils ont exercé le métier de perruquier pendant plusieurs années, pour obtenir d'aller dans les provinces déranger les santés des citoyens »[2].

Le chirurgien a encore pour enseigne en 1722 le petit bassin des perruquiers[3]; il a sa boutique, où il saigne et fait la barbe. On pourrait se représenter à cette époque le chirurgien de Laines-au-Bois, en habit de ras doublé de serge d'Aumale, avec une chemisette de pareille étoffe et une culotte doublée de peau. Il attend le client, le chapeau bordé d'argent sur la tête, tirant de temps en temps de sa poche sa tabatière de bois de Sainte-Lucie. Le client vient-il ? Il l'introduit dans sa boutique, ornée d'un buffet à deux guichets, où sont rangés « quelques livres de plusieurs histoires et concernant l'art de chirurgie ». Le client veut-il se faire raser ? Le chirurgien saisit sa trousse, qui contient neuf rasoirs. Le client veut-il se faire saigner ? Le chirurgien prend ses étuis, l'un garni d'une paire de ciseaux et d'autres instruments, l'autre renfermant huit lancettes. Veut-il se faire arracher une dent? Le chirurgien a son davier et son pied de chèvre. Veut-il ?...

[1] Ed. Fleury, p. 224.
[2] Hippeau, *Cahiers de 1789 en Normandie*, II, 329.
[3] La montre de la boutique d'un chirurgien avec un petit bassin... 30 s. Inv. 1722.

Voici des seringues de différents calibres [1]. Le chirurgien est parfois apothicaire. Celui d'Etourvy, en 1704, a une « pharmacie composée de plusieurs médicamens, fioles et autres drogues », que l'on estime avec le dressoir 200 livres.

Un chirurgien d'Aubervilliers, aux portes de Paris, cumule aussi les métiers de perruquier et d'apothicaire. Son enseigne, pendue à une potence de fer, indique l'entrée de sa boutique, qui donne sur la rue. Là, selon les désirs du client, il le fera asseoir devant un volet servant de poudrier, il étalera les trois têtes à perruque qu'il possède; sous ses ordres, un de ses garçons fera la barbe ou frisera. Comme chirurgien et apothicaire, il pourra montrer le squelette qu'il conserve dans une petite armoire et vendre une des 164 petites bouteilles où sont renfermés ses médicaments [2].

Le chirurgien a beau cumuler plusieurs métiers [3], il n'en est pas plus riche. Celui de Laines-au-Bois laisse des dettes et point de propriétés. Il est trop difficile pour lui de se faire payer des paysans. « Le plus souvent, dit-on dans le Maine, il ne reçoit d'eux aucun salaire. Car que peut-il être permis d'at-

[1] Inv. Arch. Aube, n° 1400. — Un chirurgien de Montiéramey possède en 1749 un « lansié garny de quatre lancettes, un davié, un pelican, une sonde, une espatule et quatre rasoirs avec une pierre à repasser les rasoirs, 3 l. (Ibid. n° 1428.)

[2] Inventaire de 1778. Arch. nationales, Z² 123.

[3] C'est sans doute d'un chirurgien de village que parle un livre populaire du siècle dernier, qui met au bas de son frontispice : « Voilà l'homme sans pareil, qui donne des lavements... il rase, vend toutes sortes de confitures et de cire luisante, etc.» (A. Nisard, *Hist. des livres populaires*, 2° éd., I, 242.)

tendre des plus pauvres ». Et s'ils paient, quelles lamentations! « Pour un voyage, disent les vignerons du Vermandois, pour une pétite, pétite saignée, une méchante médecine, le chirurgien leur demandera plus qu'ils ne gangnent en une semaine »[1]. Aussi, tantôt il est meublé comme un paysan, tantôt comme un bourgeois. On en voit dont la chambre haute est garnie de tapisserie de Bergame; ils ont un miroir encadré, une pendule, un fauteuil, quelque argenterie. Mieux pourvus que les recteurs d'école, ils ont tous une bibliothèque qui varie de 6 à 80 volumes, traitant surtout de chirurgie et d'histoire sainte[2]. C'était peu, mais souvent assez pour que le père instruisît le fils dans son art et que le fils devînt un jour médecin dans la ville voisine, voire même à Paris[3].

Les praticiens, les procureurs, les tabellions ou notaires de village ne sont guère plus à l'aise que les chirurgiens. Ceux qui paraissent plus riches que les autres tirent leurs principaux revenus de leur

---

[1] *Inv. Arch. Sarthe*, Supp. E, p. 78. — Ed. Fleury, p. 126. — Les honoraires du chirurgien sont peu élevés. Un inventaire de 1719 porte : au sieur Rousselet, chirurgien, pour pansement et médicaments, 15 s., à un autre, en 1725, il est dû 17 l.; en 1766, on devra au chirurgien 10 l., etc.

[2] 30 volumes de chirurgie, 30 l. (Etourvy, 1704). 5 liv. in-folio et 5 petits... 5 l. (1731).— Livres tant de chirurgie que de istoire sainte, 50 l. (Lirey, 1754.) — 6 liv. de chirurgie et un autre... 3 liv. (Montiéramey, 1749.) Arch. Aube.— 80 volumes de livres tant in-12 qu'in-4°, in-8° et in-folio traitant de chirurgie, d'histoire que de dévotion. (Aubervilliers, 1778.) Arch. nationales, Z² 123.

[3] Le grand père de la mère des trois Dupin était chirurgien à Varzy (Nièvre); un de ses fils fut médecin à Paris.

exploitation agricole, à laquelle ils se gardent bien de renoncer. Quelques-uns, pour mieux subsister, cumulent; ils sont notaires et procureurs, notaires et lieutenants de juge; un chirurgien est en même temps procureur fiscal. Le praticien est généralement besogneux; il l'est moins que le sergent ou l'huissier, vêtu d'habits râpés, souvent plus pauvre que le paysan sournois contre lequel il instrumente et qui ne paie qu'après sommation. Le procureur lui-même n'a pas toujours l'escarcelle garnie; cependant, il tient à représenter, et on pourrait le voir se pavaner le dimanche en chapeau bordé d'argent, habit bleu de roi, culotte de panne et veste jaune garnie de boutons et de galons à fil d'argent; un vrai costume de laquais de comédie. On se figurerait aussi volontiers tout de noir habillé le tabellion de village, qu'on voit apparaître au dénouement des pièces de théâtre; dans la réalité, il met des habits de drap de couleur musc ou d'autre nuance. Le procureur fiscal ne s'astreint pas non plus à un costume sévère; prendrait-on pour un magistrat, même d'ordre subalterne, ce procureur fiscal en habit de drap noisette, en veste de serge rouge et en culotte de panne blanche? En revanche, s'il a une nombreuse vaisselle et une assez grande quantité de linge de table, il a peu d'argenterie et n'a que des fourchettes d'acier. Il a peu ou point de livres. En Champagne, la plupart de ces hommes de loi de village ont souvent leur dressoir, leurs greniers, leurs étables et leur cave bien remplis; mais c'est à peine s'ils ont un vieux *Coutumier* ou quelque ancien *Praticien français*. Beaucoup d'entre eux se distinguent à peine par leur logement et leur mobilier des laboureurs qui les entourent[1].

Les employés des tailles et des aides font parfois meilleure figure. Ils sont détestés des paysans qui se plaignent de leur insolence et de leur brigandage. « Il y a, dit-on, dans un village du Maine, une brigade d'employés de gabelles qui occupent quatre maisons dans la paroisse; exempts d'impôts par état, ils vivent dans la mollesse, insultent, pillent, volent et élèvent leurs enfants dans le même genre de vie »[2]. Le sort de ces employés qu'on qualifie de traitants est assez prospère. En voici un qui porte le titre de chef de garnisons pour les contributions. Il a l'uniforme des brigadiers des tailles : habit de drap bleu doublé de rouge, veste et culotte de drap bleu, guêtres, chapeau bordé en or, sabre au côté; quand il va en expédition, il met ses éperons, coiffe un chapeau de cuir et fixe sur sa selle un portemanteau en cuir avec une paire de sacoches; l'hiver, il abrite ses mains dans un manchon de peau de loup. Il ne porte pas toujours l'uniforme, et on pourrait le voir les jours de fête en habit de velours

---

[1] Arch. jud. Aube, n°⁵ 1400, 1372, 1608, 1500, 1569, etc. Le notaire ne s'enrichit guère. Edme Rétif fut notaire toute sa vie; ses héritiers retirèrent à peine les deniers qu'il avait avancés pour le contrôle des actes. (*La Vie de mon Père*, I, 144.) — Le notaire de Nouans, vieil ivrogne, logé et vivant comme un paysan, ne pouvait être rangé dans la classe des propriétaires vivant bourgeoisement. (F. Y. Besnard, I, 294.) — Conférez Dupuy, II, 399, 400.

[2] A. Bellée et V. Duchemin, *Cahiers des par. du Maine*, I, 496.

sur coton doublé de satin, en veste de clinquant et fil rouge ou en veste de satin blanc. Son mobilier indique un certain degré d'aisance ; il a, ce qui est rare à la campagne, une « bouteille à ratafia » et une pendule [1].

Le bailli et même le lieutenant du bailli appartiennent davantage à la classe bourgeoise. Dans les comédies, on en fait un personnage ridicule et peu recommandable. « Vous avez bon esprit, bonne conscience, tout bailli que vous êtes », dit-on à l'un d'eux. Un autre dira : « Je suis trop humain pour un bailli »[2]. On lui donnera ailleurs le rôle odieux, tandis que le rôle bienfaisant est réservé au seigneur[3]. Le bailli peut être dans certaines localités le tyran de ses justiciables ; mais d'ordinaire c'est un bourgeois de campagne qui n'a rien d'inhumain. Il n'est pas toujours instruit, mais il a du bon sens naturel qui supplée à la science. Témoin ce juge de village, devant qui deux avocats de la ville s'avisèrent par moquerie de plaider en latin, et qui les condamna à lui payer dix écus d'amende, pour avoir parlé devant lui en langage inconnu ; les avocats n'eurent pas les rieurs de leur côté, et durent s'exécuter[4]. Le bailli est meublé sans luxe, mais mieux qu'un paysan ; sa cuisine est garnie d'une nombreuse batterie de cuisine ; ses coffres regorgent de linge ; il a des couverts d'argent. Sa femme

---

[1] Inv. de 1780, à Chessy. Arch. jud. Aube, n° 1528.

[2] Dancourt, *les Trois Cousines*, 1700, act. I, sc. I. — *Le Mari retrouvé*, 1698, sc. XXIV.

[3] De Pezay, *la Rosière de Salenci*, 1767.

[4] Sémenaud, *Revue des Ardennes*, III, 329.

est loin d'être une paysanne; un bailli de comédie dit à la jeune fille qu'il courtise :

> Que d'honneurs tout à coup vous auriez en partage,
> Si vous me preniez pour mari ;
> Songez que vous seriez la femme d'un bailli...
> On vous appellerait *madame* en ce village [1].

Madame la baillive a des bijoux plus riches que les autres femmes de la localité; un Saint-Esprit émaillé, par exemple, sera suspendu par une chaîne d'or à son cou. La maison de son mari est, après le château, une des plus apparentes, sinon la plus apparente du village; dans le hameau que l'infortunée Marie-Antoinette fit élever à Trianon, figure la maison du bailli.

Le presbytère, situé près de l'église, est d'ordinaire moins important; il est vrai que ses dimensions varient suivant les revenus du curé. Si celui-ci est à la portion congrue, et c'est ce qui arrive le plus souvent, l'habitation est restreinte, l'installation médiocre ou défectueuse [2]; il n'en est pas de même, s'il jouit de la plus grande partie ou de la totalité des dîmes. Le curé est installé comme un chanoine, presque comme un bon gentilhomme campagnard. Ici, c'est une maison précédée d'une vaste cour, et qui renferme au rez-de-chaussée une salle à manger de 15 pieds carrés, une salle de compagnie de 18 sur 17, un cabinet lambrissé à hauteur

---

[1] *La Rosière de Salenci*, scène X.

[2] Un curé se plaint de ce que dans son presbytère toutes les chambres, excepté la cuisine, sont enfoncées en terre. (*Inv. Arch. Eure-et-Loir*, supp. E, p. 66.)

d'appui avec une « cheminée à la mode »; au premier, trois chambres à coucher; sans compter les dépendances de tous genres qui sont considérables [1]. Là, c'est une habitation moins vaste, mais bien meublée. Sur les dressoirs, sont étalés quatre saladiers et douze tasses à café. Le curé reçoit ses confrères; la salle contient une grande table à manger, une petite table à manger et plusieurs fauteuils. Ailleurs, la chambre est tendue de vieille tapisserie de point de Hongrie, ornée d'une pendule avec sa boîte, d'un miroir avec cadre doré et de plusieurs tableaux [2]. De vastes armoires renferment les vêtements et les provisions de linge [3]. Les livres aussi sont nombreux, et l'on trouve parmi eux des ouvrages d'histoire et de littérature [4]. Les prêtres li-

---

[1] Inv. du presbytère de Moussey, 1795... Arch. de l'Aube, L 1571. On peut le comparer au presbytère de Nouans (Sarthe) où l'on aurait établi quatre chambres d'ami, outre le salon à manger et la salle de compagnie. (F. Y. Besnard, *Souvenirs d'un nonagénaire*, 1880, I, 295.) En 1778, l'intendant de Paris fit faire le devis d'un presbytère à Plessis-Gatebled; il monta à 5697 l. Rez-de-chaussée et premier étage; 3 fenêtres de façade. Au rez-de-chaussée: corridor, à droite la salle, 18 pieds sur 12; à gauche, la cuisine avec four et cabinet attenant. Au premier, deux chambres, deux cabinets, une garde-robe. (Arch. de l'Aube, E 2157.)

[2] Invent. des curés de Vauchassis, 1780, de Lesmont, 1783, de Lévigny, 1773. Arch. jud. Aube, nos 1372, 1259, 1561.

[3] Le curé de Lévigny a 165 serviettes, 29 draps de fil, 56 chemises, 22 coiffes de bonnet de nuit.

[4] Les livres du curé de Vauchassis sont estimés 107 l.; le curé de Lévigny a 176 vol. estimés 35 l. 4 s. En Guienne, la bibliothèque des curés de campagne se composait d'ordinaire en 1790 des quatre tomes du bréviaire, du Parfait cuisinier, des ordonnances synodales, de la théologie de Collet ou d'Habert, du Concile de Trente, de méditations et de sermons, du

sent plus que les maîtres d'école et que les gens de loi.

Les curés ne reçoivent pas, comme ceux d'aujourd'hui, un traitement de l'État; ils tirent leur subsistance des dîmes ; ils la tirent aussi du domaine qui souvent est affecté à la cure. Près de la cure se trouve la grange dîmeresse[1], où l'on entasse les produits de la dîme en attendant qu'ils soient vendus. On peut voir dans les Mémoires de Fléchier quel usage un curé d'Auvergne en faisait en 1664[2]. En 1780, la grange du curé de Vauchassis renfermait 4,000 gerbes de froment, 150 boisseaux d'avoine et un tas d'orge[3]. Dans les pays vignobles, la dîme se payait en vin, et le curé pouvait avoir 25 pièces de vin dans sa cave[4]. Il est vrai que d'ordinaire il devait en remettre la plus grande partie au gros décimateur, qui ne résidait pas. Nous ne parlons pas ici du casuel, ni des petits profits que certaines coutumes pieuses pouvaient rapporter ; un curé d'une rare sobriété vivait pendant toute la semaine des restes du pain bénit du dimanche[5]. Beaucoup de ces prêtres tiraient des revenus plus sérieux

---

code des curés sur les dîmes, des cas de conscience de Pontas, du Mercure, etc. (Gazier, *Lettres à Grégoire*, p. 146.)

[1] *Inv. Arch. Sarthe*, Suppl. E, p. 5.

[2] *Mém. sur les grands jours d'Auvergne*, éd. 1856, p. 103.

[3] Le curé de Lesmont en 1783 a 157 boisseaux de froment, valant 292 l., 214 d'avoine, estimés 160 l. 15 s., 22 d'orge, 15 de seigle, etc. Il a 324 l. d'argent monnoyé.

[4] Le curé de Lévigny, en 1773, a 12 muids de vin de la dernière récolte estimés 194 l.

[5] *La Vie de M. Morel, curé de Villiers-Vineux*, 1702, p. 56.

du domaine, qui dépendait de la cure. Presque toujours, ils possédaient, autour de leur demeure, un jardin, un verger, quelques pieds de vignes [1]. Outre des poules, ils avaient une ou plusieurs vaches, un cochon, quelquefois un ou deux chevaux [2]. Le curé de Vauchassis avait cent paires de pigeons, et comme il était interdit aux curés d'avoir des pigeons, s'ils ne possédaient un domaine de 50 arpents [3], il est probable que le domaine de sa cure atteignait cette contenance. Dans le Maine, un grand nombre de curés avaient plusieurs pièces de terre labourable, de prés et de vignes qu'ils exploitaient eux-mêmes. Il y eut en 1788 au synode du Mans des débats tumultueux, parce que l'on voulait interdire aux curés de campagne d'avoir des servantes âgées de moins de quarante-cinq ans. Ils repoussèrent vivement le statut proposé dans ce but, en « alléguant l'impossibilité où ils seraient désormais de faire valoir leurs cures et leurs domaines »[4].

[1] Accin et pourpris auquel est la maison presbiteral dudit Villehardouin, avec jardin, droict et aisances... vignes contenant deux denrées et demy. Inv. de 1532. Arch. Aube, 70 G.

[2] Le curé de Lesmont a deux chevaux, de 100 l. chacun. Le curé de Lévigny a une vache et son veau et une petite tore, estimés 100 l. Il a un domestique à qui il laisse 200 l. dans son testament, et une servante à qui il lègue 20 l. de rente viagère et le lit qu'elle occupe.

[3] *Code rural*, 1773, I, 82.

[4] *Inv. Arch. Sarthe,* Supp. E, p. 10, 39, 83, 84. Ici le domaine de la cure se composait de 6 journaux de terres labourables, 3 hommées de pré, 3 quartiers de vignes ; là, d'une pièce de terre et de deux prés produisant 2000 de foins. En Normandie, au xive siècle, on cite de nombreux exemples de domaines curiaux affermés par leurs titulaires, même pour les

Les curés, qui faisaient ainsi valoir les terres qui leur étaient attribuées, partageaient les travaux, les peines, les espérances et les déceptions de leurs paroissiens. Pendant longtemps, c'est à peine s'ils se distinguent d'eux par le costume. Les évêques sont maintes fois obligés de leur enjoindre de porter des soutanes et de renoncer aux vêtements mondains. En 1614, des cahiers de village leur reprochent de s'habiller plutôt en courtisans qu'en gens d'église, et de porter l'arquebuse et le pistolet[1]. Défense leur est faite en 1617 de revêtir « rotondes et picadilles, ny d'aller par les villes et lieux de leurs demeures en court manteau et avec habits de couleur indécente ». On leur interdira en 1639 de tenir leurs cheveux longs et de « relever poils de leur barbe comme personnes de ce siècle corrompu... » Ils ne pourront « ni friser, ni gaufrer leur chevelure », dont la longueur est fixée. Plus tard, on leur enjoint de ne mettre que des habits noirs ou de couleur fort obscure, et de porter la soutane dans le lieu de leur résidence. On tolère pour eux la soutanelle en voyage[2]; on leur laisse avoir des gants,

---

revenus spirituels. (De Robillard de Beaurepaire, *Notes et documents concernant l'état des campagnes en Normandie dans les derniers temps du moyen âge. Mém. Soc. lib. de l'Eure*, 3ᵉ série, VIII, 529-547.)

[1] Cahiers de Béon et de Chamvres, châtellenie de Joigny. (Arch. mun. de Troyes, BB 16.)

[2] *Stat. et ord. synodaux*, Angers, 1680... Bordeaux, 1639, p. 250 à 252, 254... *Const. syn. S. François de Sales*, 1648, p. 139... Autun, 1706. — Le cahier de Trainel en 1614 demande qu'il soit interdit aux prêtres « de marcher par les rues ne fre-

des manchons et des manchettes[1]; mais l'on ne parvint pas à leur imposer complètement la soutane, et le curé de Vauchassis, dont nous avons déjà parlé, a des habits et des vestes de drap noir et de bouge brun[2]. Dans les villages du Maine, à la veille de 1789, l'habit ecclésiastique ne se portait guère qu'à l'église[3].

Se rapprochant plus que de nos jours par son costume de la population qui l'entoure, le curé prend part à ses joies comme à ses peines. Il n'est pas de fêtes de famille où il ne soit convié; en Franche-Comté, c'est même un droit pour lui, et s'il ne peut se rendre au repas, on lui en paie l'équivalent par une redevance pécuniaire[4]. S'il lui est interdit de fréquenter les hôtelleries et les tavernes, il lui sera permis de le faire « dans les cas de noces, baptêmes, confréries, funérailles et anniversaires »[5].

quenter avec le peuple synon en habit sacerdotal, ayans la robe longue et le bonnet carré. » (Arch. mun. Troyes, BB 16.)

[1] *Vie de M. Roy, curé de Persé, proche Tonnerre*, 1702, p. 94.

[2] Le curé de Lesmont a aussi deux habits de drap brun en 1783.

[3] F. Y. Besnard, I, 312.

[4] Coudriet et Chatelet, *Hist. de Jussey*, p. 128-131.

[5] *Const. syn. de saint François de Sales*, 1648, p. 158. — Au xve siècle, en Bretagne, le curé fréquente le cabaret et la taverne. (Dupuy, *Réunion de la Bretagne à la France*, II, 437.) Au xvie siècle, il préside aux repas et prend même part à la danse. (Noël du Fail, *Propos rustiques*, III.) Ce fut un des abus qu'on voulut réformer au xviie siècle. Le cahier de Traînel, en 1614, demande « que la frequentation des lieux publics, tavernes et lieux suspects soit interdite aux prêtres. » (Arch. mun. Troyes, BB 16.) Voir aussi les *Mém. sur les grands Jours d'Auvergne*, par Fléchier, p. 204. On est encore obligé de défendre en 1788 aux prêtres de danser ou d'assister aux danses dans les noces. (Lalore, *Anc. discipline du diocèse de Troyes*, III, 447.)

Vivant au milieu de ses paroissiens, le curé exerce sur eux une influence plus réelle et plus intime que si le soin de sa dignité l'en tenait à l'écart.

Il trouvait des relations de société parmi les gens de loi et les bourgeois fixés dans le village. Parmi ces derniers, il faut compter les intendants et les régisseurs des grandes terres seigneuriales, qui y résidaient toute l'année, en l'absence des propriétaires : paysans parvenus, qui s'enrichirent plus d'une fois au détriment de leurs maîtres et rachetèrent les domaines que ceux-ci se voyaient obligés de vendre ; il faut compter les fils de cultivateurs et de gens de loi qui avaient recueilli de leurs pères une fortune suffisante pour vivre sans travailler, et que les attraits de la ville avaient laissés insensibles ; il faut citer les magistrats, les avocats, les négociants qui, depuis le XVIe siècle, construisaient d'agréables maisons de plaisance dans les villages voisins de leur résidence pour venir s'y délasser pendant la belle saison [1] ; les citadins retirés du commerce, que la campagne avait séduits et qui venaient s'y fixer pour se livrer à l'agriculture. Inspiration souvent malencontreuse, en ce qu'elle les exposait aux tracasseries des paysans et à la malveillance des seigneurs. En Normandie, on se plaisait à les surcharger de corvées ; on les forçait de remplir les fonctions

---

[1] A Paris, « chaque bourgeois commerçant, artisan même un peu aisé, a sa maison de campagne... » (*L'Ami des Hommes*, I, 407.) — Denis, *Lectures sur l'hist. de l'agriculture*, p. 210. — Baurein, *Variétés bordeloises*, II, 345, 418. — On peut aussi citer les bastides des environs de Marseille, les *mas* autour d'Arles et de Montpellier (Millin, IV, 355), etc.

fastidieuses de syndic et de collecteur, à tel point qu'ils finissaient par quitter une résidence où ils croyaient trouver le repos et où ils ne rencontraient que des charges[1]. Les gentilshommes les voyaient d'un œil non moins défavorable. Le marquis de Mirabeau traite « les bourgeois de village et de petite ville, gens qu'on appelle vivans de leur bien, de race occupée à médire et à mal faire... Il voudrait, ajoute-t-il, en purger la société, s'il n'était contre ses principes de conseiller la violence en quoi que ce pût être ». Ce qui irritait les nobles, c'était de voir ces roturiers acquérir de jour en jour plus d'autorité, et rivaliser parfois d'influence et de richesse avec eux. Ce qui exaspérait le seigneur campagnard, c'était de voir « dans sa terre un fripon de marchand de bœufs prodiguer à sa femme des bijoux qui éblouissaient la dame du château[2] ». Il est vrai que tout en méprisant les roturiers, on ne dédaignait pas toujours leur alliance; les gentilshommes obérés épousaient volontiers leurs filles[3], et l'exemple peu engageant de Georges Dandin, qui était un paysan enrichi, prouve que certaines filles nobles

---

[1] Dambourney, *Mém. sur les encouragemens qu'il seroit utile d'accorder aux citoyens, qui, après avoir rempli les charges municipales de la ville de Rouen, désireraient se retirer à la campagne. Dél. de la Société royale d'agriculture de la généralité de Rouen*, 1767, II, 244. — Théron de Montaugé, p. 121.

[2] *L'Ami des Hommes*, I, 168, II, 271.

[3] Un mémoire judiciaire raille un gentilhomme qui, en épousant la fille d'un huissier, jouit du bien que les exploits de son beau-père lui ont acquis. (*Requête signifiée pour Claude Castillon*, p. 3.)

dérogeaient pour acquérir la richesse[1]. Sans parler des environs de Paris, où les maisons de campagne des financiers ont plus d'apparence que la plupart des châteaux des gentilshommes, on trouve dans des villages reculés, des bourgeoises, dont le linge, les bijoux, l'argenterie[2] feraient envie aux nobles dames du voisinage. A force d'épargne, de privations et de travail accumulés, il s'est formé dans les campagnes une sorte de classe moyenne, dont les individualités les mieux douées passent dans les rangs de l'aristocratie ou de la bourgeoisie des villes, mais dont la masse reste attachée au sol, acquérant de jour en jour une influence réelle, qui s'affirmera avec une autorité irrésistible au moment de la Révolution de 1789. Les nobles à demi ruinés, qui résident toute l'année sur leurs terres, ne peuvent se consoler de voir leur propre prestige s'amoindrir, tandis que les petits-fils de leurs vassaux s'élèvent au point d'atteindre bientôt à leur niveau.

[1] « Que mon mariage est une leçon bien parlante pour les paysans qui veulent s'élever au-dessus de leur condition et s'allier, comme j'ai fait, à la maison d'un gentilhomme... C'est notre bien seul qu'ils épousent, et j'aurois bien mieux fait de m'allier en bonne et franche paysannerie que de prendre une femme qui se tient au-dessus de moi, s'offense de porter mon nom... » (*Georges Dandin,* 1668, act. I, sc. I.)

[2] Une *bourgeoise* d'Etourvy en 1777 a deux chandeliers, 12 couverts, 2 grands et 4 petits gobelets et une écuelle d'argent. Son mobilier et ses provisions indiquent une véritable aisance.

CHAPITRE VIII

LES GENTILSHOMMES

―――

Le tableau de la vie rurale ne serait pas complet, si les seigneurs n'y figuraient pas. Ils y tiennent une place trop importante, pour qu'on n'essaie pas de les esquisser, au moins au second plan. Comme les membres des classes inférieures, ils sont de condition et de fortune diverses ; il y a autant de distance entre l'homme de qualité, pourvu de titres et de grandes charges à la cour, et le pauvre gentilhomme campagnard, qu'il en existe entre le gros fermier et le manouvrier indigent. Le pauvre gentilhomme végète, réduit souvent à envier le sort de l'homme de loi et du laboureur.

Veut-on connaître sa demeure ? Ouvrons le livret d'une mascarade donnée au Palais-Royal en 1665 et dans laquelle figura le roi Louis XIV. « La scène représente, dit le livret, une de ces maisons de campagne qu'on nomme noblesses ou gentilhommières, composée d'un corps de logis découvert, d'une petite tour ruinée, d'une grange en mauvais ordre et d'une cour où paroissent quelques poulets dindes, des levriers maigres et des bassets. »[1] Si l'on était entré dans le manoir du gentilhomme besoigneux, on eût été frappé de la ressemblance que présentait son mobilier avec celui des paysans. Un noble de Picardie, en 1617, a dans sa chambre une table et deux chaises; sa vaisselle est d'étain, et son argenterie se compose de trois cuillers, d'une salière et d'un gobelet[2]. On pourrait citer en Champagne des intérieurs plus misérables. En 1685, la femme d'un chevalier du Mont-Carmel n'a qu'une chambre, et les seuls objets de luxe qu'on y remarque, c'est une tenture de tapisserie de Bergame estimée cent sous et un fauteuil couvert de serge verte. En 1723, la veuve d'un gentilhomme n'a qu'un vieux lit de bois de noyer et un vieux coffre ; l'estimation de son mobilier, parmi lequel figurent un bouvillon, une génisse et plusieurs volailles, ne dépasse point 108 livres. Ailleurs, un seigneur de fief sera meublé et vêtu comme un paysan[3]. Cependant en Champagne, les gentilshommes besoigneux ne foisonnent point comme en Bretagne. « Il y avait plus de deux cents maisons nobles dans les environs de Plougasnou, dit Cambry, mais si pauvres que la misère les a détruites. Les survivants sont

---

[1] *La réception faite par un gentilhomme de campagne à une compagnie choisie à sa mode.* V. Fournel, *les Contemporains de Molière*, II, 567.

[2] Marquis de Belleval, *Nos pères*, p. 266, 267.

[3] Inv. de 1723 et de 1781. Arch. jud. Aube, nos 1523 et 1279.

confondus avec les laboureurs et les mendiants du pays. » Le même auteur trace un tableau piquant du train d'un gentilhomme bas-breton : « La tapisserie de Bergame qu'on tenait de son trisaïeul, le vieux fauteuil à personnages, le vieux donjon, la petite chapelle, quelques assiettes de faïence et de porcelaines cassées, et l'habit des états à grandes basques, à boutonnières de fil d'or et d'argent, la vieille épée sans lame et sans poignée, qu'on plaçait sur la cheminée à côté d'un grand boucanier, formaient le ménage brillant d'un gentilhomme bas-breton qui ne croyait dans l'univers qu'à la noblesse de Bretagne. »[1]

Tout gueux qu'il était, il se consolait en songeant à son illustre origine. Il se targuait de sa naissance, il faisait la roue, comme le seigneur de village de la mascarade royale, qui chantait :

> Sur mon pallier de province
> Nul n'est plus heureux que moy.
> Ma noblesse n'est pas mince,
> Je suis plus content qu'un prince
> Et peut-être autant qu'un Roy !

Heureux s'il n'avait pas eu à compter avec ses créanciers et avec ses domestiques qu'il ne paie point ! Un sergent à verge lui apporte des exploits ; il veut le chasser ; mais ses servantes le harcellent,

---

[1] Cambry, *Voyage dans le Finistère*, I, 197, III, 182, 183. — On cite sept frères nobles de Bretagne en 1726, qui ont entre sept 1200 l. de rentes. (Frain, *Mœurs et coutumes des familles bretonnes avant 1789*, II, 154.)

lui reprochent les dépenses qu'il fait et le travail dont il les accable. C'est en vain qu'il s'écrie :

> Paix là ! taisez-vous, donzelles !
> On ne me fait pas la loy.

Les servantes de répondre insolemment :

> Tous tes gens, beau monsieur de balle,
> Ont du mal comme des damnés ;
> Cherche une autre servante à calle !
> Pour moy, ce n'est pas pour ton nez.

La cour applaudissait à ces railleries exprimées en style trivial contre les seigneurs de village, qui achevaient de se ruiner sur leurs terres, au lieu de venir chercher des honneurs et des pensions au service du roi. La comédie lançait tous ses traits contre ces gentilshommes, auxquels on donnait le nom du plus petit des oiseaux de proie, le hobereau. Lisez le *gentilhomme Guespin,* de Visé, le *gentilhomme de Beauce,* de Montfleury, les *nobles de province,* d'Hauteroche, le *baron de la Crasse,* de Raymond Poisson, le *comte de Boursoufle,* de Voltaire, c'est le pauvre châtelain que l'on prend pour plastron et dont on tourne en ridicule la misère et les prétentions. Dans une comédie de Dancourt, trois hobereaux jouent un rôle épisodique ; leur costume même est grotesque ; l'un avoue qu'il est « botté à cru » ; l'autre n'est botté qu'avec des guêtres. L'un d'eux dit au propriétaire de la maison où il se trouve : « Cette maison devrait être à moi, et c'est feu mon grand'-père qui l'avait vendue au père de celui qui l'avait vendue à monsieur votre père.¹ » Les gentilshommes pauvres vivaient dans le passé plutôt que dans le présent. Le présent est pour eux si défavorable ! On cite des familles de gentilshommes que la mauvaise fortune poursuit, que des partages successifs réduisent à la misère ; les enfants ne peuvent plus vivre noblement ; ils deviennent laboureurs et vignerons, et les commis des tailles les inscrivent sur les rôles comme de simples vilains. D'autres passent leur vie à chasser les lièvres et à tourmenter leurs anciens vassaux, qu'ils ne peuvent ni protéger, ni servir ; dans une de ces familles déchues, un des fils, après avoir longtemps végété dans une masure, devient maître d'école, tandis que son frère est réduit à s'engager dans un régiment, où il n'est plus connu que sous le nom de Vive l'amour ².

Les gentilshommes peu favorisés de la fortune ne menaient pas tous une vie inutile et nuisible. « Je ne nierai pas, dit le marquis de Mirabeau, que l'on ne boive fort dans les provinces où il y a beaucoup de noblesse à la campagne, et qu'on n'y chasse beaucoup ; mais qu'on n'y fasse que cela, c'est ce que je nie. » Et le même publiciste ajoutera : « Si les extrêmes étaient nécessaires, il vaudrait infiniment mieux que la noblesse ressemblât au baron de la Crasse qu'aux marquis de la comédie³. »

Il y avait, en effet, à côté des hobereaux qui pas-

---

¹ *La Maison de campagne*, 1688, scène XXXV.

² Comte de Gobineau, *Histoire d'Ottar-Jarl et de sa descendance*, p. 403, 406, 407, 409.

³ *L'Ami des Hommes*, I, 211, 217, 223.

saient leur existence dans l'oisiveté, des gentilshommes qui vivaient honorablement en faisant valoir leurs terres patrimoniales. Leurs revenus étaient modestes comme leur train ; à force de travail et d'économie, ils conservaient leur héritage intact pour le transmettre à leurs enfants, fiers de leur laisser en même temps des sentiments généreux, dignes de leur naissance. Ils luttaient, comme les paysans, contre les mauvaises années. « Nous étions en arrérages, dit l'un d'eux, mieux eust valu nous acquitter en vendant des terres ; mais une diminution trop apparente de notre bien eust pu porter préjudice à l'établissement de notre famille.[1] » Ils vivaient simplement, au milieu de leurs enfants et de leurs serviteurs[2]. Lorsque le marquis de Mirabeau veut donner une idée des progrès du luxe, il raconte que « son trisaïeul se contentait de quelque palefrenier hérissé, d'un page fréquemment sans culotte, quoique son cousin, d'une demoiselle laborieuse et de quelques petits garçons appelés bamboches pour sa femme[3]. » Le nombre des domestiques était une des vanités de la petite noblesse. Dans un état social basé sur la hiérarchie des conditions, la domesticité n'avait rien d'avilissant. C'était même un honneur pour le petit gentilhomme d'envoyer ses enfants comme pages chez de grands seigneurs; pour les grands seigneurs, de servir en personne

---

[1] Charles de Ribbe, *Une famille rurale au XVIIe siècle*, 1882, p. 32.

[2] *Les Plaisirs du gentilhomme champêtre*, 1575. — Voir l'Appendice.

[3] *L'Ami des Hommes*, I, 404.

chez le roi. Le paysan, qui faisait partie de la domesticité du seigneur, croyait s'élever au-dessus de sa condition, et souvent c'était pour lui un moyen d'en sortir ; il s'instruisait[1], il devenait délié et entendu, et gagnant la faveur du maître, il pouvait acquérir la place de régisseur ou de commis. Ses fils, recevant une instruction supérieure à la sienne, pouvaient entrer dans les rangs de la petite bourgeoisie.

La domesticité d'autrefois avait souvent le caractère d'une clientèle. « Les dames avaient auprès d'elles des demoiselles, les seigneurs des gentilshommes souvent d'aussi bonne maison qu'eux, et les uns et les autres, des pages, des écuyers, etc. C'était un débouché pour la pauvre noblesse », dit le marquis de Mirabeau, qui regrette de voir tomber ces mœurs en désuétude, depuis que les progrès du luxe ont réduit le nombre des domestiques. Selon lui, ceux-ci sont habillés comme des comédiens, nourris et couchés comme les maîtres. Cependant, les anciennes coutumes se conservaient dans quelques manoirs où la vie patriarcale s'était perpétuée. « On entretiendra plus aisément à la campagne, dit le même auteur, quinze domestiques grossiers, vêtus et payés à la mode du pays, avec 10,000 l. de rentes qu'on en entretiendra dix à la ville avec 100,000[2]. » Madame de Sévigné avait dans son château des Ro-

---

[1] Voir Charles de Ribbe, *la Famille et la Société*, p. 556.

[2] *L'Ami des Hommes*, I, 241, 208. — Sur le nombre et sur le gaspillage des domestiques dans certains châteaux, voir *La Jardinière de Vincennes*, par madame de V***, 1761, IV, 47.

chers environ trente officiers et laquais, et lorsque les ouvriers venaient à manquer, elle les envoyait faner dans ses prés [1].

Avec les nombreux domestiques dont ils s'entouraient, les seigneurs faisaient facilement valoir leurs terres. Ils le faisaient avec d'autant plus d'avantages qu'ils étaient exempts d'une partie des tailles et des droits d'aides, s'ils étaient assujettis à l'impôt des vingtièmes. Ils avaient aussi le privilège des pigeonniers, et ils en usaient. Leur train de culture était semblable à celui des fermiers [2], et comme ils n'avaient pas de loyers, ni de droits féodaux à payer, ils auraient vécu largement du produit de leurs propriétés, si leur hospitalité trop large, l'entretien d'un personnel trop nombreux, ne les avaient mis trop souvent dans la gêne. Pour conserver son rang, pour « entretenir son état », le seigneur emprunte ; pour sauvegarder ses droits, il soutient procès sur procès ; et comme le revenu de ses terres suffit à peine à ses dépenses, il voit un jour apparaître l'huissier ; l'huissier qu'on menace, qu'on chasse et qu'on bâtonne, mais qui finit toujours par faire prévaloir les prescriptions de la loi.

Il arriva souvent aux derniers siècles que les fils du seigneur cultivateur s'empressaient de louer leurs terres et d'aller chercher à la cour ou à l'armée des revenus plus assurés. Il arrivait aussi que le manoir seigneurial tombait par héritage dans une riche

[1] Lettre du 22 juillet 1671.
[2] Charles de Ribbe, *les Paysans d'autrefois. La réforme sociale*, III, 556. — *La Louptière, le poète champenois*, 1881, p. 14.

famille, qui résidait ailleurs et qui se gardait bien de l'habiter. Les bois et les terres étaient loués à un fermier général, qui songeait uniquement à ses bénéfices, et regardait, disait-on, ses « sous-fermiers comme des nègres qui ne devaient travailler que pour l'enrichir »[1]. Souvent aussi « l'agent, qu'on charge de la gestion du domaine, a-t-il à peine de quoi l'entretenir ; les chouettes s'emparent du donjon, les colimaçons du jardin ; on coupe les bois et le nouveau seigneur n'en est pas plus riche »[2]. L'aspect des châteaux que l'on abandonne ainsi est navrant ; les ouvertures sont sans fenêtres ; les portes et les planchers sont pourris ; les manteaux des cheminées se sont écroulés. Quelques tours encore debout attestent l'ancienne importance féodale du manoir[3] ; aspect pittoresque pour l'artiste, mais affligeant pour le paysan, à qui ces tours et ces murailles rappellent les mauvais côtés du pouvoir seigneurial sans lui rappeler la protection et les services qu'il en tirait.

---

[1] A. Bellée et V. Duchemin, *Cahiers des paroisses du Maine*, I, 197, 198.

[2] *L'Ami des Hommes*, I, 120, 121.

[3] *Un château et une ferme sous Louis XIV*, 1882.— M. Charles de Ribbe a fait à ce petit travail l'honneur de le citer presque en entier dans ses *Paysans d'autrefois*. (*La réforme sociale*, 1ᵉʳ mars 1882.) Il contient l'analyse d'un état du château de Chappes en 1677 ; la liasse 1340 des Archives judiciaires de l'Aube renferme une description analogue du château de Saint-Mards, en 1735, appartenant au duc de Villeroy. Il est pour la forte partie tombé en ruines ; les couvertures sont effondrées, les murs écroulés, les fossés à demi-comblés. Il reste cependant un colombier et trois tournelles aux quatre coins de la cour.

Moins triste et plus animée est la gentilhommière métamorphosée en ferme, que l'on rencontrait souvent en Brie. Dusaulx en décrit une en Touraine. « Une tourelle garnie de meurtrières, dit-il, servait de colombier. On y voyait les piles dégradées d'un ancien pont-levis toutes noires de canards, de poules et de dindons. A l'intérieur, les murs étaient couverts d'armoiries, et j'en trouvais jusque dans les écuries »[1].

A côté de ces manoirs abandonnés ou transformés, on construisait de toutes parts des maisons de plaisance, on restaurait les vieux châteaux. « J'ai visité dans ma vie, disait le marquis de Mirabeau, peut-être mille châteaux ou gentilhommières ; à peine en citerai-je trois où le maître ne m'ait fait remarquer quelque embellissement ou *améliorissement* de sa façon »[2]. En dehors des bâtiments, chacun, dans la mesure de ses forces, veut copier les avenues et les jardins dont Versailles offre le type. Quoique la ligne courbe domine dans les rivières comme dans les ondulations du sol, l'on trace de toutes parts des lignes droites et géométriques. Des rangées d'arbres parallèles courent le long des avenues ; les tilleuls et les marronniers se plantent en quinconces ou en triangles ; les charmes se taillent comme des murailles ; les ifs se façonnent en forme d'obélisques ou de vases ; sous les fenêtres du château, l'art du jardinier construit des parterres

---

[1] Dusaulx, *Voyage à Barèges en* 1788, I, 29. — Denis, *Lectures sur l'hist. de l'agriculture*, p. 294.

[2] *L'Ami des Hommes,* I, 211.

de broderie, où les sables de diverses couleurs, les buis et les fleurs forment des dessins de nuances variées. On entoure les pièces d'eau de bordures de pierres rectangulaires, et les rivières se transforment en canaux[1]. Les plans des jardins se modifièrent au milieu du XVIIIe siècle; on ne prétendit plus assujettir la nature à des règles absolues; on lui fit sa part; sous l'influence d'idées nouvelles, on admit même que les chaumières pouvaient donner plus de grâce au paysage. Des allées sinueuses circulèrent dans les bosquets, où chaque tournant ménagea des surprises nouvelles : temples de l'amitié ou de l'amour, ermitages, kiosques chinois ou turcs, peints de couleurs vives ou décorés de coquillages, statues mythologiques, ruines romantiques, pavillons de repos. Mais, allées droites ou allées sinueuses, les jardins s'étendaient bien au-delà des fossés comblés ou desséchés du manoir, et les villageois venaient se délasser de leurs fatigues sous les ombrages de leurs charmilles[2].

De vastes maisons modernes, semblables aux hôtels que l'on construisait dans les cités, s'élevèrent à côté ou sur l'emplacement des sombres châteaux du moyen âge. Les financiers, les ministres, les grands seigneurs y apportaient tout le luxe de la

---

[1] Voir *l'Ami des Hommes*, I, 150, 151.

[2] Sous Louis XIII, on vit ainsi 600 personnes de la jeunesse des bourgs des Riceys se divertir autour des parterres. « On a veu aussi, dans la cour du château, les habitants des bourgs faire le limaçon au nombre de trois cents mousquetaires. » (Nicolas de la Brosse, *Descript. de la terre et baronnie de Ricey*, 1654, p. 8 et 65.)

capitale. Quelle sorte d'étonnement mêlé de respect ne devait pas éprouver le paysan, lorsqu'il pénétrait dans les galeries et les salons, où le scintillement des lustres de cristal et des girandoles de cuivre doré, l'éclat des pendules d'or moulu se mariaient avec les teintes adoucies ou chatoyantes des velours d'Utrecht, des damas multicolores, des soies qui recouvraient les meubles, avec les tapisseries de haute lisse, les encoignures de laque, les lambris peints au vernis Martin, les panneaux et les dessus de porte dus au pinceau facile et brillant des maîtres à la mode [1]. De quel œil ne devait-il pas admirer les lits où tout l'art du tapissier s'était efforcé de tirer parti de la richesse des étoffes ; alcôves tendues de moire blanche brodée, relevée d'ornements de satin cramoisi, comme à Dampierre, de moire bleue, galonnée d'argent, comme à Estissac [2], de velours vert et cramoisi, galonné, frangé et bordé d'or, comme à Brienne [3]. Avec quelle surprise ne devait-il pas contempler son image dans les miroirs de Venise entourés de bordures dorées ou dans les glaces encadrées dans les panneaux sculptés. Il y avait tant de distance entre la simplicité de sa chaumière et ce luxe que celui-ci n'excitait chez lui ni l'envie, ni la jalousie. Plus étonné que choqué, il arrivait même qu'il s'appropriait avec un certain sentiment de vanité une partie du faste de son sei-

---

[1] Madame de Grafigny, *Vie privée de Voltaire et de madame du Châtelet*, 1820, p. 14.

[2] Arch. de l'Aube, sect. jud., n⁰ˢ 1633 et 4 Q. 47.

[3] *Le château de Brienne*, p. 13.

gneur[1]. On ne désire guère ce qu'il semble impossible d'atteindre.

Il serait inutile de décrire en détail l'intérieur de ces châteaux, dont la vaste distribution et le riche mobilier rappellent ceux des palais et des hôtels ; je signalerai seulement deux pièces, qui se rencontrent dans la plupart d'entre eux à la fin du xviiie siècle : ce sont la chapelle et la salle de comédie. La chapelle est petite, ornée de quelques tableaux, garnie de plusieurs prie-dieu ; elle a été conservée ou construite par bienséance, pour se conformer à une tradition respectable, plutôt que par un sentiment de foi sincère[2]. La haute noblesse et la finance n'ont pas toujours conservé les croyances religieuses, qui persistaient dans une partie de la bourgeoisie et chez la majorité des campagnards. En revanche, la noblesse a le goût du plaisir, comme toutes les classes de la société, et elle l'emporte à la campagne ; elle raffole de la comédie, et elle veut l'avoir chez elle ; elle se construit des théâtres, avec décors, rideau, parterre et loges ; elle a ses collections de costumes et de travestissements. Lorsque les seigneurs châtelains eurent été proscrits par la Révolution, lorsque les agents des districts vinrent s'abat-

---

[1] *L'Ami des Hommes*, II, 270.— Sur l'éblouissement que causaient aux filles de village les gentilshommes et tout ce qui se rattachait à la cour, voir la *Paysanne parvenue ou les mémoires de mad. de L. V.* par le chevalier de M. (Mouhy), Amsterdam, 1740.

[2] Au château de Cirey, de la chambre de Voltaire, on voyait par la porte ouverte dire la messe. (Desnoiresterres, *Voltaire à Cirey*, p. 231.) La chapelle est toujours de plain-pied avec les principaux appartements de réception.

tre dans leur demeure désertée, ils remuèrent pour les inventorier toutes les défroques pailletées, dont acteurs et actrices s'étaient revêtus dans des temps plus heureux ; mantes à la grecque en taffetas rose, garnies de gaze et de dentelles, des danseuses ; habits de « Tirolois » en camelot mordoré et gris ; costumes de serge et de camelot gris, bleu et rouge des *paysans coquets* ; habit gorge de pigeon, à dentelles d'argent, du marquis ; costume de satin rayé, blanc, vert et jaune du jeune premier ; grande veste de satin brun à fleurs du Chinois [1]. Sur ces théâtres on avait joué non-seulement la comédie, mais l'opéra-comique ; on avait dansé des ballets où figuraient des quadrilles de hollandais, de hollandaises, de géorgiennes, de paysans vêtus de rose, de bergers [2]. L'allégorie et la féerie même y avaient été abordées. Au château de Cirey, où pendant le séjour de Voltaire une véritable fièvre théâtrale s'empara des hôtes, on passa de l'opéra à la comédie, et de la tragédie aux marionnettes [3]. Rien n'avait été épargné pour charmer et retenir les hôtes qu'on invitait dans ces vastes châteaux.

L'hospitalité était une des qualités de l'ancien temps ; les fermiers l'exerçaient avec bonhomie, les seigneurs opulents avec magnificence. Au château de Challes, chez le comte de Montrevel, trente maîtres étaient reçus simultanément ; on hébergeait avec eux les valets de chambre à épée et les femmes

---

[1] *Le château de la Chapelle-Godefroy*, 1875, p. 22.
[2] *Le château de Brienne*, 1877, p. 12.
[3] Desnoiresterres, *Voltaire à Cirey*, p. 240-242.

de chambre[1]. Au château de Brienne, quarante maîtres étaient logés dans des chambres, numérotées comme dans une hôtellerie, et qui presque toutes étaient accompagnées de garde-robes et de cabinets de toilette. Dans la journée, on se livrait aux plaisirs de la promenade et de la chasse; les femmes suivaient les veneurs, soit à cheval, soit dans de grandes voitures découvertes. Si le temps était peu favorable, on jouait aux cartes dans les salons, sur les tables triangulaires ou carrées disposées pour le jeu; le jeu, distraction favorite des hobereaux comme des grands seigneurs à la campagne. Le billard, le ballon, les boules étaient recherchés par ceux qui préféraient des exercices plus animés. Les repas, surtout ceux du soir, étaient pleins de gaîté et d'entrain; au dessert on récitait des vers, on chantait des couplets, on improvisait des chansons, et la soirée, prolongée bien avant dans la nuit, s'achevait par des concerts et des danses.

Toute cette noblesse, riche ou pauvre, était douée d'une activité merveilleuse pour le plaisir; elle est éminemment sociable. Elle court par bandes, de châteaux en châteaux, s'inquiétant peu de savoir si on pourra l'héberger[2]. Les chemins sont détestables, les moyens de transport défectueux; n'importe : si les chevaux de poste manquent, si la diligence fait défaut, on emprunte la patache de celui-ci, le cheval de celui-là; on est secoué, cahoté,

---

[1] Philibert Le Duc, *Hist. de la révolution dans l'Ain*, I, 330.
[2] Anatole de Gallier, *la Vie de province au dix-huitième siècle*, p. 60.

fatigué, mais on arrive[1]. Peut-on manquer une fête comme celle du château de la Verpillière où il y a cent invités et où les amusements sont tels que plusieurs dames en reviendront malades de fatigue[2]. On cite même dans le Bourbonnais des nobles qui, pour se dédommager d'une fête de campagne qu'ils ont manquée, font quatre-vingts lieues dans une mauvaise voiture, sans argent, sans paquets, pour aller à Paris passer une soirée à l'Opéra[3].

L'exubérance de ces fêtes rejaillit sur le paysan; il n'en est pas toujours tenu à l'écart; il n'y est pas seulement admis comme spectateur[4]; il y joue son rôle. Au carnaval, chez madame de Sévigné au château des Rochers, c'est un bal auquel tout le monde prend part. « Il y a des sonnoux. On danse tous les passe-pieds, tous les menuets, toutes les courantes du village, tous les jeux des gars du pays[5]. » Au siècle suivant, à la suite d'une représentation donnée dans son château par des comédiens, un seigneur fait venir « quelques paysans et paysannes du village, qui touchent fort bien du tambour et qui dansent très-bien »[6]. Ailleurs, on organise des fêtes sur l'eau, où les paysans et les paysannes offrent des lignes enrubannées et des corbeilles de poissons

---

[1] Cte de Champagny, *Une famille d'autrefois, le Correspondant,* XCIV, 229.

[2] Anatole de Gallier, p. 59.

[3] Cte de Champagny, *le Correspondant,* XCIV, 222, 223.

[4] *Voyage pittoresque et sentimental. Voyages en France,* 4e éd., III, 188.

[5] *Lettres,* éd. Sacy, VI, 246.

[6] Anatole de Gallier, p. 81.

aux invités ; on imagine des divertissements de bûcherons et de bûcheronnes ; et c'est en chantant des couplets qu'une jeune villageoise invite à y assister. Lorsqu'une grande dame arrive dans un château, ce sont aussi de jeunes villageoises qui lui souhaitent la bienvenue, en lui débitant des chansons patoises composées par un bel esprit de la société [1]. A la fin du règne de Louis XV, quand on s'engoua plus que jamais du genre pastoral et des paysanneries, nombreuses furent les occasions où l'on mit les villageois en scène, et où l'on donna des divertissements dont ils furent à la fois les acteurs et les spectateurs.

Dans certains cas même, le divertissement est obligatoire. Certaines redevances, instituées dans le but de perpétuer une concession et de constater un droit, ont un caractère plus joyeux qu'onéreux. On apporte au seigneur dans une grande charrette un œuf et un petit oiseau ; on lui offre l'hommage de la fumée d'un chapon. Dans plusieurs provinces, les nouveaux mariés du village doivent rompre des lances contre un bouclier attaché à un poteau de bois qu'on appelle la quintaine. Ailleurs, on s'acquitte en chantant « la chanson à la dame », ou en « dansant en pantalon devant le seigneur quand il fait sa première entrée dans son village ». Lorsque les gentilshommes résidèrent moins souvent, lorsque la familiarité diminua entre eux et leurs vassaux, ces burlesques redevances furent converties en in-

---

[1] La Louptière, *Poésies et OEuvres diverses*, 1768, I, 59, 161.
— Madame de Grafigny, *Lettres d'une péruvienne*, ch. XXXV.

demnités pécuniaires, que les paysans à coup sûr acquittaient moins gaiement [1].

Ils étaient accueillis presque toujours avec une hospitalière bonhomie chez les seigneurs, qui passaient une partie de l'année dans leurs terres. Si l'on accusait « les dames de campagnes d'être dures, avares, impérieuses »[2], beaucoup d'entre elles étaient cependant bienveillantes et généreuses pour les paysans. Chez la mère de Lamartine, la porte de la cuisine, toujours ouverte, laissait apercevoir une large table de bois de chêne, où la nappe était toujours mise, soit pour les ouvriers, soit pour les innombrables survenants à qui l'on offrait le pain, le vin, et le fromage [3]. Les paysans qui prenaient leur part de l'aisance du seigneur, participaient aussi à ses fêtes de famille. Ils se précipitaient au baptême de ses enfants, remplissant l'air de cris et de coups de mousquet [4]. Lors de leur mariage, ils leur faisaient ce qu'on appelait une belle bravade; ils allaient à la rencontre des mariés à plusieurs lieues de distance, avec tambours, fifres et fusils [5]; ils leur débitaient des harangues, des quatrains, et posaient

---

[1] Félix Brun, *la Vie privée des paysans*, p. 34. — Anatole de Barthélemy, *Rech. hist. sur quelques droits et redevances bizarres*. — Renauldon, *Dictionnaire des fiefs*, 1788, p. 299-300.

[2] Rétif de la Bretonne, 1777, *les Gynographes*, I, 122.

[3] Lamartine, *les Confidences*, IV. — Voir sur le rôle de la maîtresse de maison : Ch. de Ribbe, p. 405.

[4] A l'occasion du baptême du fils de madame de Grignan, madame de Sévigné écrit : « On a bu à la santé du petit bambin à une lieue à la ronde; j'ai donné de quoi boire. » (Lettre du 2 déc. 1671.)

[5] Cte de Champagny, *le Correspondant*, t. XCIV, p. 225-226.

des couronnes de fleurs non-seulement sur le front de la jeune femme, mais sur celui du mari [1]. Toutes ces démonstrations étaient quelque peu intéressées; mais elles n'en étaient pas moins sincères. Les anciennes familles seigneuriales qui vivaient au milieu de leurs vassaux étaient aimées par eux; il s'établissait souvent entre eux des liens d'attachement réciproque fondés sur des sentiments héréditaires. Montesquieu, dit-on, chérissait ses tenanciers. Il était heureux de les revoir, et sa physionomie s'épanouissait toutes les fois qu'il revenait dans ses terres. Chaque jour il parcourait un des villages voisins, dans ses promenades; connaissant jusqu'aux plus petites possessions de ses paysans, il s'informait paternellement de leurs affaires, de leurs besoins, de leurs querelles, et ne leur parlait jamais qu'en gascon, en les appelant par leur nom [2]. Les sentiments qu'un seigneur comme Montesquieu pouvait inspirer aux paysans ne ressemblent en rien aux rapports qui existent de nos jours, où l'égalité civile et politique est proclamée, entre le propriétaire d'une maison de campagne et les habitants de son village [3].

Nous avons étudié ailleurs la manière dont les gentilshommes campagnards exerçaient leurs droits féodaux et montré les atteintes que leur autorité avait subies pendant les deux derniers siècles [4].

[1] La Louptière, II, 191.
[2] Baurein, *Variétés bordeloises*, 2ᵉ éd., III, 11.
[3] E. de Curzon, *la Vie rurale en Poitou. Bulletin de la Société d'Economie sociale*, V, 608.
[4] *Le Village sous l'ancien régime*, livre III.

C'est uniquement au point de vue de leurs relations privées que nous avons essayé d'esquisser ici leur rôle. Ajoutons qu'à la veille même de la révolution, la misère de certains nobles, l'absence et la frivolité de beaucoup d'autres avaient fréquemment diminué le respect et l'attachement que les paysans leur portaient. A mesure que la notion de l'égalité entrait dans les esprits, le relâchement des liens, qui unissaient les différentes classes entre elles, séparait de plus en plus leurs intérêts, éveillait la méfiance parmi les hommes et les rendait moins sociables.

CHAPITRE IX

LES DIVERTISSEMENTS

Le paysan d'autrefois est plus sociable et plus gai que celui d'aujourd'hui. Le village qu'il habite forme une sorte de grande famille reliée par des liens de voisinage, sinon de parenté. Chaque dimanche, les habitants se réunissent dans l'église et à ses alentours; après les offices, viennent les assemblées, les longs colloques, les jeux, la danse. S'il s'agit d'affaires sérieuses,

> La commune s'assemble. En hâte, on délibère
> Et chacun, comme à l'ordinaire,
> Parle beaucoup et ne dit rien.

Aux réunions communales, dont médit ainsi Florian[1], succèdent des exercices d'un autre genre; on se repose des travaux de la semaine par une acti-

---

[1] *Fables*, livre III, fable II, *l'Inondation*. Voir sur ces assemblées, *le Village sous l'ancien régime*, liv. I, ch. II.

vité nouvelle. Les parties se forment; les jeunes gens s'emparent des boules et des quilles. Au xvi° et même au xvii° siècle, le seigneur ne dédaignait pas de prendre part à leurs jeux; il va même danser sous l'ormeau avec les garçons du village [1]. Le curé lui-même mettant bas la soutane, lançait la balle ou jouait à la longue paume avec ses paroissiens. Dans le Nord, on s'exerce au palet, à l'arc, à l'arbalète; dans l'Ouest et le Midi, à la course, au saut, aux barres, à la lutte, au ballon. Partout les boules et les quilles sont en faveur. C'est un spectacle pour les vieillards, « les uns, sous le large chêne, couchés les jambes croisées, et leurs chapeaux un peu abaissés sur la vue; les autres appuyés sur leurs coudes, et jugeant des coups »[2]; les fermiers se mèlent aux manouvriers; joueurs et spectateurs s'asseyent sous la ramée des cabarets dont l'enseigne ou le bouchon flotte au vent, tandis que les fermières et les matrones se promènent gravement, en surveillant de loin les jeunes filles qui se mêlent aux rondes et à la danse [3].

---

[1] Tollemer, *Journal d'un sire de Gouberville*, 2° éd., p. 170. — Sorel, *Hist. comique de Francion*, liv. VII. — Il en est encore ainsi au xviii° siècle. On lit dans la *Fête de la Rose*, 1768, p. 14 :
> C'est là qu'enfin sous un antique ormeau
> L'on va former une champêtre danse.
> Avec Cloé le bon seigneur commence...

[2] Noël du Fail, *Propos rustiques et facétieux*, 1548, I.

[3] 1660. *Inv. Arch. Seine-Inférieure*, G 723. — 1678. Ed. Fleury, *Orig. de l'art théâtral dans la province ecclésiastique de Reims*, 1881, p. 136. — Millin, *Voyage dans les dép. du midi de la France*, 1807, p. 356.

Quelle différence entre le dimanche français et le dimanche anglais ! Au-delà du détroit, le dimanche, tel que l'a fait le puritanisme, est un jour de repos, mais de repos sans gaîté. Le poète Crabbe nous montre, en 1783, à l'issue du sermon, les habitants se promenant gravement dans la prairie qui s'étend entre le portail de l'église et l'entrée du château ; les *beaux* du village ont mis leurs plus riches vêtements pour conquérir le cœur de leurs « nymphes », tandis que les gens mariés depuis longtemps sont vêtus simplement. Les uns parlent du sermon, qu'ils louent s'il a été débité d'une voix retentissante ; les autres se félicitent du gain de la semaine, tandis que d'autres jouissent simplement du repos qui suit le travail. Voilà « les heures de gaîté passagère et de doux loisir »[1] dont jouit le paysan anglais. Si celui-ci est plus riche, si sa maison est plus propre et plus confortable, si sa nourriture est plus substantielle, il en est réduit à envier le caractère et le sort de ses voisins. Voltaire a traduit les vers suivants d'un poète anglais parlant de l'habitant de la France :

> Dans la disette il chante ; il danse avec ses fers ;
> Fier dans la servitude, heureux dans sa folie,
> De l'Anglais libre et sage il est encore l'envie ![2]

---

[1] *Crabbe's Works. The village*, 1783, p. 118. Crabbe, qui fut pasteur de village, a peint également la vie villageoise dans *the Parish register*, tandis qu'il a tracé un tableau détaillé de la vie des villes maritimes dans *the Borough*, poème en vingt-quatre Lettres.

[2] Voltaire, *Politique et législation. Pensées sur l'administration publique.*

Il est vrai qu'au xviiiᵉ siècle, le paysan français n'a jamais été dans les fers; mais si l'image est forcée et déclamatoire, elle montre quelle idée on se faisait en Angleterre de la gaîté française. Cette même opinion se retrouve dans un des poèmes de Goldsmith, où la France est qualifiée de gai et joyeux pays d'allégresse et de bien être social...[1] Et le poète voyageur avait pu s'en assurer en traversant ses gais villages les jours de fête. Dans les belles soirées des dimanches d'été, quelle animation, quel entrain sous l'orme séculaire, sous les tilleuls[2] qui s'élèvent aux abords de l'église! Un poète provincial en a tracé un tableau véridique, lorsque s'adressant aux tilleuls mêmes, il dit :

> Autour de vous une troupe champêtre
>   Aux jours de fête et de repos
> Par sa gaité bruyante éveille les échos
>   Que mes vers endorment peut-être.
>   Tandis qu'au cabaret voisin
> Les uns savent noyer les soins du lendemain
>   Et la prévoyance importune;
> D'autres assis sur le bord du chemin,

---

[1] Gay, sprightly land of mirth and social ease,
Pleased with thyself, whom all the world can please.
The Traveller, vers 239 et 240.

[2] Voir sur ces arbres, le *Village sous l'ancien régime,* 3ᵉ éd., p. 44. — On appelle aussi dans le centre ces arbres des *Sully.* (Jaubert, *Glossaire,* II, 341.) — Dans le roman de Sorel, Francion, arrivé dans un village près de Lyon, s'assied sous l'orme de la grande place qui donnait un gracieux ombrage (liv. X). Le père Vanière, dans son *Prædium rusticum* (lib. II), a aussi décrit l'orme de la place de village :

> Ulmo sub patula, mediis quæ publica pagis
> Umbra viret.

A leurs jeux innocents appellent la fortune,
Et la nuit les surprend les cartes à la main.
　　A la gêne de l'étiquette
　　Ce groupe n'est point asservi ;
　　On y voit paraître à l'envi,
　　Avec la vieille et la fillette,
Des mamans qui, pour plaire aux notables du lieu,
Se souviennent encor comme il faut qu'on se pare.
La jeunesse autour d'eux danse, chante et s'égare
Sur un large gazon qui s'étend au milieu [1].

Si l'on compare la peinture de Crabbe à cette esquisse tracée par un témoin oculaire, gentilhomme champenois, qui dépeint les mœurs de son village, quel contraste en faveur de la gaîté et de la sociabilité française ne peut-on signaler ?

Les plaisirs et les jeux des villageois témoignent de leur caractère et dérivent de leur naturel. Plus calmes dans le Nord-Est, ils sont plus animés et plus ardents dans l'Ouest et le Midi. Les parties se nouent de village à village ; en Picardie, les compagnies de l'arc se réunissent sagement chaque année dans une des paroisses de la région pour « tirer l'oiseau »[2]. Si les habitants de deux communautés rurales se rassemblent en Vermandois, c'est pour jouer aux « battoirs » et pour se rafraîchir avec les paniers de vin qu'on leur porte[3]. Moins inoffensives et plus violentes étaient les luttes que provoquaient en Bretagne la poursuite et la possession de la *Choule*. C'était un ballon plein de son qu'on lançait

---

[1] La Louptière, *Poésies et Œuvres diverses*, 1768, I, 202-203.
[2] Roucher, *les Mois*, notes, I, 167.
[3] Ed. Fleury, *Bailliage de Vermandois*, p. 132.

avec un bâton recourbé ; on le poursuivait avec un entrain brutal ; on se le disputait avec un acharnement qui allait jusqu'à la folie ; un homme se cassa la jambe en sautant dans une cave pour le saisir ; d'autres périrent dans la mer en le cherchant, et l'on fut obligé d'interdire la choule dans un canton de Bretagne, parce que quarante hommes s'étaient noyés dans l'étang de Pont-l'Abbé en s'y précipitant pour l'atteindre [1].

Il y avait heureusement des jeux moins sauvages ; il y en avait aussi d'enfantins, auxquels filles et garçons prenaient part. La *cligne-musette,* la *queue leu-leu,* le *cache-cache Nicolas* étaient en usage dans les villages [2]. Le jeu de *Monsieur le Curé* était plein d'entrain. — De trois choses en ferez-vous une ? Une ; volez en l'air ! Deux ; prenez la lune avec les dents. Trois ; embrassez Tiennette. — Quelle verve également dans les jeux du *loup,* de la *chèvre,* de la *belle-mère,* de la *pucelle.* Cette dernière entourée de ses compagnes était défendue par elles contre les garçons, qui s'efforçaient de lui enlever les tabliers dont elle était couverte. *Nous voulons l'épouser par mariage,* chantaient les garçons. *Non, vous la battriez avec rage,* répondaient les filles. Et quand la pucelle était sur le point d'être prise, ses compagnes de se lamenter : *Comme la rose effeuillée elle sera bientôt ; comme la prune secouée, elle sera mangée par le ravousio.* Complainte symbolique, qui accom-

---

[1] Tollemer, p. 170. — Cambry, I, 196, III, 47.
[2] Dancourt, *le Colin Maillard,* 1701, scène XXIII.

pagnait de son chant cadencé le mouvement et les fluctuations de la ronde[1].

Ce sont là jeux d'enfants, qui ne valent pas la danse. Au village, la danse, c'est le premier des plaisirs. Le paysan, si lourd, si gauche, si emprunté, trouve pour la danse une agilité, un aplomb, un entrain qu'on ne lui soupçonnerait point. Il y rencontre l'oubli de ses peines, l'étourdissement du mouvement, la satisfaction de l'amour-propre. Il a pris des leçons de ses aînés, du ménétrier ou du maître de danse ambulant, qui parcourt les bourgs et les villages avec sa pochette[2]. Madame de Genlis, retirée pendant l'absence de son mari à l'abbaye d'Origny, s'avise d'y organiser des bals avec les élèves, et fait venir pour les diriger le ménétrier du village. C'était un homme de soixante ans, qui se piquait de savoir toutes les figures et tous les pas, les confondant quelque peu les uns les autres, au point d'appeler les *chassés* des *flanqués*[3]. La danse au village, c'est le commencement de l'éducation extérieure ; elle exige l'harmonie des gestes, le sentiment de la mesure ; elle fait déployer à la fois la force et une certaine grâce ; elle assouplit les mouvements, les rend moins rudes et moins brusques ; elle fait du rustre presque un homme policé.

De toutes parts, dans les contrées les plus reculées comme dans les provinces les plus civilisées,

---

[1] Monselet, *Rétif de la Bretonne*, p. 4, 5. — *Le Paysan perverti*, I, 20, 21.

[2] Arthur Young, I, 221.

[3] *Mémoires de madame de Genlis*, I, 205.

la danse est en honneur. Dans le Nord, on danse avec autant d'entrain que dans le centre et le Midi. Tout le long de la route, entre Lille et Douai, le Dr Rigby rencontre par une belle soirée d'été des groupes qui dansent joyeusement [1]. Un jour, les jeunes gens des environs de Guise veulent entraîner les jeunes filles élevées par les Sœurs, sous le prétexte qu'ils manquent de danseuses. Les villages de l'Artois comme ceux de Provence instituent des princes ou des abbés de la jeunesse, jolis garçons poudrés à blanc, le chapeau, la veste et la canne enrubannés, qui ont le droit d'ouvrir la danse et de choisir les danseuses [2]. Aux environs de Paris, on multiplie les bals champêtres. A Choisy-le-Roi, on danse dans l'avenue et dans la salle des gardes du château ; on danse même jusqu'à deux heures du matin sur un bateau amarré au milieu de la Seine [3]. Dès le XVIe siècle, les branles de Bourgogne et de Champagne font fureur, ainsi que d'autres branles variés selon les provinces [4] ; il faut voir avec quelle allégresse on mène le branle dans les villages du Valois [5], au son des hautbois et des cornets ; il faut

---

[1] Dr Rigby's letters, p. 15.

[2] Ed. Fleury, Origines de l'art théâtral, p. 220, 215, 216. — Millin, IV, 196. — Une chanson de l'Artois, citée par M. Gazier (p. 267), dit d'un joli garçon :
> Il danse si légèrement
> Qu'il n'tient pas son pié à terre.

[3] Registre de police de Choisy, 1783. Informations, 1781-1785. Arch. nationales, Z^2 879, 881, 882.

[4] Thoineau Arbeau, Orchésographie, 1596, fol. 4 et 64.

[5] Cl. Gauchet. — Voir à l'Appendice : la Feste de village avec la Danse.

voir les paysans bretons, aux accords du rebec et du chalumeau, se trémousser, « ribon, ribaine, leurs robes et hoquetons bas. » Les vieux eux-mêmes donnent l'exemple aux jeunes, « tournoyant la danse sans beaucoup fredonner des pieds, ni faire gambades à la mâconnaise... La jeunesse alors, faisait son devoir de mener le grand galop, et n'y avait garçon qui ne dansât toutes les filles »[1]. Aux siècles suivants, l'ardeur ne se ralentit pas en Bretagne. Des bandes parcourent les carrefours des villages ou se répandent dans les prairies, au son du hautbois, de la cornemuse, de la flûte, du biniou et des bombardes.[2] Dans quelques parties du diocèse de Quimper, on danse même dans des chapelles jusqu'au milieu de la nuit. La musique est vive et légère ; le peuple a l'oreille juste, et dans un branle de cent personnes, il n'en est pas une qui ne tombe d'aplomb, pas une qui contrarie par un faux mouvement l'harmonie du ballet. Les figures en sont cependant compliquées ; marches, rondes, évolutions de tous genres rivalisent de précision et de variété ; ici, les femmes y prennent part, l'air contrit et l'œil baissé ; là, les hommes représentent, aux applaudissements de la galerie, l'ivrognerie, l'amour et la colère, ou contrefont le forgeron, le jardinier, le matelot[3]. Dans le Poitou, les bergères ont la réputation qu'elles justifient d'exceller dans la danse et

---

[1] Noël du Fail, *Propos rustiques et facétieux*, III.

[2] Jouvin, *Voyage d'Europe*, I, 223.

[3] Cambry, *Voyage dans le Finistère*, I, 50, 65, II, 151, III, 174 à 176.

pour le chant[1] ; les bachelettes du Poitou ne sont pas moins renommées que les bacheleries, fêtes dont elles font l'ornement. Si nous allons dans le centre, les passe-pieds, les sauteuses, les bourguignottes, les sabotières et les rondes sont en vogue dans le Morvand. Le lourd Auvergnat danse avec une ardeur et un aplomb étonnants. Si la *goignade* méritait par ses allures trop vives les censures des moralistes[2], la bourrée, plus monotone, était la passion de tous. « Quoique les énormes sabots des danseurs, dit un témoin oculaire, quoique leurs larges culottes, leurs gros bas-guêtres, leur chapeau rond et tout leur costume fût fait pour donner à rire, j'ai été frappé malgré moi de la cadence avec laquelle sautaient ces masses pesantes. Tous les sabots tombaient ensemble, et l'on n'entendait qu'un coup. Le régiment le mieux exercé ne mettrait pas plus de précision dans ses manœuvres »[3]. Quelquefois, dans l'ardeur du plaisir, le paysan pousse pour s'animer de retentissants *you-you*[4]. Dans le Bourbonnais, à Vichy, le peuple a plus de légèreté et de grâce. Madame de Sévigné est folle des bourrées qu'on y danse. « C'est la plus surprenante chose du monde, écrit-elle à sa fille. Des paysans, des paysannes, une oreille aussi juste que vous, une légèreté, une disposition... Je donne tous les soirs un violon

---

[1] Boulainvilliers, *Etat de la France*, II, 81.

[2] Fléchier, *Mémoires sur les grands jours d'Auvergne*, p. 242-243.

[3] Legrand d'Aussy, 1788, p. 301.

[4] Cte Jaubert, *Glossaire du Centre*, II, 443.

avec un tambour de basque à très-petits frais ; et dans ces prés et ces jolis bocages, c'est une joie que de voir danser les restes des bergers et des bergères du Lignon »[1]. A fur et à mesure qu'on descend vers le Midi, la danse s'anime et devient plus ardente. Dans le Vivarais, les garçons font à bras tendus pirouetter leurs danseuses autour de leurs têtes avec un grand étalage de jupes »[2]. Dans les Landes, on saute avec ardeur, tandis que des ménétriers, perchés sur leurs échasses, jouent du tambour, du fifre et de la musette[3]. En Languedoc, en Provence, la race est plus fine et plus souple. « Je suis épouvanté tous les jours, écrit Racine dans son voyage à Uzès, de voir des villageois, pieds nus ou ensabotés, qui font des révérences comme s'ils avaient appris à danser toute leur vie ; outre cela, ils causent des mieux »[4]. On dirait qu'ils ont conservé les traditions des Grecs leurs ancêtres, surtout dans quelques-unes de leurs danses qui sont analogues à celles qui sont en usage dans l'Archipel. Outre la traditionnelle farandole, dont les anneaux circulent rapidement dans les rues des villages et jusque dans la campagne, la moresque semble venir de l'Orient ; la candiote a un nom et des allures d'origine grecque. Dans les montagnes du Dauphiné,

---

[1] Lettre du 8 juin 1676.

[2] Roschach, *Hist. du Languedoc*, continuation, XIII, 414. — P. Vanière, *Prœdium rusticum*, lib. VII.

[3] Millin, IV, 602. — Bérenger, *Extrait des soirées provençales*, 1786, *Voyages en France*, 4ᵉ éd., II, 181.

[4] Lettre du 15 nov. 1661. *OEuvres*, V, 30, 31.

une sorte de pyrrhique s'est conservée[1]. Près des villes, avec quelle prestesse et quelle vivacité les jeunes provençales se démènent dans le rigodon ou le branle des bals champêtres ! Aussitôt qu'elles ont accepté le beau paquet d'épingles que le cavalier leur présente, elles s'élancent, sautent, tournent et « valsent comme des moulinets »[2].

Tout est prétexte à la danse. Le poète anglais Goldsmith, parcourant les bords ombragés de la Loire, se plaît à faire danser les villageois au son de sa flûte. Aux airs joyeux qu'il leur joue, les matrones et les grands-pères rivalisent d'entrain avec les jeunes gens[3]. Sterne reçoit l'hospitalité chez un paysan de la Touraine ; à la suite du repas frugal, dont il a pris sa part, les enfants et les petits-enfants vont se livrer à la danse sur l'esplanade de gazon qui s'étend au devant de la maison. L'aïeul lui-même joue de la vielle, et sa femme l'accompagne de la voix[4]. Un autre voyageur, traversant un village du Périgord, le trouve rempli de troupes joyeuses courant et dansant de toutes parts au son des tambours et des fifres ; elles célèbrent la fête d'un vieux fermier[5]. Le marquis de Mirabeau nous montre de tous côtés « le peuple agissant pendant le jour, dansant au

---

[1] Millin, III, 359 à 361, IV, 197. — Clément-Hémerie, *Hist. des fêtes civiles et religieuses de la Belgique mérid. et de la France*, 1846, p. 468, 469. — Ladoucette, p. 465 et 648.

[2] Bérenger, *Voyages en France*, 4ᵉ éd., II, 206, 207.

[3] *The traveller*, vers 241 à 252.

[4] Sterne, *Voyage sentimental en France*, ch. XX.

[5] *Voyage pittoresque et sentimental. Voyages en France*, III, 133-136.

clair de lune... au son des musettes et des tambours »[1]. On danse à la fin des chaudes journées de la fenaison comme des belles journées des vendanges ; il semble que l'exercice volontaire repose du travail obligé. Au XVIe siècle, les moissonneurs, à qui l'on sert un repas où figurent des quartiers de bœuf, dansent jusqu'à minuit dans la salle d'un manoir normand[2]. Plus tard et ailleurs, on porte en grande cérémonie une gerbe, ou bien l'on offre les prémices de la moisson au fils ou à la dame du seigneur[3]. Le soir, repas rustique, chansons et danses. En Bretagne, quand on prépare une aire neuve, on la bat pendant toute la soirée sous les pieds solides des danseurs et des danseuses[4]. La récolte des châtaignes en Poitou est un prétexte de réjouissances. La Provence célèbre à la cueillette des olives les divertissements des olivettes[5]. Quelle gaîté dans les vendanges du Rouergue ! « On chante sur les côteaux, en dépouillant les vignes ; les vignerons chantent sur les arbres en gaulant les fruits ; le beau monde chante dans les vallons... Après soupé viennent les danses... Les femmes tiennent les poings appuyés sur les côtés, les hommes sautent continuellement et marquent lourdement la mesure, en retombant sur leurs souliers ferrés ; de temps en temps, ils lèvent tantôt une jambe, tantôt l'autre,

---

[1] *L'Ami des Hommes,* I, 176, 177.

[2] Tollemer, *Journal d'un sire de Gouberville,* 2e éd., p. 338.

[3] La Louptière, *Poésies et OEuvres diverses,* I, 164.

[4] H. de la Villemarqué, *Barzaz-Breiz,* II, 333.

[5] Dupin, *Desc. des Deux-Sèvres,* an IX.— Champfleury, *Chansons populaires des provinces de France,* p. 185.

et claquent des mains au-dessous du jarret en poussant des cris aigus. Ces danses se forment au son d'une flûte de berger, et plus souvent à la voix ; elles sont éclairées par une seule lampe dont la lueur est affaiblie par un tourbillon de poussière... A la danse succèdent des farces grossières, et la veillée ne se termine qu'assez avant dans la nuit »[1].

On danse aussi et surtout dans les noces[2]. On danse aux foires comme aux fêtes de village, où de toutes parts on court « comme au feu »[3]. Les fêtes communales étaient presque toujours des fêtes patronales ; on y célébrait la fête du patron du village. En Champagne, la fête se continuait le dimanche suivant qu'on appelait le beau dimanche, et comme il n'y avait pas de fête sans lendemain, elle se prolongeait le lundi et le mardi. Les marchands forains en profitaient pour venir étaler leurs marchandises, tandis que bateleurs et joueurs d'instruments s'y donnaient rendez-vous[4]. Les rues sont pleines de gens qui jouent du tambour, du hautbois, de la musette et du violon. Dans le Languedoc, les fai-

---

[1] Alexis Monteil, *Description de l'Aveiron*, I, 50, 51. — Sur la gaîté des vendanges, voir : Roucher, *les Mois*, II, 72-74, 98.

[2] On danse même, dans certains villages des environs d'Avesnes, à la suite de l'enterrement d'un jeune homme ou d'une jeune fille. Les jeunes gens de la localité se cotisent pour lui faire un service solennel, et après y avoir assisté, dansent jusqu'à la nuit, en se réjouissant de ce qu'un camarade a perdu la vie dans l'âge de l'innocence. (Clément-Hémerie, *Hist. des fêtes du dép. du Nord*, p. 374.)

[3] *Les délices de la France*, Leyde, 1728, I, 160.

[4] *La vie de M. Roy, curé de Persé*, 1702, p. 37. — Bossi, p. 324.

seurs de tours étonnent à tel point les paysans que ceux-ci les prennent pour des sorciers ; des montreurs de marionnettes, abrités derrière une toile tendue jouent avec leurs acteurs de bois des comédies qui se terminent par des coups de bâton ; des bohémiennes disent la bonne aventure, et sous les regards du magistrat local, des jeunes gens montés sur des chevaux se disputent le prix de la bague, qui consiste dans un bonnet orné de rubans[1]. Ailleurs, c'est un machiniste que le bailli autorise à jouer « Malbroux » ; c'est un brochet qu'on pend à une corde et qu'il faut atteindre avec une épée, les yeux bandés ; ce sont des mariniers qui font des exercices à la lance sur la rivière[2]. Les fêtes de village changeaient de nom suivant les provinces ; ducasses ou kermesses dans le Nord, vogues dans la Bresse et le Dauphiné, pardons en Bretagne, apports dans le Berry, romerages en Provence[3], ballades ou gros fromages en Poitou[4] ; mais quels que fussent leurs noms, elles étaient partout, à la suite des offices religieux, consacrées aux jeux, aux repas et à la danse. On croyait même que le saint patron n'y était pas défavorable ; car dans le diocèse de

[1] Vanière, *Prædium rusticum*, lib. VII. — Le traducteur Berland parle des chevaux de bois qu'on fait tourner (t. II, 38). Vanière a dit seulement : Concurrunt in equis juvenes ; mais la version de Berland prouve qu'il y avait de son temps des chevaux de bois aux fêtes de village.

[2] Registre de police de Choisy-le-Roi, 1783. Arch. nationales, Z² 882.

[3] Ladoucette, p. 447. — Millin, III, 346.

[4] A. de Boislisle, *Corresp. des contrôleurs généraux*, I, n° 1876.

Châlons, les jeunes gens et les jeunes filles allaient chercher processionnellement sa bannière, et l'attachant au-dessus d'une lance, la faisaient pour ainsi dire présider à leurs ébats. Il fallut, en 1661, menacer les jeunes gens d'excommunication pour les faire renoncer à cet usage [1].

Outre la fête du patron du village, les laboureurs, les vignerons, les artisans, les filles et les garçons célébraient la fête de leur patron particulier. Chacun l'honorait d'un culte jaloux, comme saint Vincent, à qui les vignerons voulaient donner une serpe pour emblême, au lieu de la palme que la tradition lui attribuait. Les grandes fêtes religieuses étaient aussi le prétexte de certaines réjouissances ; le curé s'y prêtait, surtout à Noël, où il organisait une crèche dans un coin de l'église. Dans le Vermandois, les bergers se rendaient encore, à des époques rapprochées de nous, à la messe de minuit, portant sous leur large manteau le dernier né de leurs brebis et défilant processionnellement devant l'autel pour le faire bénir. Au XVIe et au XVIIe siècle, des curés firent même jouer par les paroissiens et les écoliers des mystères et des *histoires* édifiantes [2], analogues à ceux qu'on joue encore tous les dix ans à Oberammergau, dans le Tyrol bavarois.

D'autres fêtes, dont l'origine était vraisemblablement païenne, s'étaient perpétuées à travers les

---

[1] Ed. Fleury, *Origines de l'art théâtral,* p. 133.

[2] Félix Brun, *la Vie privée des paysans au moyen âge et sous l'ancien régime,* p. 46 à 48. — Petit de Julleville, *les Mystères,* II. — Ed. Fleury, p. 60-64.

siècles dans les campagnes. Tels étaient le *gui l'an neuf*, les brandons, le mai, les feux de la saint Jean. Ces antiques traditions, dont le sens était perdu depuis longtemps, avaient revêtu des formes chrétiennes pour se maintenir. Dans l'Anjou, le gui l'an neuf ou bachelette était une quête pour l'entretien du luminaire des paroisses, et cette quête était le prétexte de réjouissances, de débauches, de danses, de chansons dissolues. Le premier dimanche de carême, les paysans font des processions le long de leurs bordes ou granges, avec des flambeaux de paille tortillée pour chasser le mauvais air; ici, ils courent dans les champs avec des torches, en chantant des couplets traditionnels[1]; là, ils brûlent des bourres ou des étoupes devant la porte des maisons. Ces courses aux flambeaux, ces flambées qui se retrouvent dans le Jura, où l'on allume des feux sur les montagnes, sont désignés sous le nom de brandons, de bordes, de behours, selon les contrées[2]. Le 1er mai, on plante le *mai* au milieu de réjouissances variées, et dans la plupart des pays qui furent soumis à la domination romaine, des jeunes filles, appelées *trimazos*, vêtues de robes blanches ornées de rubans, vont danser et chanter devant chaque maison[3]. En Bretagne, les samedis

---

[1] Chansons brandonnières. Jaubert, *Glossaire du Centre*, II, 480, 481.

[2] La Monnoye, *Noei Borguignon*, p. 148. — Mordillat, *Hist. de Bassuet*, p. 111. — Portagnier, *Etudes sur le Rethelois*, p. 211. — Clément-Hémerie, *Hist. des fêtes du dép. du Nord*, p. 350-353.

[3] Cte de Puymaigre, *Chants populaires du pays messin*, p. 199 et suiv. — Philibert Le Duc, *Chansons bressanes*, 1881.

de juin, les garçons portant des épis verts à leur chapeau, les filles parées de fleurs de lin, dansent à l'entour des dolmens. Presque partout, l'on allume les feux de la saint Jean, que l'on s'exerce à franchir et que l'on accompagne de réjouissances particulières, comme celle du Loup vert à Jumièges, comme la danse répétée trois fois autour de la halle d'Attigny par les habitants de Rilly-aux-Oies, qui s'acquittaient ainsi d'une ancienne redevance féodale[1].

Certaines localités, en effet, ont conservé des fêtes d'une nature toute spéciale. Telle était celle que célébraient le 23 avril les habitants des villages voisins du champ de bataille où Marius avait exterminé les Teutons. Ils se rendaient ce jour-là sur une montagne connue sous le nom de Sainte-Victoire, y construisaient un bûcher, et dansaient, autour de ses flammes, la tête couronnée de fleurs[2]. La fête des laboureurs de Montélimart ne rappelait pas des souvenirs aussi héroïques. Elle durait trois jours ; le deuxième jour, les laboureurs, montés sur des mules enrubannées, sur la croupe desquelles se tenait une femme ou une fille de laboureur, s'en allaient, au son de la musique, de ferme en ferme, distribuant du pain bénit dans chacune d'elles, et descendant pour danser et pour prendre leur part d'un repas qu'on leur offrait. Le troisième jour, on ouvrait un concours en faveur de celui qui saurait

---

[1] H. de la Villemarqué, II, 323. — Roucher, *les Mois*, notes, I, 167. — Sémenaud, *Revue des Ardennes*, III, 328-329.

[2] Millin, III, 112, 113.

le mieux diriger sa charrue. A la Sainte-Catherine, à Berlaimont, les filles jouaient à la crosse, comme les hommes, et invitaient elles-mêmes leurs danseurs [1]. A la Brède, le lendemain de la fête locale, une coutume barbare exigeait qu'on bernât sans merci, au milieu d'un grand concours de badauds, tous les chiens qu'il était possible de saisir [2]. Mais rien ne saurait égaler, au point de vue de la bizarrerie, les concours de grimaces de certains villages du Soissonnais, à Villemontoire-la-Grimace, par exemple. Cet étonnant concours avait lieu, chose plus surprenante, le jour de Noël, près de l'église, en présence de trois chanoines de Soissons, seigneurs du lieu, qui remettaient un beau pourpoint rouge « à celui qui fesoit la plus belle grimace »[3].

Ces fêtes, si nombreuses et si variées, avaient pourtant leurs inconvénients. On se plaignait de leur multiplicité. « Ce sont presque toujours, disait-on, des temps de rixes, de tumulte et de débauches ». Des batteries et des querelles suivies d'accidents funestes s'y engagent [4]. Certains *apports* du Nivernais se terminent régulièrement par une bataille en

---

[1] Clément-Hémerie, *Hist. des fêtes de Belgique et de France*, p. 394, 457-459; *Hist. des fêtes du dép. du Nord*, p. 381.

[2] Baurein, *Variétés bordeloises*, III, 24.

[3] Ed. Fleury, *Origines de l'art théâtral*, p. 110 à 112.

[4] J. de Vroil, *Etude sur Clicquot Blervache*, p. 336. — *Vie de M. Roy, curé de Persé*, p. 37. — Vanière, *Prædium rusticum*, lib. VII. — Baudiau, *le Morvand*, II, 6. — Cahiers de la sénéchaussée d'Aix. *Arch. parlementaires*, VI, 386. — Voltaire dit même avec exagération : L'État perd plus de sujets dans les fêtes que dans les batailles. (*Dict. philosophique*, au mot CURÉ DE CAMPAGNE.)

règle entre les jeunes gens de la localité et ceux des villages voisins[1]. Heureusement on s'en tire d'ordinaire à coups de poing et à coups de bâton, car le paysan français ne joue point du couteau[2]. Les princes ou les abbés de la jeunesse soulèvent des querelles par leurs prétentions plus souvent qu'ils ne les apaisent par leur autorité. En Picardie, un parrain refuse le bouquet que lui présente le prince, dans l'espoir d'une gratification ; le prince se fâche, s'élance sur le parrain ; un coup de pistolet part dans la bagarre ; le soir, la compagnie de la jeunesse assiège la maison du parrain, qui barricade sa porte avec la table du festin[3]. Les festins étaient nombreux ; il y en avait aux fêtes, comme aux noces, aux baptêmes et aux enterrements. Malheureusement la sobriété n'y était pas toujours observée ; des hommes habitués à ne pas satisfaire tous les jours leur appétit, ne savaient pas se contraindre, lorsqu'ils avaient la possibilité de manger et de boire sans mesure. L'ivresse, l'ivrognerie, n'étaient que trop fréquentes. On s'enivrait surtout au cabaret[4]. « Il n'y a pas de village qui n'en ait plusieurs, dit-on en Auvergne, et il est rare qu'on en sorte sans être ivre ». On s'enivre aussi trop souvent en Bre-

---

[1] E. Pallier, *Rech. sur l'hist. de Châtel-Censoir*, ch. VIII. — Conf. Dupuy, II, 455.

[2] *Les délices de la France*, 1728, I, 166.

[3] Ed. Fleury, *Orig. de l'art théâtral*, p. 218 à 220. — Ladoucette, p. 448.

[4] Voir sur les cabarets, *le Village sous l'ancien régime*, 3ᵉ éd., 228, 229.

tagne et dans les Landes¹. Des moralistes indulgents excusaient ceux qui savaient encore se modérer. « Mon curé le dit, raconte le marquis de Mirabeau, et ce n'est pas à moi à le contredire, quoique ce soit assez la mode aujourd'hui... Boire un peu sec, et seulement jusqu'à chanter, rire et s'embrasser, épanouit la rate, bannit les inimitiés et lie la société »².

Le clergé était plus sévère pour la danse. Il aurait voulu bannir les jours de fêtes toutes sortes de jeux, « farces, débauches, dances, yvrogneries ; » il voulait surtout défendre absolument les danses les dimanches et « autres fêtes chômables »³. De bons curés ne reculaient devant aucune démarche pour persuader leurs paroissiens d'y renoncer, et l'un d'eux même, en désespoir de cause, s'avisa de louer à prix élevé au ménétrier son violon, pour qu'il ne pût s'en servir aux grandes fêtes religieuses⁴. Un moraliste rigoriste n'admettait pas même les danses les jours de noces, « où elles sont d'usage partout » ; il reconnaissait bien que les gens de campagne avaient besoin de délassements le dimanche, mais il leur recommandait de chercher ces délassements dans la fréquentation des offices, dans la lecture et la promenade⁵. C'était méconnaître la nature humaine et

---

¹ Legrand d'Aussy, p. 300.— Cambry, I, 65.— Millin, IV, 602.

² *L'Ami des Hommes*, I, 212, 213.

³ *Règl. du diocèse d'Aire*, 1643, p. 47. — *Statuts synodaux d'Alet*, 1675, p. 107... *d'Angers*, 1680, p. 143.

⁴ *Vie de M. Roy, curé de Persé*, 1702, p. 42.

⁵ *Traité contre les danses et les mauvaises chansons*, 2ᵉ éd., 1775, p. 153, 245.

la nature du paysan. Le délassement d'un travail ingrat est dans l'oubli, et pour les esprits peu cultivés, l'oubli ne se trouve que dans les passe-temps violents. « Les fêtes sont dans l'année, sauf respect, disait-on, comme l'avoine à midi dans la journée d'un cheval... Elles réveillent, réunissent la jeunesse, mais sous les yeux des parents, font naître les unions de convenance, les propositions de mariage, rappellent les souvenirs d'antique fraternité et parenté ». Aussi le marquis de Mirabeau exalte-t-il l'utilité des fêtes votives, des pélerinages, des processions, qu'il voudrait raviver. « Les cailloux deviennent ronds et polis par le frottement, dit-il, les hommes se civilisent par la société »[1]. Mais déjà les anciennes mœurs disparaissent, et sur bien des points les vieilles traditions de gaîté française s'effacent ; les fêtes rurales tombent en désuétude à mesure qu'on approche de la Révolution. « Déjà l'on a trop laissé perdre l'usage de célébrer ces fêtes, dit un publiciste en 1785... Je voudrais qu'on rallumât les feux de la saint Jean, qu'on rétablît, si plus d'aisance le permettait, le repas de la saint Martin ; que les devoirs de la religion remplis, la fête du patron ramenât les jeux, la danse et tous les plaisirs permis »[2].

Ces fêtes, ces plaisirs n'étaient pas toujours en rapport avec le degré d'aisance du paysan. On a dit : Contentement passe richesse ; on peut dire aussi : Contentement se passe de richesse. Il semble

[1] *L'Ami des Hommes,* I, 415 à 420.
[2] *Le Bonheur dans les campagnes,* Neufchâtel, 1785, p. 197.

qu'à mesure que les idées générales avec l'aisance se répandent dans les campagnes, elles font reculer devant elles les vieilles coutumes joyeuses. Un personnage du *Vicaire de Wakefield* raconte que les paysans français les plus pauvres étaient les plus gais, et que leur allégresse était toujours en rapport avec leurs besoins[1]. Cette assertion n'est pas en désaccord avec l'opinion commune d'après laquelle le bonheur ne dépend pas de la fortune, mais de la modération des désirs et du défaut de préoccupation pour l'avenir.

[1] Goldsmith, *le Vicaire de Wakefield*, ch. XX.

CHAPITRE X

LES VEILLÉES

Le goût des réunions et des plaisirs était tel que l'hiver même ne les faisait pas cesser ; tandis que les nobles et les bourgeois avaient leurs soirées, les paysans avaient leurs veillées. Antique usage qui se retrouve dans l'est comme dans l'ouest de la France. Noël du Fail a dépeint au xvie siècle les *veillois* de la haute Bretagne, avec le pinceau vif et sûr d'un témoin oculaire. « C'est une vieille coutume en ce pays, dit-il, et crois que partout ailleurs, de se trouver et amasser chez quelqu'un du village au soir pour tromper les longueurs des nuits, et principalement à l'hiver... Il se faisait des fileries qu'on appelait veillois... où se trouvoient de tous les environs plusieurs jeunes valets et hardeaux illec s'assemblant, et jouant à une infinité de jeux que Panurge n'eut onc en ses tablettes. Les filles, d'autre part, leurs quenoilles sur la hanche, filoient ;

les unes assises en un lieu plus élevé, sur une huge ou met à longues douettes, afin de faire plus gorgiasement pirouetter leurs fuseaux, non sans être épiés s'ils tomberaient; car en ce cas, il y a confiscation rachetable d'un baiser... Les autres moins ambitieuses étant en un coin, près le feu, regardoient par sur les épaules des autres et plus avancées, se haussant sur le bec du pied, et minutant les grimaces qui se faisaient en la place et comble de l'hôtel, tirant et mordant leurs fils »... Les agaceries des jeunes valets, les jeux auxquels ils se livraient, étaient quelquefois grossiers et bruyants; mais ils ne dépassaient guère certaines limites, parce qu'ils « étaient, dit notre auteur, contrerollés par un tas de vieilles qui perçaient de leurs yeux creux jusque dans le tect aux vaches, ou par le maître de la maison étant couché sur le côté en son lit bien clos et terrassé, en telle vue qu'on ne lui put rien cacher »[1].

Ces veillées se sont perpétuées en Bretagne aux deux derniers siècles et même jusqu'à nos jours. Elles portaient au xviie siècle le nom de *fileries* et de *rendues* nuitales, et souvent, elles étaient accompagnées de danses[2]. A la fin du siècle suivant, les filles laissaient encore passer leurs fuseaux par des trous pratiqués dans le plancher; de telle sorte que si les fils se cassaient, les garçons placés dans la salle basse les rapportaient, au prix d'un baiser et d'une histoire. « Rien n'égale, dit l'auteur qui raconte ce fait, la maladresse des filles dans ce canton;

---

[1] Noël du Fail, *Contes d'Eutrapel*, XI.
[2] *Statuts syn. de Saint-Malô*, 1620, art. 18.

on n'y voit point d'écheveaux sans reprises »[1]. A des époques plus récentes, on désignait les veillées sous le nom de *filouas*, de *veillouas* et d'*erusseries* de chanvre. Dans les *filouas*, les femmes se réunissaient dans une ferme pour filer à la quenouille ou au rouet ; les prétendus tournaient le rouet des jeunes filles, tandis qu'on racontait des contes et des légendes, qu'on proposait des devinettes ou qu'on chantait des chansons. Les *veillouas* étaient plus spécialement consacrées au jeu et à la danse ; il y avait aussi des réunions connues sous le nom de *cuiseries de pommé*, où l'on faisait des confitures de pommes arrosées de cidre doux [2].

Ce besoin de se réunir pour passer les longues soirées d'hiver n'est pas particulier à la Bretagne. Tandis que les hommes assis autour du foyer s'occupent, dans les fermes du Languedoc, à nettoyer les toisons, à fendre l'osier ou à tresser des corbeilles, les jeunes villageoises manient leurs fuseaux avec plus d'entrain que jamais, et si le père de famille s'absente, elles se plaisent à poursuivre de leurs plaisanteries le plus lourdaud des jeunes paysans [3]. Dans les montagnes de l'Auvergne, où la neige rend les communications difficiles, plusieurs familles, pour conjurer l'ennui, viennent passer le jour et le soir chez celle d'entre elles dont l'étable est la plus grande ou la plus chaude. Le jour, tandis que les femmes vaquent aux soins du ménage, les

---

[1] Cambry, I, 197.

[2] Paul Sébillot, *Littérature orale de la Haute-Bretagne*, Intr., p. III, IV ; *Contes populaires de la Haute-Bretagne*, 1880, p. 303-306.

[3] P. Vanière, *Prædium rusticum*, lib. I.

hommes assis sur des bancs, jasent, rient, crient contre les impôts, racontent les historiettes des filles du voisinage, disent du mal de leur curé, du seigneur et des absents. Vers le soir, les hommes se retirent pour souper et dormir; c'est alors que les femmes les remplacent; tandis que le maître de l'étable ronfle dans son coffre, elles arrivent avec une lampe fumante dont elles entretiennent l'huile à frais communs; elles se mettent à filer, et leur langue ne reste pas oisive. Les plaisirs du caquetage suffiraient à les retenir jusqu'à minuit ou une heure du matin, si les garçons ne venaient les convier à la danse. « L'homme de la troupe qui est réputé le meilleur musicien se tient debout et chante; celles des femmes qui ne dansent point l'accompagnent de leurs voix aigues; et tout le reste, hurlant de joie, saute et gambade lourdement; tandis que les bœufs ruminent au bruit cadencé des sabots »[1].

N'est-ce pas aussi une veillée de village que décrit avec une grâce singulière le poète Vauquelin de la Fresnaye, lorsqu'il dit à sa *Galatée :*

> Avec ta mère, après souper, chez nous
> Viens t'en passer cette longue sérée :
> Près d'un beau feu, de nos gens séparée
> Ma mère et moi veillerons comme vous.
> Plus que le jour la nuit nous sera belle.
> Et nos bergers, à la claire chandelle,
> Des contes vieux, en teillant, conteront.
> Lise tandis nous cuira des chataignes ;

[1] Legrand d'Aussy, p. 285 à 287. — On passe aussi l'hiver dans les étables dans les montagnes du Dauphiné; mais on y travaille plus qu'en Auvergne. (Ladoucette, p. 427.)

Et si l'ébat des jeux tu ne dédaignes,
De nous dormir les jeux nous garderont[1].

Le désir de causer en filant pendant les longues soirées était tel que les femmes s'avisèrent de se réunir dans des lieux isolés ou dans des constructions spéciales. Les femmes de la Gâtine tenaient leurs veillées dans des trous de carrière, des creux de rochers, où l'on n'entrait que par une ouverture très-étroite ; la caverne la plus ténébreuse était choisie de préférence. Les mères et les filles y venaient chaque soir avec une lampe, pour filer en se racontant des histoires fantastiques, ou en écoutant les propos des garçons[2]. N'y avait-il pas dans ces réunions tenues au fond des cavernes quelque souvenir d'ancienne tradition perdue,[3] comme dans les écreignes de Bourgogne et de Champagne. Ce sont, dit-on à Dijon en parlant des écreignes, des sortes de taudis ou bâtiments « formés de plusieurs pieux fichés en terre, en forme ronde, et couverts de force mottes, gazons et fumiers si bien liés et mêlés que l'eau n'y peut pénétrer. Une petite ouverture d'un pied de large et de deux de hauteur sert d'entrée. Là ordinairement après souppées s'assemblent les filles des vignerons avec leurs quenouilles et autres ouvrages et font la veillée jusqu'à minuit. Elles por-

---

[1] *Idyllies.* Cette jolie pièce de vers a mérité d'être citée par Sainte-Beuve dans son *Tableau de la Poésie française au XVIe siècle,* 1843, p. 119.

[2] Dupin, *Mém. stat. des Deux-Sèvres,* an XII, p. 210.

[3] Tacite parle des souterrains recouverts d'une épaisse couche de fumier dans lesquels les Germains se retirent l'hiver. (*Mœurs des Germains,* XVI.)

tent chacune une petite lampe pour s'éclairer et une trappe de feu pour échauffer la place. » Mais bientôt dans ces huttes circulaires que l'on édifiait chaque hiver, pénètrent de jeunes varlots, qui viennent débiter des « bons mots et contes gracieux », d'un goût plus gaulois que raffiné [1]. Près de cent cinquante ans plus tard, des écreignes de ce genre étaient décrites en Champagne d'une manière si heureuse, que nous ne pouvons nous défendre de reproduire en entier ce piquant tableau des mœurs villageoises d'autrefois.

« L'intérieur, dit l'auteur en parlant de l'écreigne, en est garni de sièges de mottes pour asseoir les assistantes. Au milieu pend une petite lampe, dont la seule lueur éclaire tout l'édifice et qu'on ne mouche jamais qu'avec les doigts. Cette lampe est fournie successivement par toutes les personnes qui composent l'écreigne. La villageoise, qui est à tour, a soin de se trouver au rendez-vous la première, pour y recevoir les autres. Chacune des survenantes, la quenouille au côté, le fuseau dans la quenouille, les deux mains sur le couvet, et le tablier par-dessus les mains, entre avec précipitation et se place sans cérémonie.

Dès qu'on est placée, les mains quittent le couvet, ce dernier est porté à sa destination, le fuseau est tiré de la quenouille, la filasse est humectée par un peu de salive, les doigts agiles font tourner le fuseau ; voilà l'ouvrage en train.

Mais tout cela ne se fait point en silence. On sait

---

[1] *Les Escraignes dijonnaises recueillies par le seigneur des Accords*, Introd., éd. 1614.

qu'on n'est pas moins née pour babiller que pour travailler, que le babil même est le fondement et l'objet principal de l'écreigne et que le travail n'en est que le prétexte. La conversation s'anime donc... elle se soutient sans interruption jusqu'à l'heure où l'on se sépare. Les sujets qu'on y traite sont en grand nombre. On y disserte sur les différentes qualités et sur les propriétés de la filasse ; on y enseigne la manière de filer gros et de filer fin ; de temps en temps, en finissant une fusée, on représente son ouvrage pour être applaudi ou censuré ; on rapporte les aventures fraîchement arrivées, tant dans le village que dans les hameaux voisins ; quelquefois même, mais rarement, on ose s'élever jusqu'aux nouvelles de guerre et d'État, que chacun traite à sa manière. On parle de l'apparition des esprits ; on raconte des histoires de sorciers et de loups garous. Pour s'aiguiser l'esprit, on se propose certaines énigmes vulgairement appelées *devignottes* ; enfin l'on se fait mutuellement confidence de ses affaires et de ses amours, et l'on y chante des chansons.

Des lois sévères défendent aux garçons d'entrer dans les écreignes et aux filles de les y recevoir ; ce qui n'empêche pas que les premiers ne s'y glissent et que ces dernières ne les y reçoivent avec grand plaisir...»

L'auteur en attribue la cause aux couvets, sortes de chaufferettes en terre que le luxe fait pénétrer dans les écreignes. « A peine y furent-ils introduits, continue-t-il, qu'on s'aperçut que le feu qu'ils contenaient était aussi propre à cuire qu'à chauffer; on résolut donc de l'employer au premier usage. On se munit d'une infinité de friandises, qui furent comme les agrès du couvet : des châtaignes, des macujons, des oignons, des topinambours. La conversation... dégénéra en propos de gourmandise : — Ma commère, disait l'une, voulez-vous des châtaignes ? — Non, ma commère, j'ai des navets. — Eh bien, ma commère, donnez-moi un navet, je vous donnerai deux châtaignes. — Durant ces vains dialogues, le temps coule, l'ouvrage est en l'air ; le fuseau ne sert qu'à remuer ce qui cuit dans le couvet... Il s'enflamme, le feu gagne, le fil et la quenouille s'en ressentent, l'écreigne même est en danger. On s'effraie, on crie : les garçons, qui sont toujours aux aguets, *quærentes quam devorent*, entrent sous prétexte d'éteindre le feu... »[1]

Je m'arrête. L'intervention des garçons, qu'elle se fît brusquement ou à petit bruit, était la pierre d'achoppement des écreignes. Il y avait d'autres dangers aussi pour les filles qui s'y rendaient dans l'obscurité. L'esprit lourd des paysans se complaisait dans de grosses farces destinées à effrayer les femmes et même les garçons, qui revenaient des veillées ; on mettait des fagots d'épines sur les barrières qu'ils devaient franchir ; on tendait des liens de genêts à travers leur chemin ; on organisait des lumières tournantes ou l'on faisait surgir des têtes de mort illuminées, qui causaient une terreur telle que

---

[1] *Mémoires de l'Académie des sciences, inscriptions, belles-lettres, beaux-arts ci-devant établie à Troyes en Champagne*, 3ᵉ éd., 1768, p. 109 à 115. Ces mémoires sont attribués à André Lefèvre et à Grosley.

les filles s'enfuyaient, en perdant leurs quenouilles, leurs fuseaux, leurs pesons, et même leurs bonnets. D'autres mauvais plaisants mettent à travers le pont le gros croc des incendies, emmêlent le chanvre des particuliers et vont insulter les femmes jusque dans les écreignes [1]. Ces abus, ajoutés aux autres, firent à de nombreuses reprises proscrire les veillées par le clergé.

Beaucoup d'évêques les avaient condamnées sous Louis XIV. L'évêque de Troyes défend formellement en 1686 les « escreines et vieilleries ». Et pour qu'il n'y ait pas d'équivoque, il ajoute : « Nous entendons par ces mots, non-seulement les lieux publics et détachés des maisons dans lesquelles peuvent entrer indifféremment toutes sortes de personnes; mais aussi les caves, écuries, chambres et autres lieux domestiques, dans lesquelles les femmes ou filles de plusieurs familles s'assembleraient pour travailler pendant la nuit ou partie d'icelle »[2]. L'évêque de Châlons en 1683 défend également les veillées, où les hommes et les garçons se trouvent avec les femmes et les filles. « Une malheureuse expérience, dit-il, nous les fait regarder comme la principale source de la corruption et du vice qui inonde les campa-

---

[1] Noël du Fail, *Contes d'Eutrapel,* XI. — Valentin Jamerai-Duval, *OEuvres,* S.-Pétersbourg, 1784, t. I, p. 4. — Procédure de 1787 à Dampierre. Arch. jud. de l'Aube.

[2] Mandement et ordonnance sur les escreines et veilleries. (Lalore, *Anc. discipline du diocèse de Troyes,* III, p. 265-267.) — L'excommunication était prononcée contre ceux qui les fréquentaient, et pour s'en relever, on devait entendre la grand' messe les dimanches, à genoux, un cierge à la main, dans un lieu apparent de l'église.

gnes[1] ». Mais rien n'y fait; si les écreignes ne se tiennent plus dans des huttes isolées, elles se réfugient dans des caves[2], et les caves, les cavées[3] ne sont pas moins décriées que les écreignes. Le clergé essaie alors de bannir le scandale en faisant des veillées des lieux d'édification; un bon curé de campagne s'y rend ; il engage à y faire de pieuses lectures; il veille à y inspirer la crainte de la médisance et de la danse[4]. Ces efforts sont parfois couronnés de succès; de bonnes femmes se rassemblent chez l'une d'elles, et leur travail, pendant lequel on leur lit la Vie des saints, se termine par la prière en commun[5]. Dans certains villages de l'Auvergne, les familles réunies l'hiver dans les mêmes étables disaient ensemble le chapelet, chantaient des cantiques et récitaient la prière du soir. Ces pratiques pieuses n'empêchaient pas les jurements et les gaillardises; mais au moins elles les suspendaient pendant quelques moments[6].

[1] *Actes de la province ecclésiastique de Reims*, 1864, IV, 453.

[2] La Monnoye, *Noei Borguignon*, 1720, p. 210. — A Pâlis, l'écreigne aurait eu près d'un quart de lieue de profondeur et se serait composée de huit à dix salles distinguées chacune par une voûte en ogive. (Grosley, *Fragment inédit* publié par M. Pigeotte, *Mém. soc. acad. de l'Aube*, 1873, p. 300.)

[3] Mordillat, *Hist. de Bassuet*, p. 89. — Règlement de police du Rethelois en 1680, interdisant les caves et réunions de filles qui travaillent ensemble après la retraite sonnée. (Portagnier, *Etude historique sur le Rethelois*, p. 437.)

[4] *Vie de M. Roy, curé de Persé*, 2ᵉ éd., 1702, p. 19, 20.

[5] Alexandrine des Echerolles, *une Famille sous la Terreur*, 2ᵉ éd., p. 178.

[6] Legrand d'Aussy, p. 287.

Les veillées persistèrent, parce que le goût de la société et des longues conversations entre égaux dominait dans les campagnes comme dans les villes, et qu'il n'y avait, surtout pour les femmes, aucun autre moyen de le satisfaire l'hiver. Il y avait bien dans certaines paroisses le four banal, qui servait de rendez-vous habituel aux vieillards, aux pauvres femmes qui filaient et aux enfants qui s'y chauffaient à la cendre de son foyer, jamais éteint[1]. Mais il n'y avait pas partout de four banal, et d'ailleurs la salle où il était placé n'était pas toujours assez grande pour contenir une nombreuse réunion. Il faut aussi distinguer les veillées de Bretagne et d'Auvergne, qui conservaient surtout le caractère de réunions de famille, des écreignes de Bourgogne et de Champagne. Dans ces assemblées particulières, il semble que les femmes veulent se soustraire au contrôle et à l'autorité des hommes pour parler plus à leur aise, sans être interrompues; tandis que les pères et les maris dorment, les femmes, plus actives, plus éveillées, se sentant maîtresses d'elles-mêmes, charment la monotonie du travail par un incessant bavardage; le malheur est que leur porte n'est pas si bien close que les garçons n'y pénètrent et ne viennent jeter le trouble parmi elles. La vraie place des femmes et des filles est dans le cercle de la famille, et il est rare qu'elles s'en écartent sans que leur réputation risque d'en souffrir.

---

[1] Lamartine, *les Confidences*, V.

CHAPITRE XI

LA FAMILLE

La famille du paysan se présente à nos yeux avec des apparences patriarcales que la littérature de la fin du siècle dernier s'est plue à revêtir de couleurs séduisantes. A lire certains auteurs, on croirait que la vertu comme le bonheur était l'apanage des campagnes. Berquin met en scène des paysans dont les vices ne sont que des erreurs et dont les qualités méritent de servir de modèles [1]; si Florian veut nous montrer dans ses comédies la *Bonne mère* et le *Bon fils*, il va les chercher au village. On s'extasie sur la vie simple, sur les jouissances pures, sur les plaisirs sans remords que l'on goûte aux champs; on se persuade que les mœurs des campagnards sont en rapport avec l'innocence de leurs occupations. Et ce ne sont pas seulement les poètes qui

[1] Berquin, *Bibliothèque des Villages*, 2 vol.

parlent ainsi ; des écrivains plus précis, des économistes, des historiens s'exprimeront de même. « En pénétrant dans les maisons des laboureurs, écrira Quesnay fils, on peut admirer encore la droiture, l'humanité, la foi conjugale, une religieuse simplicité »[1]. Monteil, qui a étudié particulièrement les paysans du Rouergue, vantera également leurs vertus fortes et héréditaires, leur esprit religieux, leur austérité et leur inébranlable ténacité[2]. De toutes parts, ce sont des éloges d'autant plus vifs qu'on semble vouloir opposer les vertus des campagnes à la corruption des villes.

La réalité ne confirme pas toujours ces antithèses ; elle nous fait voir des familles vertueuses dans les cités comme dans les villages ; elle ne nous montre pas dans la majorité des familles rurales toutes les vertus édifiantes dont l'idylle les a parées ; mais elle nous permet de constater chez beaucoup d'entre elles le maintien des traditions de sagesse, de patience, de travail et de foi religieuse, qui dans les époques sombres de leur existence, avaient été leur force et leur soutien.

La famille rurale, affranchie du servage et de la main-morte, avait acquis, à la fin du moyen âge, une importance sociale qu'elle n'avait jamais eue. Au lieu d'appartenir au sol, elle sentit que le sol pouvait lui appartenir ; elle s'attacha à la propriété, qu'elle put acquérir, et en particulier à la maison, qui, sauf de rares exceptions, lui appartint en

---

[1] *Encyclopédie*, XIV, 39, article FERMIERS.
[2] A. Monteil. *Desc. de l'Aveiron*, I, 220.

propre. On n'obligea plus le paysan à se marier dans la localité même; on ne partagea plus ses enfants, lors de l'ouverture d'une succession entre les divers héritiers d'un même seigneur. La famille fut désormais maîtresse d'elle-même, et le père de famille, exerçant son autorité sous son toit, devint véritablement, selon l'expression de Bodin, le premier des chefs sociaux.

La famille est en effet l'unité sociale, sanctionnée par la religion, reconnue par l'État et la commune, à tel point que l'individu ne possède d'ordinaire de droits communaux que s'il est chef de famille. Le grand mouvement d'émancipation qui accompagna la Renaissance a constitué à la famille rurale des droits civils complets en la dégageant du servage, qui avait été la transition peut-être nécessaire entre la servitude et la liberté. La famille s'affermit par les contrats de mariage et par les stipulations conformes aux différents génies provinciaux, que les Coutumes réformées au XVIe siècle édictèrent sur les mariages et les successions. La révolution de 1789 a fait régner dans ces lois les principes de l'égalité et de l'uniformité; mais elle a sur certains points affaibli la famille au profit de l'individu. Celle-ci s'était fortement constituée dans les campagnes depuis le moyen âge, sous la double influence du christianisme et de la législation civile.

C'est dans l'ensemble et dans l'esprit de cette législation, plutôt que dans ses détails, qu'il faut en chercher les effets sur la constitution de la famille. C'est ainsi que tous les modes de succession étaient

15

admis en France par les différentes Coutumes. Le droit d'aînesse, qui se justifie pour l'aristocratie par de hautes considérations politiques et sociales, s'appliquait aux familles rurales de certaines provinces. Dans les profondes vallées des Alpes et des Pyrénées, où les anciennes traditions se conservaient intactes, on comptait un grand nombre de familles de toutes classes, dont l'existence remontait à quatre ou cinq siècles[1]. L'attribution du domaine paternel à l'aîné ou au plus méritant des fils, avait l'incontestable avantage de garantir la continuité de la propriété et par conséquent de l'aisance dans la famille; la liberté de tester renforçait l'autorité paternelle; mais dans les pays où la Coutume et les mœurs favorisaient les partages égaux, les familles plus instables, mais stimulées par la nécessité, pouvaient se ramifier en branches plus prospères que la souche dont elles étaient sorties.

Dans la famille primitive, la famille patriarcale, la famille des anciennes communautés ariennes, la terre reste indivise entre les enfants qui la cultivent sous l'autorité du père ou d'un frère[2]; ce n'est que plus tard que les différents enfants, en se mariant,

[1] Charles de Ribbe, p. 501. — Le Play, *les Ouvriers européens*, 2ᵉ éd., IV, 494.— Dans le Béarn, pays remarquable par son aisance et où les terres étaient très-divisées, l'aîné héritait de tous les biens, et quand la révolution supprima le droit d'aînesse, les puînés refusèrent le plus souvent de se prévaloir des avantages que leur assuraient les nouvelles lois. (Général Serviez, *Desc. des Basses-Pyrénées*, p. 124, 125.)

[2] E. de Laveleye, *De la Propriété et de ses formes collectives*, 1877, p. 221-246. — Sumner-Maine, *Etudes sur l'hist. des Institutions primitives*, p. 232 et s. — L. Hearn, *the Arian family*.

forment de nouvelles familles et s'attribuent, après la mort de leurs parents, des parts spéciales du domaine patrimonial. Plusieurs traces de ces Coutumes primitives s'étaient conservées dans le centre de la France. « Il y a dans certains villages du Limousin, dit-on, des familles où l'on voit plus de cent personnes du même sang, qui vivent en commun ainsi qu'en un collège[1]. » On a souvent parlé des communautés taisibles du Nivernais et du Berry[2]. Les enfants se mariaient et travaillaient dans la même métairie. Le chef était le frère aîné, comme étant le plus expérimenté; la maîtresse, la femme du frère cadet, comme étant la plus active; mais il arrivait que, si chacun cherchait à arrondir sa bourse particulière, la bourse commune restait pauvre; les améliorations étaient nulles. Chacun, se livrant à des occupations pour ainsi dire passionnelles, travaillait le moins qu'il pouvait. L'assemblée provinciale du Berry, qui a décrit avec beaucoup de détails l'organisation de ces communautés taisibles, n'hésitait pas à déclarer que la possession d'héritages par indivis était presque aussi nuisible que les subdivisions infiniment petites des autres héritages[3]; mais

---

[1] Davity, *les Estats, empires et principautez du monde*, Rouen, 1664, p. 85.

[2] Dareste de la Chavanne, *Histoire des classes agricoles en France*, 2ᵉ éd., p. 231-247.— Bonnemère, *Hist. des Paysans*, II, 315-349. — Madame de Genlis a décrit, d'après des renseignements véridiques, l'existence patriarcale d'une de ces familles, celle des Pinon, en Auvergne. (*Les veillées du château, Reconnaissance et probité.*)

[3] *Coll. des procès-verbaux de l'assemblée provinciale du Berri*, 1783, II, 124-135.

il faut reconnaître que ces subdivisions étaient la règle, tandis que les communautés taisibles étaient la grande exception.

Que la propriété fût indivise ou morcelée, la famille restait groupée sous l'autorité du père. Le père possède la force physique, et dans les temps primitifs cette force lui a assuré le commandement. Il est le maître, et s'il est brutal, il le prouve en frappant sa femme et ses enfants. Nul doute que dans une société où le fouet et la verge sont regardés dans les classes supérieures comme les auxiliaires nécessaires de l'éducation, nul doute que le paysan ne fasse usage de corrections manuelles. Le grand-père de Rétif de la Bretonne cingle son fils âgé de dix-huit ans de trois coups de fouet, qui le font saigner à travers la chemise, parce que son fils a parlé plusieurs fois à une jeune fille sans sa permission. Ce même fils, devenu plus tard père de quatorze enfants, les châtiera avec plus de mesure. En cas de punition grave, il les menace du fouet, et met huit jours de distance entre la sentence et le châtiment, afin que celui-ci fasse plus d'impression sur l'enfant[1]. Mais le père de Rétif était un homme sage, un homme réfléchi ; il n'aurait pas pendu son fils par les pieds, comme le fit le père de l'assassin Damiens[2], sans réussir à dompter ses dangereux instincts. D'ordinaire, le père était sévère et se faisait respecter ; mais souvent avec l'âge il devenait à charge à ses enfants qui le lui faisaient sen-

---

[1] *La Vie de mon Père*, I, 29 à 31, II, 91.
[2] *Pièces originales et procédure contre Damiens*, in-4, p. 7.

tir, et lors des élections de 1789, plusieurs villages du Vermandois demandèrent « une loi qui obligeât les jeunes gens à porter à leurs parents et aux vieillards le respect qui leur était dû »[1].

A l'égard de sa femme, le chef de famille agit également en maître. Trop souvent, il la considère seulement comme sa première ou son unique servante. Dans certaines provinces reculées, il l'assujétit aux travaux les plus pénibles ; il la fait même labourer la terre. Si son cheval et sa femme tombent malades, il fait venir le maréchal pour le cheval, mais se garde bien de faire venir le chirurgien pour la femme. Ici, la maîtresse de la maison et ses filles ne mangent qu'après que le dernier valet de labourage s'est emparé de la portion qui lui convient. Là, elles servent les maîtres et les bergers, et ne se mettent jamais à table. Ailleurs, les femmes sont traitées avec une sorte de rudesse méprisante ; les tâches les plus dures leur sont imposées ; fatiguées et déformées de bonne heure, c'est à peine si leur costume de travail les distingue des hommes auprès desquels elles labourent[2]. Il n'en est pas ainsi dans toutes les régions ; si la femme est toujours regar-

[1] Ed. Fleury, *Bailliage de Vermandois*, p. 179 et 226.

[2] Cambry, II, 11, 57. — Bossi, *Stat. gén. de la France, Ain*, 1808, p. 311. — Texier-Olivier, *Haute-Vienne*, p. 99. — Legrand d'Aussy, p. 284. — Alexis Monteil, *Description de l'Aveiron*, I, 44; *Hist. des Français*, 4ᵉ éd., V, 55, 57. — Ladoucette, *Hist. des Hautes-Alpes*, p. 422. — *Lettres de l'abbé Leblanc*, 1758, II, 88. — A. Young, I, 9. — Dʳ *Rigby's letters from France*, p. 12, 16. — Dans la paroisse de Guillos, les femmes supportent les travaux les plus pénibles de la terre. (Baurein, III, 192.) C'était peut-être une exception dans le diocèse de Bordeaux.

dée par le paysan comme un être d'une espèce inférieure, on limite souvent sa tâche, on a quelques égards pour sa faiblesse; dans le Berry, où filles et femmes ont souvent une apparence distinguée et fine, elles rendent peu de services à l'agriculture, et l'assemblée provinciale déplorera « l'inutilité presque entière de cette moitié de l'espèce humaine »[1]. Dans le Maine, elles sont rarement employées aux travaux pénibles de l'extérieur, et jamais on ne leur fait battre le grain[2]. Partout, soumises à leurs maris[3], elles conservent, même lorsqu'elles sont le plus maltraitées, une sorte de supériorité morale sur les hommes, parce qu'elles ne boivent pas de vin, et qu'elles gardent leur sang froid lorsque ceux-ci ont perdu leur raison.

Contrairement à ce qui se passait dans les villes, le mariage était pour les filles de la campagne une vie d'assujétissement qui mettait fin à la liberté relative dont elles avaient joui jusqu'alors. Il fallait renoncer à la danse, aux jeux, aux divertissements avec les garçons, qui avaient parfois d'étranges manières de se montrer aimables. Dans la Basse-Bourgogne, ils pillaient tout ce que possédaient les filles qui leur plaisaient, leur enlevant leurs bouquets, leurs anneaux, leurs étuis[4]. « L'en fait mille petites singeries aux parsonnes, dit un paysan de Molière, quand on les aime du bon de son cœur ». Filles et

---

[1] *Coll. des pr.-verb. de l'ass. provinciale du Berri*, II, 164.
[2] F. Y. Besnard, *Souvenirs d'un nonagénaire*, I, 304.
[3] Rétif de la Bretonne, *les Gynographes*, 1777, I, 121.
[4] Id., *la Vie de mon Père*, 1779, I, 28.

garçons se font des niches et se baillent des taloches[1]. Les taloches deviendront peut-être des coups après le mariage. Les noces n'en étaient pas moins les plus grandes réjouissances de la famille. Elles étaient accompagnées dans certaines contrées de cérémonies traditionnelles, qui rappelaient l'importance que de temps immémorial on avait attachée au mariage.

La demande se faisait selon des formules consacrées : en Bretagne, c'était le tailleur qui en était chargé; en Berry, le broyeur de chanvre. Il y avait des gestes, des signes prévus d'avance pour l'acceptation et le refus. Le fiancé avait son orateur ; la prétendue avait le sien ; ils dialoguaient en prose et même en vers. Parfois, il fallait que le futur assiégeât la jeune fille dans sa maison et l'enlevât par la force; dans le Berry, ses amis apportaient avec lui le trousseau, qu'on appelait les livrées, et lorsque la porte leur était ouverte, ils luttaient avec les parents qui gardaient la maison. La jeune fille se cachait sous un drap avec ses compagnes, et le fiancé devait la découvrir[2]. Cet enlèvement et ces recherches simulées n'étaient-elles pas un souvenir de ces mœurs barbares, où l'homme conquiert par la force la femme dont il fait sa compagne ?

Depuis longtemps, il ne restait plus d'autre trace de ces mœurs que dans ces simulacres innocents.

---

[1] Molière, *Don Juan*, acte II, sc. I.

[2] Cambry, I, 74, II, 166, III, 161 et suiv. — *Barzaz-Breiz*, II, 293. — Ladoucette, p. 456. — George Sand, *La Mare au Diable*. Appendice; les noces de village. — Voir aussi : Saint-Ferréol, *Notices hist. sur Brioude*, II, 143, 144.

Le mariage est devenu une transaction, que sanctionne le tabellion dans son contrat. Si le père et la mère ont choisi la mariée, ils ont cherché surtout chez elle les qualités solides, l'amour du travail, la santé, la fortune relative. Une fille même préférera pour époux à un beau garçon qui n'a rien, un homme qui aura quelque bien au soleil[1]. On s'attache peu à la jeunesse. La plupart des femmes ont le même âge ou sont plus âgées que les maris[2]. Ce qu'on a cherché à assortir, ce sont les dots. Elles consistent d'ordinaire en une petite somme d'argent, quelques pièces de terre, deux ou trois meubles, du linge et des vêtements. Un sabotier de Champagne, qui marie ses deux fils, donne à chacun d'eux environ 100 francs en argent, une met et une table en bois de chêne. Une fille de vigneron apporte des parcelles de vignes, de chenevières et de terres labourables. En Normandie, la fille d'un fermier reçoit en 1683 ses vêtements, son lit, et une somme de 150 l., outre une grande quantité de toile de chanvre[3]. Dans la haute Auvergne, vers la même époque, les filles qui ont été en service à la ville, se constituent

---

[1] Une chanson populaire picarde fait dire à une jeune fille :

> De Gros-Guillot je ne veux poent.
> J'ai bien plus quere gros Leurent
> Qui a deux journeux de terre
> Eune vaque et deux jumens
> Et six glennes pondoères (six poules qui pondent).

(*Gazier*, p. 268.)

[2] Consulter à ce sujet un état des habitants de Rouilly-Saint-Loup en 1779. Arch. de l'Aube, C. 1670.

[3] Paul Allard, *une Famille de cultivateurs normands sous l'ancien régime. Rev. des questions historiques*, avril 1877.

une dot avec l'argent qu'elles ont gagné ; elles ont en outre deux ou trois robes, un coffre ou arche de sapin rempli de menu linge et un lit garni [1]. Le lit figure souvent dans les dots de village. Celles-ci sont en proportion avec l'aisance des parents, et il est rare que les parents se dépouillent complètement, comme le font imprudemment les laboureurs de la Bresse, en faveur de leurs enfants qui entrent en ménage [2]. Il y a aussi des contrats d'une nature particulière. Tel est celui d'un manouvrier, qui, sur le point d'épouser une veuve, dont la fortune était double de la sienne, avait soin de faire stipuler une donation réciproque des biens [3]. Le contrat, pour être ratifié, devait être suivi de la bénédiction nuptiale. Il porte au siècle dernier cette formule : « Les futurs nous ont dit et déclaré que pour le bon, vray, loyal et sincère amour qu'ils ont dit se porter l'un à l'autre, ont promis se prendre par ordre et sacrement de mariage et icelluy faire célébrer et solenniser en face de notre mère sainte église catholique et romaine le plus tôt que commodément faire se pourra » [4]. La religion doit sanctionner une union, qui n'est pas seulement une association de deux personnes et de deux intérêts, mais la fondation d'une famille.

[1] Contrats de 1611 à 1659, recueillis par M. Paul Le Blanc.
[2] Bossi, *Stat. gén. France, Ain*, p. 325.
[3] Arch. jud. Aube, n°s 1255, 1372, 1523, etc.— Conférez avec la dot que donne une paysanne des environs de Paris : deux vaches, un trousseau et le festin des noces. (*La Jardinière de Vincennes*, 1761, II, 65.)
[4] Le futur apporte 350 l., la future 120. Contrat de 1759. Arch. jud. de l'Aube, n° 1479.

Le jour est arrivé. Les cloches sonnent à toutes volées à l'église dont les portes s'ouvrent, et voici les ménétriers qui s'avancent en tête du cortège. L'un joue du violon ; les deux autres l'accompagnent sur la flûte. L'aïeul et la grand-mère, vénérables vieillards, marchent à petits pas, tout émus ; celle-ci, enveloppée dans sa mante ; celui-là, le bâton à la main, abritant ses longs cheveux blancs sous un large chapeau. La mariée en costume simple est charmante ; le marié est empressé, vêtu de l'habit et de la veste à la mode du temps ; les gens de la noce les suivent, souriants, marchant deux par deux. C'est une belle journée d'été ; tout est clarté et gaîté dans la foule comme dans la nature. Un carrosse, qui traverse le village, s'est arrêté, et les belles dames de la ville qu'il porte contemplent le tableau pittoresque et charmant qui se déroule devant leurs yeux, et dont elles forment elles-mêmes un gracieux épisode. Le tableau est sans doute idéalisé, car il est dû au pinceau magique de Watteau, et Cochin l'a traduit avec son burin aimable et fin [1] ; mais il reproduit, avec la vérité que l'art a le droit d'embellir, une des plus jolies scènes de la vie villageoise, un cortége de noce se rendant à l'église.

La messe pouvait être précédée et suivie de cérémonies particulières. En Languedoc, le marié, ôtant son chapeau garni de rubans de deux couleurs, la mariée, surchargée de ses habits de noces, venaient

---

[1] Cette ravissante composition est intitulée la *Mariée de village;* elle a pour pendant l'*Accordée de village*, gravée par Larmessin.

s'agenouiller, avant de se rendre à l'église, au seuil de la porte de leurs parents. Le père les bénissait à haute voix. Après la messe, filles et garçons conduisaient les mariés sous l'orme de la place publique, et une jeune fille répandait sur leur tête des grains de froment, en faisant des vœux pour leur bonheur et leur fécondité. C'était une occasion de railleries, dont les nouveaux époux ne se délivraient qu'en payant une rançon ou en faisant couler le vin à grands flots [1].

Dans tous les cas, le repas redouble la gaîté; repas obligatoire [2], interminable, où assistent cent personnes, où la vanité des campagnards entasse victuailles sur victuailles. Fréquemment, parents et amis apportent leurs plats et leurs présents [3], et ces présents peuvent constituer la dot et le mobilier des jeunes époux. Ailleurs, des bandes de chanteurs entonnent au-dehors des couplets traditionnels ; ils reçoivent leur part de gâteau et de vin [4], et tandis que les vieillards et les hommes mûrs se complaisent à table, les jeunes gens se lèvent pour se livrer à la danse.

D'après les vieux adages de droit, les enfants

---

[1] P. Vanière, *Prædium rusticum*, tr. Berland, I, 139, 140.— Bossi, *St. gén. France, Ain,* p. 323.

[2] Un tuteur s'oblige, en Champagne, à faire faire à chacun de ses pupilles « un habit de noces ou de fiancialles, du prix de 30 liv. ou lad. somme à leur choix, leur faire leur festin de noces ou fiancialle lors de leur mariage. » (Traité de nourriture de 1758. Arch. jud. Aube, n° 1562.)

[3] Raymond de Saint-Sauveur, *Compte-rendu de l'administration,* p. 47. — Cambry, II, 166.

[4] Cte de Puymaigre, *Chants populaires du pays messin,* p. 225.

une fois mariés sont tenus « pour hors de pain et pot » ; cela veut dire qu'ils cessent d'être nourris par leurs parents, et qu'ils ont désormais leur huche et leur pot particuliers. Plusieurs, il est vrai, restent avec eux pour les aider ou se mettent au service des fermiers voisins, jusqu'à ce qu'ils aient acquis des épargnes suffisantes pour s'établir dans leur ménage ; mais la majorité des mariés s'empresse d'avoir sa maison et son foyer. A partir de ce moment, la vie sérieuse commence ; c'est la lutte incessante pour l'existence, en attendant la lutte pour la conquête de l'aisance, que tous ne sont pas assez heureux pour entamer. Dans un ménage bien organisé, le mari travaille au dehors ; la femme s'occupe de la cuisine, du soin des bestiaux et des enfants[1]. Ceux-ci, il est vrai, sont moins nombreux qu'on ne pourrait le penser ; les pères de dix ou de douze enfants, à qui les ordonnances confèrent l'exemption des tailles, sont aussi rares qu'ils le seraient de nos jours. En général, les paysans ont 2, 3 ou 4 enfants ; le rapport des feux à la population, qui est de un à quatre et demi ou cinq, nous montre que la moyenne des enfants ne dépasse guère trois[2]. Elle est plus élevée dans les fermes, où le

---

[1] Voir P. Vanière, *Prædium rusticum*, lib. II.

[2] On attribue en partie dans le Languedoc en 1763 la gêne des cultivateurs au grand nombre de leurs enfants. (Théron de Montaugé, p. 94.) En général, il naissait plus d'enfants, mais ils vivaient moins longtemps que de nos jours ; d'ailleurs, on n'aurait pas conféré l'exemption des tailles aux pères de dix ou de douze enfants, si les familles de ce genre n'avaient pas été tout à fait exceptionnelles.

père de famille trouve avantage à faire travailler ses fils plutôt que des ouvriers salariés [1]. Pour le journalier, le grand nombre des enfants, surtout en bas âge, est une source de misère ; l'assistance publique est quelquefois nulle dans les campagnes, et il ne reste pas même aux infortunés la faculté d'annuler eux-mêmes leur mariage, comme il arriva sous Louis XIV à deux époux, qui habitaient un village du Maine [2].

Le mariage et la vie de famille heureusement n'offrent pas toujours des aspects sombres et sévères. Dans les Ardennes, on jonchait d'épines et de roses le lit nuptial ; image saisissante des peines et des joies de la vie [3]. Il y avait des heures de gaîté tranquille et de repos au milieu des labeurs et des soucis quotidiens. Lorsque le travail est terminé, tous les membres de la famille, dispersés pendant le jour, se retrouvent au repas du soir, devant la large cheminée. Quelquefois des familles, qui s'as-

[1] Plus un paysan a d'enfants, dit-on dans les Landes, et plus est-il à son aise. (Baurein, III, 192.)

[2] On peut lire sur un registre paroissial une déclaration ainsi conçue : « Le 29 décembre 1685, se présentèrent devant M° Pierre Cireul, curé de Roullée, Pierre Pincon et Marguerite Morimel, qui déclarèrent se repentir beaucoup de la faute qu'ils avaient faite en s'épousant, parce qu'il s'en était suivi une grande pauvreté, causée pour infirmités naturelles et grand nombre d'enfants. Ce pourquoi ils déclarent devant M° Cireul et Garnier, notaire à la Fresnaye, que de leur volontaire consentement, ils annulent, cassent leur dit mariage. *Signé* Crestot, sacriste. » Un pareil acte est du reste une exception monstrueuse. (*Inv. des archives de la Sarthe,* Supplément E, p. 238.)

[3] Portagnier, *Etude historique sur le Rethelois,* p. 213.

socient pour labourer à frais communs, se réunissent chez l'une d'elles pour manger ensemble[1]. Chez les cultivateurs aisés, l'aspect de la table a quelque chose de patriarcal; le père de famille est au bout, du côté du feu; sa femme, assise près de lui, est à portée des plats à servir; les enfants viennent ensuite, suivant leur âge; puis, le plus ancien des garçons de charrue et ses camarades; les vignerons, le bouvier et le berger; enfin les servantes, placées au bout de la table, de telle sorte que la maîtresse de maison puisse surveiller chacun de leurs mouvements[2]. Après le repas, le chef de famille fait une lecture édifiante ou raconte des histoires; quelques-uns des auditeurs prennent part à la conversation et aux récits; et si les jeunes gens sont nombreux, les parents donnent eux-mêmes le signal de la danse et des jeux, auxquels ils président[3]. A certaines fêtes religieuses, la famille a ses réjouissances; tandis que la bûche de Noël pétille au foyer, on célèbre le réveillon, avec les châtaignes et le vin blanc; l'on tire les Rois au milieu des cris de joie, et le jour de Pâques, le maître de la maison distribue à tous les siens des œufs teints de diverses couleurs[4].

---

[1] *La Vie de mon Père*, II, 98. On appelait ces associés des suitiers; trois familles avaient ainsi ensemble une charrue à trois chevaux. Le même usage existait dans le Maine. (F. Y. Besnard, I, 301.)

[2] *La Vie de mon Père*, II, 65, 66.

[3] Alexis Monteil, *Desc. Aveiron*, I, 27. — Sterne, *Voyage sentimental*, chap. XX.

[4] *L'Ami des Hommes*, I, 417.

Ces délassements pris en commun, sous la surveillance du père et de la mère, contribuaient à maintenir les bonnes mœurs dans les familles rurales ; l'opinion publique et l'influence religieuse concoururent avec l'autorité paternelle à les conserver. Au village, l'on vit pour ainsi dire dans des maisons de verre ; tous les habitants se connaissent, et il serait difficile de dissimuler longtemps une conduite irrégulière. Il n'était pas besoin pour stigmatiser le vice et le désordre d'un tribunal des mœurs, comme celui que l'on rencontrait dans certaines localités du Haynaut; il était inutile, comme on le faisait au premier mai, de planter des branches de sureau, de pendre des marmousets à la porte des femmes et des filles dont la vertu était soupçonnée ; de leur interdire de présenter le pain bénit; de leur retirer le voile et le cierge qu'elles portaient à la procession dominicale. Il était également superflu de couronner des rosières, au milieu des réjouissances que la mode et la sensibilité mirent en vogue sous le règne de Louis XVI[1]. Les mœurs n'étaient sans doute point parfaites ; la contagion des villes, le libertinage des valets corrompus qui passaient l'été à la campagne[2], y portèrent plus d'une fois atteinte. Il y avait avant le mariage des fautes que la plupart du temps le mariage réparait ; mais, sauf de rares exceptions, le mariage était respecté,

---

[1] Clément-Hémerie, *Hist. Fêtes du dép. du Nord*, p. 357, 367 et suiv., 382. — Ladoucette, *Hist. des Hautes-Alpes*, p. 444. — Roucher, *les Mois*, I, 200, notes, 236.

[2] *Le Bonheur dans les campagnes*, p. 122, 123.

le scandale était rare, et s'il avait lieu, le mari le réprimait par le bâton, au lieu d'avoir recours aux tribunaux qui, dans les villes, lui donnaient une publicité fâcheuse [1]. D'ordinaire, les lois supérieures de la morale étaient observées. Le clergé, surtout depuis le xviie siècle, s'en était singulièrement préoccupé ; il avait proscrit même les écoles mixtes avec un zèle à certains égards inutile ; il recommandait aux parents d'empêcher les garçons et les filles d'aller ensemble couper du bois et garder les bestiaux ; il défendait les danses, même celles qui se passaient en plein jour, sous les yeux des parents, sans craindre que les jeunes gens ne se dédommageassent dans des brelans secrets de la contrainte qui leur était imposée [2]. Mais si le clergé dépassait quelquefois la mesure, s'il avait le tort d'éveiller l'idée du mal dans des passe-temps qui pour beaucoup étaient innocents, il avait eu cependant le rare mérite de parvenir à inspirer la pratique de la vertu et à garantir l'intégrité de la famille, en l'entourant pour ainsi dire du rempart des bonnes mœurs. Il serait permis d'appliquer aux habitants de diverses campagnes ce qu'on écrivait en 1790 des paysans de la Haute-Vienne : « Il n'y a peut-être pas sur le globe d'hommes plus réservés, plus patients et plus appliqués. Les femmes et les filles y donnent l'exemple d'une parfaite retenue, et l'on ne trou-

---

[1] P. Vanière, *Prædium rusticum*, lib. II.

[2] *Statuts syn. d'Alet*, 1675, p. 132. — *Vie de mon Père*, II, 128-133. Dans ces brelans secrets, il ne se dit et fait que des vilenies, dit Rétif.

verait pas dans nos champs un seul célibataire[1]. »
Tandis que la cour et quelques salons de Paris donnaient le spectacle scandaleux du relâchement des mœurs, celles-ci se conservaient intactes dans les classes moyennes des villes, dans une partie de la noblesse de province, dans la majorité de la magistrature, et surtout dans ces humbles campagnes, où le christianisme avait relevé la dignité de la famille. La France ressemblait à un fruit dont le cœur est resté sain, tandis que l'enveloppe est rongée par un mal extérieur.

[1] Gazier, *Lettres à Grégoire*, p. 174.

CHAPITRE XII

LE CARACTÈRE

Les mœurs du paysan valent mieux que ses manières. Son caractère présente un mélange de vertus et de vices, où les défauts sont d'ordinaire plus saillants que les qualités. Presque toujours son extérieur a quelque chose de rude et malplaisant. Qui dit paysan, rustre, vilain, manant, dit être grossier, malappris, disgracié au physique comme au moral. Dans les classes supérieures de la société, ces mots sont des injures. L'éducation, l'influence du clergé, les progrès de la civilisation polissent petit à petit ces aspérités du caractère du campagnard; mais surtout dans les régions éloignées des grands centres, il reste grossier et quelque peu sauvage. On dit dans le Berry qu'il vieillit plus vite et qu'il est plus laid que l'habitant des villes[1]. On nous pré-

---

[1] *Descript. du dép. de l'Allier*, an x, p. 62.

sente les habitants de la Marche comme noirs, livides, et presque tous hideux[1]. Le moral est quelquefois en rapport avec le physique. C'est ainsi que Vauban nous montre, aux confins du Morvand, des hommes « fainéants, découragés, menteurs, larrons, gens de mauvaise foi, toujours prêts à jurer faux, pourvu qu'on les paye, et à s'enivrer sitôt qu'ils peuvent avoir de quoi[2] ». Le caractère ne varie pas seulement selon les provinces, il varie selon les professions. « La charrue donne des mœurs plus innocentes que la culture de la vigne, quoique celle-ci soit très-pénible ; les bouviers sont inférieurs de ce côté aux vignerons, et les bergers ont encore moins de candeur et d'innocence que les bouviers[3]. » Si l'on veut savoir quelle est la moralité des vignerons des bords de la Loire, on nous présentera la plus grande partie d'entre eux comme avares, voleurs, cruels, ingrats, de mauvaise foi[4]. Qui dit vigneron, dit larron, est un proverbe du centre de la France. Ailleurs, on nous montre les paysans s'enivrant au cabaret, blasphémant, se querellant dans l'emportement, et même à jeun, et se faisant les uns aux autres des blessures, qui peuvent être mortelles. « Ils sont d'une grossièreté inconcevable, dit un curé de campagne en 1771. J'ay vu des ours instruits qui

---

[1] Boulainvilliers, *Etat de la France*, II, 218, 221.

[2] *Desc. de l'élection de Vézelay. Mém. des intendants*, I, 741.

[3] *La Vie de mon Père*, II, 69.

[4] Boullay, *Manière de bien cultiver la vigne*, 1723, p. 483. Voir aussi p. 497, 499, 505. — Boullay, qui était chanoine, a énuméré toutes les fraudes des vignerons dans un examen de conscience à leur usage (p. 652 à 663).

me faisaient plus de plaisir à voir que de pareils monstres. »[1]

Ce sont des bourgeois ou des prêtres qui peignent ainsi les paysans. Si ces derniers avaient su peindre, ils se seraient représentés peut-être sous des couleurs plus favorables; mais il n'en est pas moins vrai que le rustre est naturellement brutal. Habitué aux rudes exercices, il ne mesure pas la portée de ses gestes; il est dur pour lui-même, souvent dur pour les autres; il éprouve le besoin de quereller et de battre; ses taloches d'amitié sont quelquefois écrasantes; quand il frappe, il frappe sans mesure; si un malheureux passant s'avise de manger les raisins d'un vigneron de l'Orléanais ou des environs de Toulon, il risque d'être assommé et de périr sous les coups[2]. Cependant le paysan, que la colère peut rendre meurtrier, est rarement assassin. Il a un faible pour les faux sauniers[3], pour les contrebandiers; mais il redoute les brigands et les voleurs qui sont de plus en plus rares au xviiie siècle[4], et si la justice s'en empare, il applaudit au châtiment qui les frappe.

Le paysan, rustre, grossier, maladroit, comme le

---

[1] *L'Ami des Hommes*, I, 216. — Dupuy, II, 455. — *Vie de M. Roy*, p. 17, 18. — *Inv. Arch. Eure-et-Loir*, III, 66.

[2] Boullay, p. 493. — Millin, *Voyage dans les dép. du Midi de la France*, 1807, II, 449.

[3] *Revue de Champagne et de Brie*, XI, 259.

[4] La sécurité des grandes routes étonne les voyageurs anglais au xviiie siècle. (Dr Smollett, *Travels through France and Italia*, 1763. Blanche Hamilton, *the French Peasant under the ancien régime*, *Gentleman's magazine*, may 1882, p. 600.

qualifie Jean-Jacques Rousseau[1], le paysan est surtout brutal avec ses inférieurs et ses égaux ; il sait s'adoucir et s'assouplir devant ceux dont il connaît la force supérieure. Dès l'abord, l'oppression l'indigne et l'irrite ; il se raidit contre l'insolence, il se révolte, mais au premier coup de bâton, au premier soufflet, il recule et se résigne. Lisez une des scènes du *Don Juan* de Molière : vous y verrez un paysan jaloux qui veut empêcher Don Juan de courtiser sa promise ; il le pousse, il le menace, il veut lui faire quitter la place ; le gentilhomme riposte par un soufflet ; le paysan jure ; à chaque nouveau soufflet, nouveau juron campagnard ; les jerniguié, les ventrigué, les palsangué, les morguienne soulagent sa colère ; mais il ne va pas plus loin, il ne riposte pas, il menace encore, et quand Don Juan revient sur lui, sa main levée, le paysan Pierrot s'esquive ?[2] Voyez aussi, dans une sphère un peu plus élevée, Georges Dandin ; c'est aussi un paysan qui se plaint, qui s'irrite et qui finit par être bafoué. Mais que faire contre des gentilshommes, qui ont l'autorité morale et matérielle, et qui peuvent riposter à un coup de poing par un coup d'épée ? Le seigneur est le justicier, et il semble qu'en frappant dans une certaine mesure, il n'excède pas ses droits. Deux gentilshommes rencontrèrent un soir dans une rue de Paris un jeune paysan breton ; il était ivre, il les insulta. L'un des gentilshommes donna un coup de bâton sur la tête du rustre, qui s'empressa de tirer

---

[1] *Emile*, I, 189.
[2] *Don Juan*, 1665, acte II, sc. III.

son chapeau, de faire la révérence et de s'en aller. C'était le coup de bâton du seigneur, vieil usage breton, d'après lequel le gentilhomme aurait eu le droit de frapper une fois le vilain pour l'avertir et le ramener à la raison; mais s'il était revenu à la charge, il eût couru le risque d'être assommé [1]. Il y a certaines limites d'insolence et d'oppression qu'on ne peut franchir. « Le paysan est bon et animal d'habitude, dit-on en Gascogne ; il ressemble assez à ses bœufs. Comme eux, il se meut difficilement; s'il lui arrive de regimber contre l'aiguillon, c'est parce qu'on abuse de la permission de le charger. Il ne se sert de ses cornes que quand on l'a cruellement maltraité et qu'il voit du sang par terre [2]. » C'est pour cette raison que sur différents points du royaume et à diverses reprises on vit au XVIe et au XVIIe siècle les paysans prendre les armes, exaspérés par les violences des gens de guerre, les exactions du fisc, l'excès des impôts anciens et nouveaux [3]. Peu à peu l'habitant des campagnes se redresse. Sous Louis XIV, aux environs de Paris, « les paysans, disait-on, sont aussi fiers qu'en lieu du monde, à cause du voisinage du Parlement... On ne peut leur dire un mot qui leur déplaise qu'ils ne repartent aussitôt jusques à vous conjurer de leur mettre la main dessus; ce que faisant, vous les faites s'assembler pour essayer de vous mettre en

---

[1] Cambry, III, 12.

[2] Gazier, *Lettres à Grégoire sur les patois*, p. 103.

[3] Notamment en 1548, 1586, 1593, 1638 et 1675. Bonnemère, *Hist. des Paysans*, I et II.

peine[1]. » A la fin du xviie siècle, des paysans de Guienne veulent assommer des gentilshommes qui, dans un bal champêtre, les fatiguent de leurs rodomontades[2]. « Tous les vilains n'ont pas toujours peur », dit Saint-Simon en parlant de l'aïeul roturier d'un homme de qualité, qui se distingua à la guerre[3]. L'on cite des exemples qui montrent que le sentiment de l'honneur perce et se développe dans les classes inférieures. Un villageois provençal a été souffleté par un sergent dont il a reçu une injure grave; ne pouvant obtenir de lui réparation, il quitte son pays, s'engage, devient sergent, et à force de recherches, parvient à retrouver l'homme qui l'a insulté, le frappe, le provoque en duel et le tue. Ce paysan énergique, quelques années plus tard, devint capitaine[4].

Mais le plus souvent, le villageois n'essaie pas de lutter ouvertement. Il rit tout bas de son seigneur; il blâme par derrière son curé; il crie contre eux, quand il est sûr de n'être pas entendu, et quand il les voit, il leur sourit. Il ne se fait pas faute de démonstrations de courtoisie ou d'humilité ; au xvie siècle, il se mettra même à genoux pour remercier d'un bienfait[5]. Il n'oubliera pas de donner du « mon-

---

[1] Davity, *les Estats, Empires et Principautez du monde*, 1664, p. 83.

[2] Cte de Gobineau, *Hist. d'Ottar-Jarl*, p. 394.

[3] *Mémoires*, éd. Chéruel, XII, 165.

[4] Bonnemère, *Hist. des Paysans*, II, 99 à 101.

[5] « Le maire se mit à genoulx devant luy pour le remercier, ainsy qu'ont accoutumé faire les paysans, quand on les contente si largement... » (Carloix, *Mém. du maréchal de Vieilleville*, liv. IV, ch. XIX.)

seigneur » au gentilhomme qui réside dans son village[1]. Il se souvient du vieux proverbe du moyen âge : — mieux vaut engien que ne fait force — et il agit en conséquence. Sournois et défiant, il s'avance en louvoyant; l'oppression, la misère, la dureté des lois fiscales, lui ont appris la ruse, le mensonge et la dissimulation. Les paysans des environs de Reims ont été si molestés à l'époque de la Fronde « qu'ils se sont licentiez, dit-on, à touttes sortes de ruses et tromperies. Et il faut advouer qu'ilz se sont la plus part renduz savantz en artifices de pratique, en telle sorte que les sages et prudentz demeuroient surpris d'estonement comme des païsantz en pouvaient tant savoir pour telles matières »[2]. Traité de niais par les gens de la ville, le campagnard affecte même la niaiserie s'il la croit utile à ses desseins. On se rappelle Aignelet dupant l'avocat Patelin avec les procédés que celui-ci lui a fournis. Il sait entrer dans les idées de celui qui l'emploie ; il l'approuve du geste et de la voix ; il cherche à lui plaire par des moyens qui ne lui coûtent rien. Un vigneron veut se faire bien venir de maîtres dévôts ; il laisse tomber en leur présence un chapelet de sa poche, raconte qu'il l'a récité tout le long du chemin, et quand les propriétaires lui offrent de l'argent, il le met dans une poche différente de celle où il a serré le chapelet, disant qu'il ne faut pas mêler une chose

---

[1] Les sujets appellent aussi leur seigneur particulier monseigneur, surtout si ce sont des gens de village. (*La civilité puérile.*)

[2] Oudard Coquault, *Mémoires*, p. 525. — Ordinaire, Statist. man. du Puy-de-Dôme, p. 285.

si sainte avec de l'argent. Ce manège réussit, car aux bruits qu'on fait courir sur la probité de ce vigneron qui est nulle, les maîtres répondent que la vertu a toujours été en butte aux calomnies [1].

Si la ruse lui réussit, il sait aussi se servir pour la défense de ses intérêts des moyens que les lois mettent à sa disposition. Souvent poussé par les gens de justice, qui vivent à ses dépens, il entamera procès sur procès pour défendre ses droits; en Bretagne, en Normandie, en Auvergne, on le montre chicaneur et plaideur à outrance [2]; il l'est à un tel point qu'un intendant dira que la misère a eu du moins l'avantage de couper court aux procès. S'il poursuit les procès avec autant d'âpreté, c'est sans doute pour accroître son bien, mais c'est aussi pour garantir ses droits sur la part de territoire qu'un travail opiniâtre lui a fait acquérir, et pour sauvegarder l'épargne, qu'il a si difficilement conquise.

Il serait aussi contraire à la vérité de montrer les paysans sans vices que de les montrer sans vertus. S'ils sont trop souvent rudes et dissimulés, combien ils rachètent par des qualités méritoires ces défauts qui dérivent surtout de leur genre de vie et de leur éducation ! S'ils sont avares, n'est-ce pas pour conserver les produits précaires d'un travail ingrat ? N'est-ce pas pour laisser à leurs enfants une part plus grande de patrimoine ? Nul n'est plus labo-

---

[1] Boullay, p. 189.
[2] Boulainvilliers, *Etat de la France*, II, 79, 265.— Ordinaire, Statistiq. du Puy-de-Dôme, p. 231.— A. Monteil, *Desc. Aveiron*, II, 244. — Davity, p. 84.

rieux que le villageois ; nul ne conquiert avec plus de peine la subsistance quotidienne, en luttant contre le sol et contre le climat. On voit en Auvergne, en Dauphiné, en Provence, sur les flancs escarpés des montagnes, des champs qui n'ont pas trente pieds carrés et dans lesquels le colon est venu cultiver à la bêche quelques légumes [1]. En Languedoc, les moissonneurs, « rôtis du soleil, travaillent comme des démons, dans un air aussi chaud que l'intérieur d'un four allumé »[2]. On se plaint, il est vrai, de la paresse des valets de ferme et des ouvriers agricoles ; mais le petit propriétaire, qui travaille pour lui et pour sa famille, accomplit des prodiges de labeur. Il cultive et récolte ses champs, dans les saisons favorables ; souvent, au lieu de passer dans l'inactivité la saison d'hiver, il installe un métier dans sa chaumière, ou bien laissant sa femme et ses enfants, il s'en va au loin gagner sa vie, revenant au printemps avec le pécule qu'il aura gagné à force de peine et de sobriété [3]. Cette ardeur infatigable pour le travail est un des caractères du paysan français ; elle rachète pour lui bien des vices, elle excuse bien des défauts. Lorsque le marquis de Mirabeau, dans un accès de philanthropie, s'écriait : « Honorez les petits », il pensait surtout à ces obscurs travailleurs de la terre à qui l'on devait la vraie force et la fécondité de la France.

[1] Legrand d'Aussy, p. 411, 413. — Ladoucette, p. 422. — Dr *Rigby's Letters*, p. 138. — Bertin, *OEuvres*, 1826, p. 291.

[2] Racine, Lettre du 13 juin 1662. *OEuvres*, V, 61.

[3] Ordinaire, Stat. man. du Puy-de-Dôme, p. 231. — A. Monteil, *Desc. de l'Aveiron*, I, 21.

Que l'on compare le travail des villes à celui des champs ! Celui-ci est plus rude, mais plus sain, on pourrait dire au physique comme au moral. Lorsque la récolte des vignes était abondante sur les bords de la Loire, on faisait appel pour la vendange aux femmes des villes voisines. Elles formaient un singulier contraste avec les vigneronnes et les femmes de la campagne. Chantant et tenant des propos obscènes, « travaillant surtout de la langue et de la mâchoire », elles mangeaient les raisins au lieu de les cueillir, et justifiaient par leur gloutonnerie le qualificatif de « panses de mouton » que la malice villageoise leur décochait. Les vendangeuses de la ville étaient si décriées qu'elles revêtaient un costume de paysanne pour s'engager. Ce costume était pour elles une sorte de brevet de travail et d'honnêteté [1].

Quelque dur que fût leur travail, les paysans s'y résignaient. Ils avaient vu leurs pères s'y livrer, et ne connaissaient guère d'autre horizon que celui de leur village ; si les extrêmes chaleurs, si les frimas rendaient leur labeur souvent pénible, ils y trouvaient, à certaines heures, dans l'air vivifiant et sous le ciel clément, une sorte de contentement intime qu'ils témoignaient par leurs chants [2]. Nous avons vu qu'ils supportaient leur sort avec cette gaîté qui rend les peines plus légères ; beaucoup se laissaient aller à leur destinée sans chercher à résister, par

---

[1] Boullay, *Manière de cultiver la vigne*, p. 562.

[2] Le Français travaille gaîment. Duverdier, *Voyage de France*, p. 157-158.

nonchalance non moins que par sagesse. La rudesse de leur caractère était parfois plus apparente que réelle ; dans certaines provinces, comme la Touraine, le Berry, le Bourbonnais, la Bresse, elle faisait place à des mœurs douces.[1] En général, le peuple de France est regardé comme bon, poli, civilisé, « sinon en quelques endroits où il se trouve rude et grossier »[2]. Souvent vaut-il mieux que sa réputation. « On prétend, dit Legrand d'Aussy, que les Auvergnats sont processifs, haineux; vindicatifs, terribles dans la colère et dans le vin ; partout je ne les ai vus que prévenans et officieux ; non-seulement ils rendent des services sans demander d'argent, mais quelquefois même ils ont refusé celui que je leur donnais »[3].

Le Français était poli par nature et par éducation. Il y a un petit livre modeste et pratique, aujourd'hui discrédité et raillé, qui a rendu plus de services à nos pères qu'on ne pourrait le croire : c'est la *Civilité puérile et honnête*. Elle s'efforçait d'apprendre aux paysans ainsi qu'aux artisans les usages, qui ont autant d'importance dans les relations de la vie que les rites et les formules dans les actes religieux et juridiques ; elle leur enseignait les moyens de ne pas être désagréable à autrui par

---

[1] Davity, *Desc. de l'Univers*. A. de Boislisle, *Mém. des intendants*, I, 451-452. — Boulainvilliers, *Etat de la France*, I, 263, II, 200, 218. — Bossi, p. 325.

[2] Duverdier, p. 15. — *Lettres de l'abbé Le Blanc*, 1758, II, 92.

[3] *Voyage d'Auvergne*, p. 302. — Voir aussi : Cambry, I, 225, 242, III, 69.

les gestes et les paroles ; elle leur montrait la manière de se présenter, de saluer, de manger, avec des détails qui font sourire ceux qui y sont initiés, mais qui ont une importance réelle pour ceux qui les ignorent. On peut dire qu'elle a poli les aspérités du caractère et rapproché les distances entre les différentes classes, en réglant leurs rapports, en rendant leurs manières moins dissemblables[1]. Le Français était d'autant plus accessible aux enseignements que contient ce petit livre qu'il était naturellement sociable et bienveillant ; le paysan, qui connaît la misère, compatit volontiers à celle d'autrui ; il est hospitalier, il est charitable. Un fabliau du moyen âge nous représente un vilain, qui finit par forcer la porte du paradis en disant : « J'ai donné de mon pain aux pauvres ; je les ai hébergés soir et matin... »[2] Ces traditions charitables se conservèrent dans les campagnes. Le pauvre était accueilli dans les maisons avec une sorte de bonhomie cordiale ; on l'invitait à prendre place au foyer ; on lui donnait une écuelle de soupe ; il avait sa part des fêtes et des événements heureux, et il payait sa dette de reconnaissance en prières et en services. Le lendemain des noces, en Bretagne, les mariés lui servaient les restes du festin ; ils dansaient même avec lui[3]. Il était rare que le paysan

---

[1] La Civilité puérile a été maintes fois réimprimée depuis le XVIe siècle, où Brunet en cite plusieurs éditions, jusqu'à nos jours.

[2] Lenient, *la Satire au moyen âge*, p. 95.

[3] Xavier Marmier, *Nouveaux souvenirs de voyage. Franche-Comté*, p. 290. — H. de la Villemarqué, *Barzaz-Breiz*, II, 315.

refusât un morceau de pain à celui qui le lui demandait pour l'amour de Dieu.

Il ne regardait pas non plus à sa peine, pour aider un voisin dans l'embarras. Par un sentiment de solidarité méritoire, il labourera ou récoltera pour lui ; là, il fera la moisson pour des malades et des orphelins [1] ; il les recueillera même dans sa maison ; ici, il laissera plus large la part des glaneurs. Aux environs d'Hirson, chacun concourra à la construction de la chaumière que doivent habiter de nouveaux mariés. Une inondation ravage une vallée des Pyrénées. L'ingénieur du roi vient commander la corvée dans les vallées voisines ; il n'y trouve que les vieillards, les femmes et les enfants ; tous les hommes ont couru spontanément au secours de leurs voisins. Un fermier du Maine ayant été incendié, les laboureurs des alentours travaillent gratuitement pour son compte pendant deux ans [2]. Si le paysan donne plus facilement son temps que son argent, le sacrifice qu'il fait de son temps n'en témoigne pas moins en faveur de son cœur.

Bienveillant à l'égard de ses égaux, le paysan était capable d'une sorte de politesse délicate à l'égard de ses supérieurs. Madame de Lamartine en rapporte une preuve charmante. Elle était allée se promener avec ses enfants sur une montagne qu'on appelait la Fée ; à son approche, des petits pâtres

---

[1] Ladoucette, p. 430. — Texier-Olivier, *St. Haute-Vienne*, p. 96.

[2] Brayer, *Stat. du dép. de l'Aisne*, p. 74.— Dusaulx, *Voyage à Barèges*, I, 66. — *Inv. Arch. Sarthe*, Supp. E, p. 188.

effarouchés s'enfuirent en laissant leurs sabots. Il vint à la pensée des enfants de mettre dans chacun de ces sabots une pièce de monnaie et des dragées, dans le but de faire croire aux petits pâtres qu'elles y avaient été déposées par les fées. Les petits pâtres le crurent, mais non leurs parents; et le lendemain, sans se faire connaître, ceux-ci vinrent déposer à la porte de la maison de madame de Lamartine quatre petits paniers de jonc tout remplis de noisettes, de fromages de chèvre et de petits pains de beurre façonnés en forme de sabots [1].

Les paysans étaient souvent dévoués aux seigneurs, qui de père en fils résidaient au milieu d'eux. Ils avaient l'habitude, qui cessa au xviiie siècle, de leur faire continuellement des présents [2]; ils s'intéressaient aux événements heureux ou malheureux de leur famille; ils entouraient d'une affection réelle les enfants qu'ils avaient vu naître. Les bourgeois enrichis, qui rachetaient les terres seigneuriales, étaient vus par eux d'un mauvais œil; ils multipliaient souvent les droits et les amendes, et les paysans se plaignaient de leur avidité tracassière qui contrastait avec la bonhomie désintéressée de leurs prédécesseurs [3]. On ne saurait croire à quel point dans certaines contrées ils étaient attachés à leurs seigneurs. Trois fermiers du pays de Léon, sachant que le leur devait 100,000 écus, lui fournirent, dit-on, cette somme, gérèrent ses terres pen-

---

[1] *Le manuscrit de ma Mère,* 1871, p. 105-106.
[2] *L'Ami des Hommes,* I, 162.
[3] Hersart de la Villemarqué, *Barzaz-Breiz,* II, 23.

dant quarante ans, en lui laissant la moitié de ses revenus, et donnèrent à son épouse huit beaux chevaux de carosse, afin qu'elle pût venir à la paroisse d'une manière convenable[1]. Si cette tradition a le caractère d'une légende, d'autant plus qu'il est assez difficile de croire que trois fermiers aient pu disposer de 100,000 écus, elle n'en est pas moins un indice du degré de dévouement que de bons seigneurs pouvaient inspirer. L'attachement profond qu'on leur portait se traduisait par des sanglots et des cris à leurs funérailles ; et l'on est vraiment touché en lisant la chanson populaire où l'on raconte la mort de l'un d'eux. Les portes de la chambre avaient été ouvertes, et tandis qu'autour de sa famille, ses nombreux serviteurs et ses métayers sanglotaient, le bon sieur de Nevet leur disait : « Mes métayers, ne pleurez pas ; vous le savez, quand le blé est mûr, on le moissonne ; quand l'âge vient, il faut mourir. Taisez-vous, bons habitants des campagnes ; taisez-vous, chers pauvres de ma paroisse ; comme j'ai pris soin de vous, mes fils prendront soin de vous... ne pleurez pas, bons chrétiens, nous nous retrouverons bientôt »[2].

Peut-on s'étonner si les paysans, qui répétaient ces traditions émouvantes, se sont levés à la voix de leurs seigneurs pour défendre leur religion proscrite par la Révolution ? Les gentilshommes de Bretagne et de Vendée résidaient pour la plupart dans leurs terres ; les paysans faisaient pour ainsi dire

[1] Cambry, I, 150.
[2] H. de la Villemarqué, *Barzaz-Breiz*, II, 137-139.

partie de leur famille; ils chassaient avec eux, aux jours de battue; ils se battirent avec eux, aux jours de guerre civile. Sur d'autres points, on cite des paysans qui pendant la Terreur se rendirent à la ville voisine pour réclamer leur seigneur incarcéré; d'autres forcèrent même la porte de la prison où la dame de leur village était enfermée, la ramenèrent triomphalement dans son château et y montèrent la garde pour qu'on ne vînt pas l'arrêter de nouveau [1]. Dans le Bourbonnais, on conduisit dans les prisons plusieurs paysans qui avaient insulté leur maire et jeté son banc hors de l'église. « Dam! disait un jeune et joli paysan, ils avont brulé le banc de not' bon seigneur, puis ils voulont en avoir un eux-mêmes! Je n'avons pas voulu que la mairesse se quarre dans l'église comme une dame; elle peut faire comme nous »[2]. Les paysans, qui admettaient les supériorités anciennes, avaient peine à reconnaître les nouvelles. On pourrait dresser une liste trop longue de ceux que leur attachement à leurs anciens seigneurs conduisit à la prison et à la mort, pendant les jours néfastes où la Terreur appliquait l'égalité en jetant des représentants de toutes les classes sous le couperet de la guillotine.

Qu'on n'aille pas croire cependant que tous les paysans aient été dévoués à leur seigneur au point de risquer pour eux leur liberté et leur vie! Si l'on a pu dire : tel maître, tel valet, il est certain que les

---

[1] Comte de Champagny, *le Correspondant*, XCIV, 237, 241.

[2] Alexandrine des Escherolles, *Une famille noble sous la Terreur,* 2ᵉ éd., p. 30.

campagnards étaient souvent ce que les seigneurs les faisaient ; l'insolence, la tyrannie, les exactions de quelques-uns de ces derniers avaient déposé dans le cœur de leurs vassaux des germes de colère, qui pour avoir été longtemps comprimés, n'éclatèrent qu'avec plus de violence à l'époque de la révolution [1]. Un grand nombre de paysans applaudirent avec une sorte d'ivresse aux décrets qui supprimaient les droits féodaux ; un trop grand nombre, saisi d'une ardeur sauvage, se précipita sur les châteaux, y porta le pillage et l'incendie, et à la lueur des flammes maltraita, insulta et fit périr les gentilshommes et les membres de leur famille, confondant dans une même fureur de destruction ceux dont ils avaient subi les outrages et ceux dont ils n'avaient reçu que des bienfaits. Ces incendies, ces assassinats éclatèrent comme autant d'explosions, à des reprises différentes, sur beaucoup de points du territoire, et particulièrement dans l'Est et le Midi [2]; les contrées de l'Ouest en furent moins atteintes, et il est à remarquer que de nos jours encore, c'est dans les régions voisines de la Manche et de l'Océan que se sont le mieux conservées dans les masses agricoles les traditions auxquelles on donne avec raison le nom de conservatrices. Les violences des uns opposées à la fidélité des autres montrent quelles

[1]. Cahiers de la sénéchaussée d'Aix, *Arch. parlementaires*, VI, 245, 276, 310, 430, 437, 442, etc.

[2] M. Taine compte six jacqueries de 1789 à 1792 et donne sur chacune d'elles des détails saisissants. (*Les Origines de la France contemporaine, la Révolution*, I, 23, 94, 369, 436.)

différences profondes peuvent exister dans les sentiments et les actes d'hommes, qui vivent dans la même condition, le même pays et le même temps [1].

On en trouve encore un exemple dans la timidité ou le courage qu'ils déploient selon les circonstances. Au village, le paysan est timide et défiant ; il a la terreur des revenants et des loups garous ; il s'effraie aisément. A la suite de la prise de la Bastille, une terreur panique se répandit dans toutes les campagnes, avec la rapidité d'une traînée de poudre qui s'enflamme, et la crainte qu'elle causa fut si profonde, que longtemps après on désignait dans certaines contrées l'année 1789 sous le nom d'*année de la peur* [2]. Des bandes de brigands s'avançaient, disait-on, de toutes parts ; pour les repousser, les paysans s'armaient de leurs vieux fusils, de leurs fourches et de leurs faulx, et se mettaient en campagne jusqu'à ce qu'ils aperçussent les gens armés d'un village voisin, dont l'aspect lointain les effrayait parfois et les mettait en fuite. Ces mêmes paysans, enrôlés de gré ou de force dans l'armée, étaient les mêmes, qui sous le sentiment de la discipline et de l'honneur militaire, combattaient avec une ardeur et une solidité qui méritaient l'estime et faisaient l'orgueil de leurs chefs.

En résumé, le caractère du paysan d'autrefois est à la fois rude et rusé, énergique et facile à décou-

---

[1] Dans la Haute-Bretagne, les mêmes paysans qui incendièrent d'abord le château du seigneur, incendièrent ensuite celui du maire et du juge de paix. (Borie, *Desc. Ille-et-Vilaine*, an IX, p. 9.)

[2] Cte Jaubert, *Glossaire du Centre de la France*, II, 168.

rager, capable de révolte et de dévouement. Le campagnard se plaint souvent avec raison, mais aussi par calcul; avec l'élasticité qui tient à notre race, il passe rapidement de l'abattement à la gaîté, de l'inquiétude à la confiance. Plus fin qu'il n'en a l'air, on l'appelle le « bonhomme », et l'on n'a pas tort. Économe jusqu'à l'avarice, il sait au besoin se montrer secourable. Chez lui, l'instinct est souvent en lutte avec l'intelligence; chez lui, la nature, qui a quelque chose de fruste, a besoin d'être assouplie par l'éducation, et c'est l'éducation, dirigée par le clergé, qui s'est efforcée pendant les derniers siècles, de le rendre plus moral, plus instruit, plus poli et plus éclairé. A tout prendre, malgré ses défauts et ses vices, dont il faut tenir compte, on peut lui appliquer le jugement que le Dr Rigby exprimait en 1789, au moment de quitter la France : « Je suis charmé, disait-il, du peuple de ce pays; travail, contentement et bon sens sont les principaux traits de son caractère [1]. »

[1] « I have been delighted with the people; industry, cheerfulness and good sense are conspicuous marks in their character. » (*Dr Rigby's letters from France*, p. 147.)

CHAPITRE XIII

LA RELIGION

―

La religion, qui s'était d'abord et surtout développée dans les villes, avait jeté des racines profondes dans le sol des campagnes comme dans le cœur de leurs habitants. Le paysan y était attaché par la force des traditions et de l'éducation ; les seuls enseignements qu'il entendit, les seules images qu'il vit, présentaient à ses yeux et à son esprit les préceptes, les traditions et les mystères du christianisme. C'est le clocher de l'église qu'il aperçoit à l'horizon, lorsqu'il regagne sa demeure, après une journée de travail, après une absence plus ou moins prolongée. Lorsqu'il laboure ses champs, le seul son qu'il entende au loin, c'est celui des cloches, et la cloche est pour lui le signal de la courte prière, que les travailleurs disséminés sur le territoire, adressent en même temps à la vierge Marie. Çà et là, au bord des chemins, à l'angle des carrefours, s'élèvent de petites chapelles, se dressent des croix, monuments ou symboles religieux, qui rappellent soit le trépas d'un chrétien mort par accident, soit une tradition miraculeuse, soit le souvenir d'une récente mission ou d'une pieuse donation [1]. Le catholicisme a peuplé la campagne de ses monuments, afin de montrer à tout instant à l'homme qu'il est des vérités morales supérieures à la nature impassible qui l'entoure.

Cette religion, dont l'homme des champs trouvait à chaque pas les signes, présidait à tous les actes importants de sa vie. Elle le marquait au baptême de son empreinte ; dans les villages de Champagne, on le portait à l'église, aussitôt sa naissance, dans un lange de serge rouge ou bleue, garni d'une frange de soie [2], et les coups de fusil retentissaient jusques dans la nef pour saluer l'arrivée d'un chrétien. La première communion et la confirmation se faisaient avec une solennité qui laissait de profonds souvenirs dans le cœur des enfants. Lorsque l'évêque venait pour donner la confirmation, les jeunes gens allaient au-devant de lui, tambour en tête, et le conduisaient jusqu'au presbytère, au milieu d'une double haie formée par les hommes et les femmes de la paroisse agenouillés sur son passage [3]. C'était

---

[1] *Inv. Arch. Vosges*, II, 340... *Eure-et-Loir*, III, 44, 77, 296, 430.

[2] Un lange à baptiser les enfans de moulleton rouge, plus deux oilles d'enfans garnys de dentelle de toille fine, 6 l. (1762). Arch. jud. Aube, n° 1398.

[3] *Inv. Arch. Sarthe*, Supp. E, p. 481. — Règlement de 1680. Lalore, *Anc. discipline du diocèse de Troyes*, III, 217.

la religion qui par la bénédiction nuptiale sanctionnait le mariage, et lorsque la mort approchait, c'était encore elle qui apportait à l'homme les derniers sacrements, qui devaient lui ouvrir l'accès de la vie meilleure dont elle lui avait enseigné l'existence.

A cette heure suprême, le paysan, redoutant le châtiment de ses péchés, sentait sa ferveur se raviver et se montrait disposé à céder aux suggestions du prêtre.qui le pressait de faire des legs à sa paroisse [1]. Le curé avait le droit de rédiger les testaments, en présence de témoins, et la plupart de ces testaments portent à la fois l'empreinte de son style et des sentiments religieux du mourant. Celui-ci commence par recommander son âme à Dieu, à la glorieuse vierge Marie, au glorieux saint Michel archange, à saint Jean-Baptiste, aux bienheureux apôtres, à son patron et à « toute la cour vénérable du Paradis. » C'est une sorte de formule consacrée, qu'on retrouve avec de légères variantes en Bretagne [2] comme en Champagne, dans l'acte de dernières volontés d'un pauvre manouvrier comme dans celui d'un duc et pair [3]. Puis, le testateur détermine la quantité de messes et de prières qui seront dites

---

[1] Pour obvier à l'abbus qu'ilz (les curés) commectent, dit le cahier de Trainel en 1614, en recepvant les testamens des mallades par lesquelz ils les induisent à laisser grandes quantités de messes et services, sans avoir esgard à ung grand nombre de pauvres enffans myneurs nécessiteux, il leur sera faict deffences de recepvoir aucuns testamens à peine de nullité. (Arch. mun. de Troyes, BB 16.)

[2] E. Frain, *Mœurs et coutumes des familles bretonnes avant 1789*, II, 59. — Voir aussi : Théron de Montaugé, p. 119.

[3] *Mém. du duc de Saint-Simon*, éd. Chéruel, XX, 98.

pour le repos de son âme, règle la nature des services religieux, le nombre des cierges que l'on y brûlera, et parfois laisse quelques pièces de terre ou une somme d'argent à la fabrique de son église [1]. Il indique aussi le lieu de sa sépulture, qui peut avoir lieu dans l'église même, dont l'intérieur n'est pas exclusivement réservé pour l'inhumation des seigneurs et des prêtres. En 1685, la servante d'un laboureur veut être enterrée dans l'église de Saint-Mesmin, « proche l'eau benistier », et pour obtenir cette concession, elle donne à la fabrique un écu et un quartier de terre; elle stipule en outre qu'on lui fera dire une messe tous les deux ans. En 1704, la femme d'un laboureur, qui laisse à sa paroisse les deux tiers d'une maison, veut être inhumée en face de l'autel de la Sainte-Vierge. Un paysan rappelle qu'il doit l'être dans la nef « au devant du crucifix, lieu de la sépulture de ses ancêtres »[2]. On rencontre encore dans les églises rurales du Soissonnais de nombreuses pierres tumulaires, où sont gravés les traits, le costume, le nom, les qualités des fermiers et des laboureurs dont elles sont destinées à conserver la mémoire[3]. Les vieilles familles de cultivateurs ont pour suprême consolation de voir leurs membres reposer dans le sanctuaire à la décoration duquel ils ont contribué de leur vivant.

[1] A partir du commencement du xviiie siècle, les legs furent presque toujours faits en argent. Voir un curieux tableau des legs faits à la fabrique de Bassuet. (Mordillat, p. 184-190.)

[2] A Joncreuil, en 1694.

[3] Félix Brun, *la Vie privée des Paysans*, p. 18, 61, 62.

« J'ai vu, dit un auteur du xviiie siècle, dans une église de village un très-grand vitrage peint et historié dans toute son étendue aux frais d'un laboureur, représenté sur le premier panneau, à la tête de six garçons de différens âges ; le panneau correspondant est rempli par sa femme, à la tête de sept enfants. Dans cette représentation, ils offrent à Dieu leur nombreuse famille, comme une grâce et un don de sa bonté »[1]. Le souvenir de la famille se perpétuait ainsi, mieux encore que par les épitaphes inscrites sur les dalles tumulaires de l'église et sur les croix de pierre dressées dans le rustique cimetière qui l'entourait.

Nombreux sont les legs faits par les paysans en faveur de leur paroisse, « pour la rémission de leurs péchés ». Ils stipulent, pour la plupart, des fondations pieuses, comme celles de cette femme de laboureur, qui, en échange des pièces de terres qu'elle laisse à la fabrique, veut qu'il soit « annuellement et perpétuellement célébré en sa paroisse vingt-deux messes basses, savoir trois des morts et dix-neuf services de la Sainte-Vierge, en sa chapelle restablie par ses soins et ceux de son mary ». Un autre laisse ses paniers à miel à l'église ; un berger lui abandonne tout ce qu'il possède. Il est à remarquer qu'il est célibataire, et que d'ordinaire ceux qui font des donations importantes à la fabrique n'ont pas d'enfants ou disposent d'une sorte de superflu. Ils font aussi des legs à la confrairie du rosaire, à certaines chapelles, et pour l'entretien de décorations spé-

---

[1] Grosley, *Londres*, 2e éd., II, 88, 89.

ciales, comme le *beau drap* et le luminaire des trépassés[1]. L'instruction des enfants est aussi pour certains paysans une œuvre pie, et l'on peut lire dans un testament de 1618 : « Au cas que les habitans facent bastir ung logis pour loger un maistre d'escolle, que l'on coupe et prenne vingt pièces de bois de chesne ou aultre... dans mes plantations.[2] » On laissera aussi des biens ou de l'argent pour fonder des écoles, à condition que les écoliers prieront pour leur bienfaiteur[3].

La piété des paysans se manifestait, non-seulement par leurs legs, mais par les nombreux services religieux que l'on faisait à l'occasion de leurs funérailles. C'est ainsi qu'on dit pour un laboureur en 1731 « sept services hauts avec vigiles, » tant pour l'enterrement que pour le bout du mois et le bout de l'an. On célébrait d'ordinaire pour chaque service trois messes hautes et trois messes basses, pendant lesquelles on allumait tous les cierges de l'église, sans compter les vigiles, les recommandations et les *libera*[4]. Les funérailles attiraient toujours une grande affluence de parents et de voisins. Elles donnaient lieu au xviie siècle aux démonstrations bruyantes des femmes, des filles ou des proches parentes des décédés, qui poussaient sur leur tombe « de tels cris et hurlements » que le clergé était

---

[1] A Saint-Mards. Arch. jud. Aube, n° 1436.

[2] Arch. de l'Aube, 40, 68 G.

[3] Ch. de Ribbe, p. 485.

[4] Arch. jud. de l'Aube. — *Arch. parlementaires,* VI, 272. - Félix Brun, *la Vie privée des Paysans,* p. 64, 65.

obligé de les interdire [1]. Le regret des morts, inspiré par les sentiments les plus respectables de la famille et soutenu par les croyances religieuses, suscitait dans certaines contrées de touchantes manifestations. En Bretagne, on plaçait de petits bénitiers sur les tombes, pour écarter les mauvais esprits ; on passait les nuits en pleurant sur la pierre funéraire qui recouvrait les restes des parents, et l'on entourait de fleurs les lieux de sépulture plantés d'ifs, d'aubépines et de peupliers [2].

Quand il s'agit de messes, de funérailles, de services funèbres, le paysan, qui connaît si bien le prix de l'argent, donne sans marchander ; il fera aussi des prodiges de générosité pour l'entretien et l'embellissement de son église [3]. La dîme lui coûtait davantage ; le casuel pouvait lui paraître trop élevé ; la *glane* que les vicaires du Maine étaient obligés de faire pour subsister était mal accueillie dans certaines maisons, où l'on ne se faisait pas faute de leur lancer des propos indécents [4]. Les quêteurs de tous genres qui parcouraient les campagnes étaient souvent vus d'un œil peu favorable. Si l'on recevait d'ordinaire avec un affectueux respect les pères capucins qui, le bâton à la main et la besace sur l'épaule, allaient demander leur subsistance de mai-

---

[1] *Ord. syn. Bordeaux*, 1639, p. 388-389. — *Régl. syn. Aire*, 1643, p. 55. — Voir aussi Ladoucette, p. 459.

[2] Cambry, I, 75, 229. — Aux environs de Montargis, chacun creusait et entretenait sa fosse. (Grosley, *Londres*, II, 330-331.)

[3] Baurein, *Variétés bordeloises*, III, 418.

[4] A. Bellée et V. Duchemin, *Cahiers du Maine*, I, 131, 399, 437, 518, 537. — *Arch. parlementaires*, VI, 272.

son en maison ¹, on considérait comme une « surcharge bien incommode » les quêteurs de toute espèce et de tout pays, même des pays étrangers, qui venaient solliciter la charité des villageois ² : A la fin du moyen âge, les quêteurs étaient innombrables ; ils transportaient et montraient des reliques pour exciter la générosité des fidèles ; au xviie siècle, ils les exposaient à la vénération de ces derniers sur les ânes ou les mulets, qui en étaient chargés ³ ; mais, malgré les statuts des évêques, qui empêchaient de quêter certains jours en dehors des paroisses, malgré les ordonnances qui soumettaient à leur contrôle les quêteurs et les montreurs de reliques ⁴, ceux-ci continuaient à parcourir les campagnes, à la veille même de 1789⁵.

Si le paysan criait contre les dîmes et les quêtes, il n'en fréquentait pas moins les offices paroissiaux et les sacrements dont on lui faisait une stricte obligation. On menaçait d'excommunication ceux qui manquaient trois fois à la messe paroissiale, et les pères de famille étaient tenus d'y conduire leurs

---

¹ Fortin, *Souvenirs*, II, 35. — Chateaubriand, *Génie du christianisme*, 4e partie, liv. IV, ch. VI.

² *Cahiers des paroisses du Maine*, I, 69, 132. — Tels étaient les « questeurs de bruslé, » qui en 1614, fabriquaient de faux certificats d'incendie et « ostaient ainsi l'aumosne des vrais pauvres.» Cahier de Traînel, en 1614. Arch. mun. de Troyes, BB 16.

³ La Fontaine, *l'Ane qui porte des reliques*, liv. V, fable XIV.

⁴ *Const. synodales de saint François de Sales*, 1648, p. 54. — St. synod. de Bordeaux, 1639, p. 365. — Ord. Autun, 1706, p. 52.

⁵ *Cahiers des paroisses du Maine*, I, 69, 132. — Cahier de Praslin, Aube.

enfants et leurs serviteurs ; si ces derniers étaient occupés à la garde des troupeaux, il fallait au moins les y faire venir tous les quinze jours[1]. Un prédicateur du siècle dernier nous montre les villageois qui s'y rendent de toutes parts, portant des vêtements modestes, mais dont « la propreté attentive, la grâce champêtre » suppléent à la richesse. « Les voies publiques, dit-il, les plus petits sentiers sont parcourus en hâte par un essaim de bons fidèles ; tous arrivent enfin et se placent en ordre ; ici les pères et les jeunes hommes, là les mères et les vierges ; l'âge de la première innocence est admis plus près du sanctuaire. Les chants augustes se font entendre ; ils sont simples et faciles ; tous les assistants les savent et les répètent »[2]. La dévotion avait pourtant diminué aux approches de la révolution, sous l'influence des classes supérieures. « Autrefois, dit le marquis de Mirabeau, tout le monde allait à la messe, tous les matins, même les officiers... aujourd'hui nous ne battons plus nos gens, mais nous ne les menons pas à la messe, parce que nous ne sommes pas dévots »[3]. A la campagne, les églises étaient toujours pleines le dimanche[4], et ne suffi-

---

[1] *Régl. du diocèse d'Aire*, 1643, p. 32, 33.

[2] *Discours sur les mœurs rurales*, par l'abbé Fauchet, 1788, p. 35 et 36. Ce discours fut prononcé dans l'église de Suresne, à l'occasion du couronnement d'une rosière, en présence de Madame, comtesse d'Artois ; les idées nouvelles, qui s'y font jour, permettent de présager le rôle que Fauchet jouera pendant la révolution.

[3] *L'Ami des Hommes*, I, 166, 167.

[4] F. Y. Besnard, *Souvenirs d'un nonagénaire*, I, 303.

saient pas dans certains pays à contenir l'affluence des fidèles[1]. A défaut de ferveur, les villageois y avaient « une tenue convenable ». Les vignerons de l'Orléanais, si décriés, ne manquaient point aux offices ; mais on leur reprochait de s'y endormir et d'y trouver surtout une occasion de se réunir, pour se concerter ensuite contre les bourgeois qui les employaient[2]. Dans certaines régions, la piété était sincère et profonde. Elle se manifestait dans tous les actes de la vie. Le cultivateur faisait graver des sentences religieuses sur la façade de sa demeure[3] ; il consignait les expressions de sa foi jusque dans ses livres de comptes ; la mère de famille était profondément pénétrée de ses devoirs et de ses croyances, qu'elle inculquait aux enfants dès le premier âge[4]. En Bretagne, rien n'égalait la dévotion des deux sexes. Dans les églises, les hommes séparés des femmes, immobiles comme elles, débitaient des prières qu'ils croyaient propres à guérir les maladies, à féconder les champs, à chasser les démons[5].

---

[1] Baurein, *Variétés bordeloises*, III, 145.

[2] *Inv. Arch. Sarthe,* Supp. E, p. 75, 77. — J. Boullay, p. 484, 485.

[3] Comme cette inscription dans un village de l'Allier : que sert à l'homme amasser biens et perdre l'âme. (*Congrès archéologique,* 21e session, p. 41.)

[4] Charles de Ribbe, *les Paysans d'autrefois. La réforme sociale,* III, 614, 617.

[5] Cambry, I, 65. — Dans le Morvand, l'immense majorité des habitants communie à Pâques. (Baudiau, *le Morvand,* 2e éd., 1865, I, 43.) — En 1667, à St-Brisson-Aumaire, tous les habitants communient, sauf le seigneur et son fils. (*Ibid.,* II, 91.) — Un mendiant trouvé mort dans une grange a dans sa poche

Le paysan était disposé à pratiquer des dévotions particulières, que le clergé encourageait souvent. Si on le détournait des pèlerinages isolés, qui étaient plutôt des occasions de libertinage que d'édification [1], il en faisait encore avec toute sa paroisse sous la direction de son curé ; il assistait aux missions qu'à des intervalles éloignés on prêchait dans les villages; il suivait les grandes processions, qu'on faisait non-seulement aux Rogations, à la Fête-Dieu et pour le vœu de Louis XIII, mais à celles qui avaient pour but d'obtenir la pluie, la sécheresse ou la fin d'une épizootie [2]. Dans le Nivernais, les habitants de plusieurs villages se réunissaient pour suivre pieds nus, avec leurs bestiaux, des processions destinées à préserver ceux-ci des maladies. L'usage des processions y était si invétéré qu'il persista même dans les premiers temps de la Révolution ; au mois d'août 1790, la municipalité d'un village décida qu'elle se rendrait avec les habitants dans le sanctuaire d'un bourg voisin, pour obtenir de la pluie par l'intercession du saint que l'on y vénérait [3].

un certificat de catholicité du curé de son village, attestant qu'il fait profession de la religion catholique et qu'il a satisfait à son devoir paschal pour la présente année. (Inv. de 1788. Arch. jud. Aube, n° 1713.)

[1] *Vie de M. Roy*, p. 39. Comme il y a souvent moins de lits que de personnes dans ces pèlerinages, Dieu sait combien toutes les règles de la modestie y sont blessées. (*Ibid.*)

[2] *Inv. Arch. Sarthe*, Suppl. E, p. 217, 239, 380, 460.

[3] E. Pallier, *Recherches sur l'histoire de Châtel-Censoir. Bulletin de la Soc. des sc. hist. et naturelles de l'Yonne*, XXXIV, 111, 112.

Les paysans, dont la religion n'était pas désintéressée, ne manquaient pas d'invoquer certains saints pour des causes déterminées. Dans le centre de la France, on appelait *mal à saint* ou *mal de saint* la maladie dont un saint pouvait guérir[1] ; le clergé était même obligé de défendre des cultes superstitieux, comme ceux que l'on célébrait par suite d'équivoques ridicules en l'honneur de saint Loup et de saint Clair ; le premier, à cause de son nom de Loup, était invoqué pour la conservation des brebis ; le second passait pour avoir le pouvoir de rétablir les vues menacées ou affaiblies[2]. Mais d'autres saints se virent toujours invoqués dans le Limousin, comme saint Eutrope à la jambe duquel les filles qui voulaient se marier attachaient une jarretière, et le patron de Darnac qui passait pour guérir les maladies, lorsqu'on atteignait avec une pelote de laine la partie de sa statue qui correspondait à la partie du corps où l'on souffrait[3].

Le paysan, peu éclairé, est volontiers superstitieux ; il croit que l'eau bénite a plus de vertu, si on la conserve dans un vase fait d'une façon déterminée ; il garde les œufs pondus le vendredi saint, parce qu'il leur croit des propriétés particulières pour éteindre les incendies ; il s'abstient de viande le jour de Pâques pour guérir de la fièvre ; il fait saigner ses chevaux le jour de la fête de saint Phi-

---

[1] Comte Jaubert, *Glossaire du Centre*, II, 297.

[2] *Regl. d'Aire*, 1643, p. 47. — Saint-Ferréol, *Recherches hist. sur Brioude*, 1881, II, 151.

[3] J. J. Juge, p. 124.

lippe et de saint Jacques plutôt qu'un autre jour [1]. Dans quelques pays, on croyait que les enfants morts sans baptême ressuscitaient, si on les posait sur certains autels, pour mourir de nouveau aussitôt que le sacrement de baptême leur avait été administré [2]. Là, on forçait les curés à exorciser le mauvais temps, pour le faire cesser. Ailleurs, ce sont les prêtres qui font chauffer une des clefs de l'église, à laquelle ils donnent le nom de clef de saint Pierre, et dont ils marquent les hommes, les femmes, les chiens et les bestiaux, afin de les préserver de la rage [3]. Le haut clergé, surtout dans le cours du XVIIe siècle, s'efforça de combattre ces pratiques qu'une dévotion mal raisonnée inspirait; mais sous Henri IV, il partageait la croyance que les paysans avaient dans les revenants. Un laboureur de la Guienne affirma à l'archevêque de Bordeaux, que sa mère décédée lui était apparue plusieurs fois depuis dix ans, tantôt sous la forme d'un pigeon blanc, tantôt dans sa forme naturelle, disant qu'elle ne pouvait jouir de la gloire éternelle, parce qu'elle était excommuniée pour n'avoir pas fait les révélations prescrites par un monitoire. L'archevêque accorda l'absolution, que le curé alla prononcer sur la tombe de la défunte [4]. Plus tard, le clergé n'eût point favorisé ces croyances, qui persistaient dans les campagnes, et

---

[1] *Décrets syn. du diocèse de Troyes*, 1640, p. 53.

[2] Courtalon, *Hist. man. de Villemaur*, p. 235. — Ladoucette, p. 462. — *Inv. Arch. Vosges*, II, 577.

[3] J. B. Thiers, *Traité des superstitions qui regardent les sacrements*, 1741, I, liv. IV, ch. III.

[4] *Ord. syn. Bordeaux*, 1639, p. 422. Acte de 1609.

les histoires de revenants que nous y rencontrons au XVIIIᵉ siècle sont surtout des récits de farces gratuites ou de supercheries intéressées. C'est ainsi qu'un vigneron renvoyé par son maître s'imagine, pour faire déguerpir son successeur, d'aller gémir à sa porte la nuit, en le suppliant de faire dire des messes pour une âme retenue dans le purgatoire ; le maître et le nouveau vigneron restèrent incrédules, et ayant guetté la nuit le faux revenant, ils l'assaillirent de tels coups de bâton qu'ils lui ôtèrent l'envie et la possibilité pendant quelque temps de revenir [1].

Si le clergé rural avait partagé, à la fin du moyen âge et jusqu'au milieu du XVIIᵉ siècle, quelques-unes des croyances superstitieuses de ses paroissiens, il en était généralement dégagé et s'efforçait de les combattre au XVIIIᵉ siècle. Le curé de campagne à cette époque est un homme instruit, qui n'est pas étranger au mouvement des esprits. Plus d'un ressemble au curé de la Louptière « homme du monde avec des mœurs sévères », qui « lit la Gazette et les Saints-Pères »[2]. Il peut être au courant des ouvrages sur l'agriculture et l'économie politique, et en faire profiter ceux qui l'entourent. On compte sur lui « pour rectifier les préjugés populaires, tels que la croyance aux sorciers et aux loups garous »[3]. Il est vraiment le guide et le père spirituel de ses paroissiens, qui ont pour lui, dans

---

[1] Boullay, p. 447, 448.
[2] La Louptière, *Poésies et OEuvres diverses*, 1768, I, 203.
[3] Baurein, *Variétés bordeloises*, 2ᵉ éd., III, 23.

certaines provinces, une confiance et une vénération sans réserve[1]. Pénétrant dans leurs maisons, souvent dans leur conscience, il sait quels maux il doit soulager, quels torts il doit redresser. Il est le premier au chevet des malades, leur apportant avant le chirurgien les premiers remèdes du corps, en attendant qu'il leur administre ceux de l'âme. Il console les affligés, il soulage la misère[2]; il n'est sourd à aucune des douleurs morales et matérielles. S'il comprenait avec intelligence les devoirs de sa mission, le bon prêtre exerçait autour de lui une autorité patriarcale que nul ne songeait à lui contester. « Si vous eussiez vu, dit un contemporain, les habitans autour de lui les fêtes et dimanches en sortant de la grande messe, comme il les accueillait, comme il s'informait de leur famille, vous eussiez dit : Voilà un père au milieu de ses enfants[3]. » Tous ne méritaient pas qu'on en fît ainsi l'éloge ; il y avait des prêtres qui ne faisaient pas l'édification de leur paroisse et qui étaient entrés dans les ordres, non par vocation sincère, mais pour s'exempter des charges publiques et du travail[4]; mais en général, le rôle du curé était relevé par le caractère de sa mission; au milieu des laboureurs

[1] Les paysans avaient pour leurs prêtres un respect au-dessus de toute expression, dit-on dans le Gers en 1790; leurs curés étaient leurs dieux... (Gazier, *Lettres à Grégoire*, p. 105.)

[2] *Vie de M. Roy, curé de Persé*, p. 15.

[3] *La Vie de mon Père*, II, 131. — Rétif de la Bretonne nous a tracé le portrait d'un digne curé de campagne, en parlant de son frère Edme-Nicolas Rétif, curé de Courgis, près Chablis. On ne saurait mieux faire connaître le rôle d'un prêtre pénétré de l'importance et de l'utilité de sa mission. (*Ibid.*, II, 118-128).

[4] *Inv. Arch. Calvados*, C 281.

absorbés par une tâche matérielle, il rappelait les droits de l'esprit et montrait le ciel à l'homme que les nécessités de sa condition courbaient vers la terre.

Il avait aussi, depuis le commencement du moyen âge, accompli une tâche incessante et non moins méritoire ; comme le sculpteur qui pétrit la glaise pour en faire sortir une œuvre artistique, il s'était efforcé de dégrossir et de modeler selon des principes supérieurs l'âme et l'intelligence du paysan ; il avait été sous ce rapport l'artisan de la civilisation, apportant jusque dans les hameaux les plus reculés le rayonnement des lumières des villes. A une époque où nul ne se préoccupait de l'instruction, il l'avait mise à la portée des plus humbles, des plus déshérités ; un de ces saints prêtres, désespérant d'attirer à l'école les petits pâtres qui gardaient au loin les troupeaux de leurs parents, allait les chercher au fond des bois et dans les champs écartés, pour les instruire des vérités de la religion [1]. Il avait surtout réformé les instincts mauvais, s'efforçant d'adoucir la rudesse des caractères par l'ascendant de la bonté, de combattre les passions violentes et de réformer les mœurs par la menace des peines et la promesse des récompenses d'une autre vie. Un livre édifiant nous fait connaître comment, avec l'aide de l'administration civile, un pasteur sage et zélé pouvait conduire au bien, au travail, à la pratique des vertus sociales et religieuses, la population presque sauvage d'un village reculé, qui

---

[1] *Vie de M. Roy, curé de Persé*, p. 22.

avait déserté la culture pour s'adonner au braconnage et pour mener une vie d'agitation, d'ignorance et de misère[1]. Image vraie de l'influence civilisatrice et moralisatrice de la religion, qui pendant des siècles, avait lutté contre les instincts grossiers du paysan, en essayant d'épurer son âme et d'élever son intelligence.

[1] *Le modèle des Pasteurs, ou Précis de la vie de M. de Sernin, curé de village*, 1779, in-12 de 280 p. — Le curé ne réussissait pas toujours ainsi, et comme nous l'avons montré dans *le Village sous l'Ancien Régime*, son influence avait dans quelques contrées diminué à la veille de la Révolution. Un prêtre déplore ainsi en 1761 la conduite de ses paroissiens : « Un curé ne saurait leur être agréable qu'en les laissant vivre à leur fantaisie, en se grisant, jurant, jouant avec eux et manquant au devoir essentiel où il est de les instruire par des prônes. En général, les habitants de Pesy n'aiment pas à entendre la parole divine; ils se croient les gens les plus éclairés du monde; ils refusent à leur curé, même en payant, ce qu'ils vendent à un moindre prix au marché, et n'ont pas de plus grand plaisir que de faire de la peine à leur curé. On a beau les prendre par la politesse et la douceur, on n'en avance pas davantage ». *Inv. Arch. Eure-et-Loir*, III, 486.

CHAPITRE XIV

LES LUMIÈRES

Le bon grain, que le clergé avait semé, était souvent tombé sur un sol ingrat ; souvent, il avait été étouffé par l'ivraie. Beaucoup de villageois étaient réfractaires à toute culture intellectuelle. « La plupart des paysans, dit-on dans une province reculée, contractans ordinairement par le commerce qu'ils ont avec les bestes une nature moyenne entre leur façon de vivre et celle de l'homme politique, ne regardent simplement que le corps en l'éducation de leurs enfans, et les nourrissent comme des animaux et non comme des créatures raisonnables, sans se soucier de leur âme... »[1] La vie matérielle les dominait au point de ne pas laisser place aux impressions morales. Fatigués par le travail, ils ne voyaient rien au-delà de l'horizon restreint du territoire où s'était

[1] *Const. synodales de saint François de Sales*, 1648, p. 332.

passée leur existence. Les enseignements supérieurs rencontraient aussi des obstacles dans les traditions mal définies et dans les préjugés héréditaires, qui s'étaient perpétués dans les campagnes alors que depuis longtemps ils avaient disparu dans les villes.

Les traditions se perdent et se conservent mieux qu'ailleurs dans les campagnes. Celles-ci n'ont pas d'histoire propre; leurs annales n'ont pas été recueillies, si ce n'est d'une manière intermittente par quelques curés, qui ont consigné depuis le XVIe siècle sur les registres paroissiaux les principaux événements dont ils ont été témoins[1]. Cependant d'anciens usages persistent, même lorsqu'on a cessé d'en connaître le sens et l'origine. Certaines dénominations rappellent des faits tout à fait oubliés; tels sont les lieux-dits qui s'appellent la *Bataille*, le *Temple*, les *Fourches*, et d'autres qui gardent des noms dont la signification est aujourd'hui inconnue, comme ces mots que répétait le perroquet des bords de l'Amazone, dont parle Alexandre de Humboldt, et qui étaient les derniers débris d'une langue parlée par un peuple depuis peu disparu[2]. Dans les villages, les traditions orales ne remontent pas au-delà de la troisième ou quatrième génération, si ce n'est pour les grands maux, les incendies, les pillages[3], les froids excessifs, dont la mémoire persiste davan-

---

[1] Plusieurs de ces mémoriaux ont été reproduits par M. Bellée dans son *Inv. des Arch. de la Sarthe*, supp. E.

[2] *Tableaux de la nature*, tr. Galuski, 1851, I, 274.

[3] Les paysans de l'Allier ont conservé le souvenir des Poulacres ou Polacres qui dévastèrent de nombreux villages pendant la Fronde. (Meilheurat, *Cabinet historique*, VI, 126.)

tage que celle des événements heureux. Le paganisme s'était longtemps maintenu dans les campagnes[1], et des usages antiques, inspirés pour la plupart par d'anciennes croyances religieuses, s'y étaient transmis de siècle en siècle, en se transformant et en perdant leur sens primitif.

Nous avons parlé plus haut du gui l'an neuf, des brandons, des feux de la Saint-Jean, que certains érudits regardent comme des restes des coutumes religieuses des Gaulois. La vénération qu'inspirent les fontaines dans les contrées du centre de la France est attribuée aux mêmes origines. La plupart d'entre elles avaient été mises sous le patronage de différents saints, et on leur croyait des vertus miraculeuses. Ici, les paysans y jetaient des pièces de monnaie ou des épingles; ils venaient y boire ou s'y baigner pour guérir leurs maux; là, ils y plongeaient la statue d'un saint pour avoir de la pluie[2]. Aux époques anciennes, les habitants des campagnes avaient été disposés à peupler la nature de

---

[1] Le nom de païens aurait la même origine que celui de paysans; il viendrait de *pagani*, parce que les habitants des *pagi* auraient été convertis au christianisme plus tard que les habitants des villes.

[2] *Congrès archéologique*, 30e session, Albi, 1863, p. 284 à 286. — Louis Duval, *Esquisses marchoises, le Culte des Eaux dans la Gaule centrale*, p. 5-145. — J. J. Juge, p. 126. — Baudiau, *le Morvand*, I, 44.— Cambry, II, 170.— *St. syn. de Grasse*, 1674, p. 241. Défense de plonger dans l'eau les statues des saints pour obtenir d'eux les grâces qu'on leur demande. — Dans les Hautes-Alpes, on faisait entrer dans une fontaine la jeune fille la plus pure et on lui faisait laver ses vêtements pour obtenir de la pluie. (Ladoucette, p. 463.)

créations imaginaires ; dans les profondeurs des bois, dans les cavernes, dans les ténèbres de la nuit, ils croyaient entrevoir des apparitions surnaturelles et saisissantes. A la fin du siècle dernier, les Bretons, nourris dès leur enfance de ces traditions fantastiques, aperçoivent des démons, des fées, des revenants, la nuit, le jour, dans leur sommeil, au bord des fossés, dans les airs, sur les nuages. Ici, ils ont cru rencontrer les nains, les korrigans, qui vivent sous terre, en forgeant l'or et le fer : restes d'un peuple de petite taille adonné au travail des métaux, dont la tradition existe chez tous les peuples du Nord, et qui aurait disparu aux époques préhistoriques; là, ce sont les lutins et les enchanteurs; là, ce sont les fées et les faitauds, leurs époux ; les fées bienfaisantes souvent, terribles, lorsque, comme les lavandières de nuit, elles noient le malheureux qui répond à leur appel. Les phénomènes naturels leur inspirent fréquemment des impressions de terreur ; les feux-follets leur semblent des âmes d'enfants morts sans baptême ou des farfadets trompeurs ; sur les vagues menaçantes aux formes fantastiques, ils croient voir se jouer des sirènes [1], et s'ils aperçoivent un loup d'une taille démesurée, ils s'imaginent reconnaître en lui un loup garou, un sorcier et même un jésuite travesti [2].

[1] Cambry, I, 61, 72, II, 169, 170, 295 et suiv.— Baudiau, le Morvand, I, 44 à 48. — Ladoucette, *Hist. des Hautes-Alpes*, p. 460.— Nimsgern, *Hist. de la ville et du pays de Gorze*, 1853, p. 260, 261.

[2] *Inv. Arch. Seine-Inférieure*, C 121. — Des vieillards de Gascogne affirmaient en 1790 s'être battus contre des loups-garous. (Lettres à Grégoire, p. 121.)

Ils croient aux sorciers ; et comment n'y croiraient-ils pas, lorsque les magistrats les plus éclairés témoignaient de leur ferme croyance dans la sorcellerie en condamnant, jusqu'au milieu du xviie siècle, ceux qui étaient accusés de s'y livrer ? Les opinions des paysans sont souvent, comme leurs modes, d'anciennes opinions professées par les habitants des villes et abandonnées par eux. On ne saurait croire combien de procès de sorcellerie furent intentés sous Henri IV et Louis XIII, et poursuivis avec cette rigueur féroce qui est dans les usages judiciaires de l'époque. Après avoir obtenu les aveux de l'accusé par d'atroces tortures, on le jetait aux flammes après l'avoir étranglé ; on le brûlait vif, s'il était *convaincu* de s'être changé en loup ou en autre bête rousse. Les magistrats eux-mêmes finirent par se lasser de ces poursuites absurdes, qui ne furent que trop fréquentes, et le roi Louis XIV s'honora, en interdisant les procès de sorcellerie[1] ; mais les paysans n'en restèrent pas moins persuadés qu'il existait des sorciers, qu'ils allaient au sabbat, qu'ils possédaient des pouvoirs surnaturels et qu'ils pouvaient jeter des sorts sur eux et sur leurs troupeaux[2].

Cette crédulité s'étendait aux faux magiciens, aux

---

[1] Jules Finot, *Inv. Arch. de la Haute-Saône*, Intr. p. 8, 9. — Baurein, *Variétés bordeloises*, III, 25-27.

[2] J. J. Juge, p. 115 et suiv. — Baurein, III, 23. — On lisait encore au milieu du xviiie siècle, dans les églises, un formulaire d'un vieux rituel, ainsi conçu : Sorciers et sorcières, devins et devineresses, sortez de l'église avant qu'on commence le saint sacrifice. (Gazier, *Lettres à Grégoire*, p. 120.)

devins, aux charlatans, aux guérisseurs de tous genres. Leurs remèdes étaient souvent moins dangereux que les opérations des chirurgiens de village [1], plus inoffensifs que les saignées et les purgations ordonnées par les médecins munis de tous les diplômes. Les uns se contentaient de prescrire du vin, de l'eau-de-vie, du lait aigre ; les autres employaient des paroles magiques ou faisaient porter au cou des caractères cabalistiques écrits sur des parchemins. Quelques-uns prétendaient guérir de la fièvre en la faisant passer dans un arbre [2] ; d'autres se jouaient de la bonne foi des paysans en usant d'eau bénite et de prières. Tel fut en 1769 un berger de village, que de toutes parts on venait consulter et dont la chaumière était assiégée chaque jour par cinq à six cents personnes ; affluence extraordinaire dont s'émut l'administration et qui cessa aussi rapidement qu'elle s'était formée [3]. Les bergers passaient fréquemment pour sorciers et se mêlaient de guérir les hommes et les animaux. Ils avaient de redoutables concurrents dans les charlatans qui parcouraient les villages, en y faisant des victimes et surtout des dupes [4].

---

[1] Un paysan a les doigts gelés en 1776 ; un chirurgien les lui fait couper par un maréchal de village, sur son enclume. (*Inv. Arch. Vosges,* II, 552.)

[2] J. B. Thiers, *Traité des superstitions,* 1741, I, liv. V, ch. IV, V, VI.

[3] Emile et Ernest Choullier, *Pierre Richard, dit le saint de Savières,* 1881. — Voir aussi : *Inv. Arch. Eure-et-Loir,* supp. E, p. 308.

[4] *Arch. parlementaires. Cah. de Normandie,* I, 83. — Texier-Olivier, *Haute-Vienne,* p. 95.

On y voyait passer aussi les marchands d'orviétan, de baumes et de simples, les bateleurs et les bohémiens [1], les vendeurs de cantiques et de chansons, les montreurs d'ours, de singes et de marionnettes, « coureurs qui étaient, dit-on, pour les peuples la ruine de leur santé, de leur fortune et de leurs mœurs » [2]. Les colporteurs qui vendaient des estampes populaires et des livres étaient également bien accueillis. Le livre avait un certain prestige dans les campagnes; on cite des jeunes gens qui emportent aux champs celui qu'ils possèdent, qui le relisent vingt fois, en parlent à tout propos, et le récitent au besoin mot à mot. Certains ouvrages, tout noircis qu'ils étaient par un fréquent usage, se transmettaient religieusement de père en fils dans les familles [3].

Quels étaient ces livres qui excitaient un tel intérêt et une telle sollicitude? Étaient-ce les Fables d'Ésope, le roman de la Rose, que des maîtres d'école du xvi° siècle auraient lus et relus à leurs voisins [4]? Il est permis d'en douter. C'étaient plutôt des livrets d'un prix minime, comme ceux de la *Bibliothèque bleue*, qui du temps de Claude Perrault, étaient répandus dans toutes les chaumières [5], des

[1] Madame de Sévigné, *Lettres*, éd. Sacy, I, 483, VII, 209. — Il y avait des bandes de bohémiens en Bretagne au xv° siècle. (Dupuy, II, 383.)

[2] *Hist. de Troyes pendant la révolution*, I, 118. — Texier-Olivier, *Haute-Vienne*, 1808, p. 100.

[3] Gazier, *Lettres à Grégoire*, p. 98, 143, 146, 270.

[4] Noël du Fail, *Propos rustiques et facétieux*, I.

[5] A. Assier, *la Bibliothèque bleue*, p. 13.

almanachs, quelques manuels de droit et de médecine, transmis par un parent praticien ou chirurgien [1], des formulaires de recettes et des ouvrages de piété. La *Bibliothèque bleue* renfermait des histoires de chevalerie et des contes de fées ; le fantastique avait un réel attrait pour des hommes incessamment aux prises avec la réalité. Ils aimaient aussi à lire la vie des grands criminels, comme Cartouche et Mandrin. Mais les livres religieux étaient les plus répandus parmi eux. Si l'on trouvait chez les riches cultivateurs la *Bible de Royaumont* et les *Évangiles*, on rencontrait dans des maisons plus modestes des ouvrages édifiants, qui servaient aussi de livres de classe pour les enfants, comme le *Chemin du ciel*, le *Pensez-y-bien*, des recueils de cantiques et de noëls, des livres d'heures, des *psautiers*, des *bibles*, des *Imitations de Jésus-Christ*[2]. On allait jusqu'à lire des ouvrages ascétiques, comme les *Sept trompettes spirituelles*[3] ; mais le livre par excellence, c'était la Vie des Saints[4], avec ses récits

---

[1] Un laboureur possède en 1722 deux volumes in-folio : l'*Anatomie de l'homme* et le *véritable Chirurgien*. (Arch. jud. Aube, n° 1400) ; un autre a un dictionnaire latin et un livre d'église. (Ibid., n° 1500.)

[2] Chez un manouvrier, en 1776, on trouve un psautier et 3 livres de l'Imitation de Jésus-Christ... 3 l. — A Aubervilliers, en 1697, chez un laboureur on inventorie « quelques livres de piété de petite valeur, 3 l. » (Arch. nationales, Z² 121.)

[3] Gazier, *Lettres à Grégoire*, p. 146, 210, 226, 235, 259.

[4] Les *Fleurs des Saints* (lab. fin xvii° siècle). — *Vie des Saints*, in-folio (lab. 1774). — Deux tomes de la Vie des Saints (laboureur, 1744). — Une Vie des Saints et les Epîtres et Evangiles des fêtes et dimanches (lab. 1780). Arch. jud. de l'Aube.

merveilleux, saisissants et touchants que le père de famille se plaisait à lire à haute voix, dans les veillées, à ses enfants et à ses serviteurs assemblés autour de lui. Le livre de piété inspirait une sorte de respect ; on l'achetait d'ordinaire tout relié, comme ce paroissien d'une manouvrière, qui en 1754 était « garni de clous et plaques d'argent, avec une égrappe (agrafe) aussi d'argent ».

On se plaignait à la veille de la révolution de ne pas voir se répandre davantage dans les campagnes les traités d'agriculture, les manuels de morale pratique, comme la science du bonhomme Richard, et des publications d'hygiène populaire. Les paysans restaient attachés aux anciennes traditions, et en fait de livre d'agriculture, ils s'édifiaient en lisant *le Bon laboureur ou pratique familière des vertus de saint Isidore, laboureur, pour les personnes de sa profession principalement* [1]. Ils sont arriérés dans leurs lectures comme dans leurs usages ; les livres qu'ils achètent sont rarement modernes, et lorsqu'au commencement de la révolution, les feuilles périodiques pénétreront dans les villages, les campagnards rechercheront, pour les payer moins cher, les journaux qui auront passé par les mains des habitants des villes [2].

Il en est de même du patois, qui est usité dans plus de la moitié des provinces. Le patois est d'ordinaire l'ancienne langue parlée par les bourgeois des villes, qui s'est immobilisée dans les campa-

[1] Par R. Dognon, 1646, in-8 de 700 p.
[2] Gazier, *Lettres à Grégoire*, p. 143.

gnes, tandis qu'elle se modifiait dans les villes. Les *j'allions, j'venions* des paysans auraient été un instant en faveur à la cour de Henri III; en 1790, sur les bords de la Loire, on parlait le français de Rabelais et d'Amyot; dans la haute Bretagne, on aurait conservé celui de Joinville[1]. Les prônes et les sermons se faisaient en patois dans bien des villages. Les dialectes du Midi avaient même leur littérature, et les poésies de Goudouli, de Dastros et de Gros jouissaient d'une réputation méritée dans le Languedoc, la Guienne et la Provence. Plusieurs livres, surtout des recueils de cantiques et de noëls étaient imprimés en patois[2]. Le patois, qui avait l'inconvénient d'établir une démarcation trop tranchée entre le citadin et le campagnard, possédait en revanche, avec quelques locutions énergiques et pittoresques, une grande richesse d'expressions pour tout ce qui concernait la vie des champs; mais il avait perdu du terrain dans le cours du XVIIIe siècle, à mesure que les progrès de l'unité nationale, poursuivis par la monarchie, avaient généralisé de plus en plus dans les provinces l'emploi de la langue française.

Le développement de l'instruction primaire avait aussi contribué à répandre davantage l'usage de cette langue dans les campagnes. On sait qu'il y avait des écoles dans la plupart des paroisses et que, si les maîtres n'étaient pas toujours aussi instruits

---

[1] *Mém. soc. acad. Maine-et-Loire,* XXXVI, 407. — Borie, *Desc. du dép. Ille-et-Vilaine,* an IX, p. 13.

[2] Gazier, *Lettres à Grégoire sur les patois de France,* p. 59, 88, 91, 112, 117, 171, 269.

qu'ils auraient dû l'être, ils n'en enseignaient pas moins à lire aux enfants dans des livres latins et français, voire même dans les anciens manuscrits. Ce dernier enseignement était blâmé par ceux qui auraient voulu qu'on se bornât à apprendre au paysan à lire le catéchisme et à signer son nom ; « car lorsqu'on lui apprend quelque chose de plus, dit-on, qu'il sait ce qu'on appelle ordinairement lire dans les contrats, et qu'il a un peu de bien, c'est souvent pour lui une occasion d'aimer la chicane et d'en inspirer l'esprit aux autres ; il fait parmi eux le docteur et l'homme de tête... et les plonge dans des procès qui les ruinent »[1]. Les détracteurs de l'enseignement primaire étaient encore nombreux au dernier siècle[2] ; mais leurs vaines récriminations ne pouvaient rien contre le désir d'instruction qui se manifestait de toutes parts. Le clergé n'était pas seul à déplorer la difficulté qu'il trouvait à instruire les enfants, que le soin de la garde des troupeaux retenait loin de l'école; les assemblées provinciales, surtout celles du Berry, regrettaient qu'on ne pût donner aux petits pâtres la plus légère préparation à la vie sociale et religieuse[3]. Les laboureurs eux-mêmes sentaient le prix de l'instruction ; ils le prouvent, en Champagne, en veillant, par des stipulations spéciales, à ce que les mineurs reçoivent

---

[1] Boullay, p. 506.

[2] Rétif de la Bretonne voulait qu'il y eût une maîtresse d'école dans tous les villages, mais il ne voulait pas que les filles apprissent à lire ! (*Les Gynographes*, 1777, I, 83.)

[3] *Procès-verb. de l'Ass. prov. du Berri*, III, 58, 59.

l'éducation religieuse et primaire; ils le prouvent, dans un bourg du Nivernois, en se cotisant pour fonder un collège [1]. Les curés, qui donnent parfois l'instruction secondaire à des jeunes gens de la ville, instruisent aussi les petits paysans qui montrent d'heureuses dispositions [2]. Le savant Mabillon, le botaniste Dominique Villars, d'autres encore, firent leurs premières études dans leur village [3]. On pouvait continuer ces études dans les collèges des petites villes, les achever dans ceux des grandes. Au collège de l'Oratoire du Mans, en 1688, on comptait dans les classes de rhétorique, de seconde et de troisième, 42 fils de fermiers, de laboureurs ou de paysans [4]. Si l'instruction primaire était moins répandue que de nos jours dans les campagnes, plus de campagnards apprenaient alors le latin et recevaient l'instruction secondaire. Il y avait, comme nous l'avons vu, dans les villages, plus de gens de plume que de nos jours; et sans parler des fonctions des hommes de loi, ne fallait-il pas une certaine instruction pour que le paysan pût remplir, sans courir de risques, les fonctions obligatoires de collecteurs et

---

[1] Voir l'*Ecole de village pendant la révolution*, p. 15, 16. — Muteau, *les Ecoles et les collèges de province*, p. 241. — Pallier, *Rech. sur l'hist. de Châtel-Censoir*, p. 116.

[2] Léon Maître, *l'Instruction publique dans le comté nantais avant 1789*. Annales soc. acad. Nantes, 1881, p. 117.

[3] H. Jadart, *Rech. sur le village natal de Gerson*. Travaux de l'Académie de Reims, LXVIII, 185. — Ladoucette, *Hist. des Hautes-Alpes*, p. 513 et suiv.

[4] A. Bellée, *Rech. sur l'Instruction publ. dans le dép. de la Sarthe*, 1875, p. 147 et suiv.

de syndics[1] ? Malheureusement, les semences d'instruction et de vertu, que le prêtre et le maître d'école s'efforçaient de jeter autour d'eux, étaient rarement cultivées à partir de l'âge de quinze ans, et portaient parfois des fruits différents de ceux qu'on était en droit d'espérer[2].

Le travail manuel n'est pas compatible avec un certain développement de l'intelligence ; la main qui conduit la charrue peut tenir l'épée avec succès; elle ne saurait manier avec supériorité la plume ou le burin. Les campagnes n'ont point de littérature propre ; ce sont les citadins qui en ont le mieux décrit les mœurs, reproduit les aspects, chanté les charmes. Les villages ont pu voir naître des artistes; mais ceux-ci n'y sont point restés ; leur talent n'y eût point trouvé d'aliments, ni de ressources. On pouvait rencontrer cependant d'élégants spécimens artistiques dans l'église et dans le château. La religion et le pouvoir aristocratique avaient élevé, çà et là, jusque dans les contrées les plus reculées, des chefs-d'œuvre d'architecture, que de loin l'on venait admirer, et qui faisaient l'orgueil des habitants. Toutes les églises de village, que Fauchet appelait les « palais des champs »[3], ne renfermaient pas d'objets d'art; mais beaucoup d'entre elles possédaient, sinon des vitraux peints ou des châsses, du moins quelques tableaux ou quelques statues, qui pouvaient laisser dans l'esprit ou dans les yeux

---

[1] Léon Maître, *loco citato*, I, 114, 118.
[2] *Inv. Arch. Sarthe*, Supp. E, p. 332.
[3] *Discours sur les mœurs rurales*, 1788, p. 35.

des traces de l'idée du beau. On raconte que dans une paroisse où les belles statues étaient nombreuses, le spectacle de leurs formes élégantes avait contribué à rendre dans la population les types plus purs et plus corrects[1].

L'église était aussi une école de chant pour le paysan. Un évêque d'Aire, qui recommandait en 1643 de faire dire les vêpres dans les villages, ajoutait : « Afin que le chant se rende plus commun dans notre diocèse, que ceux qui tiennent les escholes apprennent à chanter aux enfans de la paroisse, comme il se pratique, notamment dans toute la France »[2]. L'étude du plain-chant favorisait les dispositions naturelles que le paysan avait à faire entendre sa voix. Dans le travail solitaire des champs, il aimait à lancer dans les airs ses notes aiguës ou sonores. Dans le centre de la France, il accompagnait de sons retentissants et filés le travail de ses bœufs, et ceux-ci y étaient tellement accoutumés qu'ils s'arrêtaient aussitôt qu'ils cessaient de les entendre. Cet usage, qu'on appelait *brioler*, remontait à des temps anciens, puisqu'Avicenne dit que le laboureur doit chanter pour réjouir et délasser les animaux[3]. Il contribuait à élever outre mesure le diapason de sa voix, et à lui donner une force qu'on aurait peine à croire. Elle était telle, dans le

---

[1] Grosley, *Londres*, 2º éd., II, 318, 319.

[2] *Règl. dioc. Aire*, 1643, p. 39.

[3] Comte Jaubert, *Glossaire du Centre*, I, 185. — Monteil raconte que les paysans chantaient les versets des vêpres en conduisant leurs bœufs. (*Hist. des Français des divers états*, 4º éd., V, 46.)

Rouergue, que des montagnards soutenaient une conversation d'une colline à l'autre[1].

Le paysan préférait le chant individuel aux chœurs. On apprenait bien aux jeunes gens et aux jeunes filles à chanter des cantiques et des hymnes. Dans les missions de campagne, on était ému d'entendre les laboureurs en psalmodier les strophes d'une voix sonore et convaincue. Noël du Fail nous montre, à l'époque de la fenaison, des jeunes filles alternant leurs chants rustiques du bord d'une rivière à l'autre[2]. Mais l'esprit français aime encore mieux les paroles que les airs. Les couplets, accompagnés souvent de refrains, ont souvent un sens très-clair, et l'on redit de toutes part des chants traditionnels, les uns issus de l'inspiration religieuse, comme les noëls, les autres qui puisaient leur sujet dans le spectacle de la nature ou dans l'expression des passions de l'homme.

Les noëls revêtaient d'un langage rustique et de couleurs sans apprêt les scènes les plus gracieuses de la religion : celles qui retracent la naissance de Jésus et la manière dont il fut adoré, dans sa crèche, par les bergers et les rois. On trouvait des noëls sur tous les points de la France, et leurs recueils, imprimés dans les différents patois, circulaient dans les chaumières, où les parents les apprenaient par cœur pour les chanter, au milieu de leur famille, dans les veillées d'hiver. « Ces noëls, dit Chateau-

---

[1] J. J. Rousseau, *Emile*, I, 83. — A. Monteil, *Desc. de l'Aveiron*, I, 154, 155. — Gazier, p. 166.

[2] *Contes d'Eutrapel*, XI.

briand, avaient un tour plein de grâce dans la bouche de la paysanne. Lorsque le bruit du fuseau accompagnait ses chants, que ses enfants appuyés sur ses genoux écoutaient avec une grande attention l'histoire de l'enfant Jésus, on aurait en vain cherché des airs plus doux et une religion plus convenable à une mère »[1].

Les chants rustiques se distinguaient aussi par un certain charme naïf. Ils étaient souvent modulés dans une tonalité mineure ou sur un rhythme langoureux[2]; non pas, parce qu'ils avaient été inspirés par la condition trop souvent misérable du laboureur, mais surtout parce qu'ils reproduisaient des airs du xvie et du xviie siècle, en faveur dans les villes à ces époques, et dont l'accent traînard et quelque peu lugubre peut être apprécié par ceux qui connaissent les airs à boire de Lully. Il faut ajouter qu'il se dégage du spectacle quotidien de la nature une sorte de mélancolie, qui se traduit naturellement par le mode mineur. On le trouve souvent dans la musique des peuples primitifs. La gaîté et l'entrain ne perdaient pourtant pas leurs droits; ils se révélaient dans la musique des rondes et des chansons joyeuses. Ils éclataient dans les airs de danses, que l'on chantait ou que l'on jouait sur de nombreux instruments. Ceux-ci n'étaient pas toujours d'origine rustique, comme la flûte de Pan, le galoubet, la

[1] *Génie du christianisme*, Ed. Pourrat, III, 56.

[2] Gazier, *Lettres à Grégoire* (Gers), p. 88. — M. Vernière m'écrit de Brioude que les chants rustiques du Midi se distinguent encore par un rythme très lent et par l'emploi exclusif du mode mineur.

musette, la cornemuse, le tambourin ; le violon [1] et la trompette avaient été importés des villes et s'étaient répandus dans les villages au xvii° siècle.

Les paroles des chansons pouvaient charmer par des tours d'une grâce piquante, d'un esprit naïf et d'une touchante délicatesse ; mais ces traits étaient rares, et si nous pouvons considérer les chansons comme les seules productions littéraires des paysans, nous nous garderons bien de dire qu'elles constituaient une littérature, parce qu'il n'est pas de littérature sans une certaine perfection de la forme. La même observation peut s'appliquer aux contes et aux récits des campagnards, qu'une érudition avisée s'efforce de recueillir de nos jours. Ces contes, qui offrent de frappantes analogies avec les récits populaires de l'Inde, de la Perse et de la plupart des nations européennes, fournissent de précieuses indications sur la ténacité des traditions, sans apporter un contingent sérieux à la littérature. On y trouvera des détails intéressants, piquants ou gracieux [2], plutôt que des compositions où se révèle l'influence prépondérante d'un art enseigné ou spontané.

---

[1] Je trouve chez un laboureur en 1689, un « violon avec son archelet et un sac à mettre led. violon, 3 l. » Arch. jud. Aube, n° 1678. — En 1689, le synode de Verdun défend aux maîtres d'école de jouer du violon à peine d'être destitués. (Maggiolo, *Pouillé scolaire du diocèse de Verdun*, 1882, p. 9.)

[2] Cambry, I, 66, II, 32. — Baurein, III, 20. — Voir la bibliographie publiée par l'*Almanach des traditions populaires*, 1882. Citons entre autres les publications de MM. Sébillot sur la Haute-Bretagne, Rolland, Emmanuel Cosquin, qui a donné plusieurs articles sur les contes populaires lorrains dans la *Romania*, t. V et suiv.

L'esprit du paysan présente des caractères analogues ; il a des saillies, mais il se soutient difficilement ; il ne saurait prétendre à rivaliser par l'étendue et l'élévation avec les intelligences cultivées, telles que les forme l'instruction secondaire et supérieure ; le nombre de ses idées est limité, comme celui de ses occupations. Il sait peu de choses, mais il les sait bien ; il répète cent fois la même forme de langage, comme s'il avait peur d'être mal compris. Un des paysans de Molière émaille le récit d'un dialogue de nombreux *Ç'ai je fait, Ce m'a-t-il fait.*[1] Il a peu de connaissances, mais il s'y complaît. Les proverbes le séduisent, et il les débite d'un ton doctoral[2]. Il est volontiers pédant, comme ceux dont la science est bornée. Quelquefois il rencontre des comparaisons heureuses, que lui suggère le spectacle des choses qui lui sont familières, et des expressions dont l'originalité frappe les imaginations raffinées, habituées à des abstractions plutôt qu'à des applications directes aux objets matériels ; mais son langage est généralement verbeux, chargé de parenthèses, de répétitions et d'additions parasites. Le laconisme et la simplicité du style sont souvent les fruits d'une certaine culture intellectuelle. Cependant sous les formes massives que revêt sa pensée, il se dégage souvent des étincelles d'esprit, des échappées de jugement et de sens[3] ; soit disposition naturelle, soit calcul, son

---

[1] *Don Juan,* acte II, sc. I.
[2] Gazier, *Lettres à Grégoire,* p. 93.
[3] *Procès-verb. de l'assemblée pr. du Berri,* III, 65.

accent lourd et quelque peu niais cache un grand fond de finesse et de raisonnement pratique. Ses intérêts sont peu compliqués, et il les connaît à fond ; il a sous ce rapport une supériorité sur l'homme des villes, qui a des préoccupations multiples et qui ne concentre pas, comme lui, son attention sur l'une d'entre elles. On admire en Provence « l'élégance et le bon sens ordinaire du paysan, qui paraît toujours si bien instruit des matières dont il s'agit que l'on a peine à comprendre comment il a pu acquérir ces talents sans éducation »[1]. On vante ailleurs l'esprit des vignerons, qui n'ont rien de grossier que leur habit, leur manière de parler et d'agir[2]; mais sans contester l'esprit naturel de certains campagnards, il est certain que le contraste de la simplicité de leurs paroles et de leurs gestes donnait à cet esprit un relief et un piquant, qu'on n'aurait point remarqué chez des hommes plus policés.

Mais si leur forme était trop souvent inculte et rugueuse, les paysans n'en avaient pas moins un solide bon sens, un esprit pratique, un attachement profond aux principes sociaux, qui se sont révélés plus d'une fois dans notre histoire. On pourrait comparer leur rôle, au milieu des autres classes de la nation, à celui de ces gros bataillons qui s'ébranlent difficilement, mais qui ne reculent jamais, suivant de loin les escadrons hardis qui leur fraient le chemin et portent les premiers coups. On l'a vu en 1789 ; les cahiers des campagnes, rédigés à cette

---

[1] Boulainvilliers, II, 447. — Davity, *les Estats du monde*, 1664, p. 87. — Voir aussi plus haut, p. 197.
[2] Boullay, p. 488.

époque pour les assemblées bailliagères, confirment ceux des villes, qui leur servirent de guides et souvent de modèles[1] ; ils demandèrent la réforme des lourdes charges qui pesaient sur les campagnes, fréquemment dans un style correct où se révèle l'intervention du prêtre ou de l'homme de loi, parfois avec une orthographe et des termes qui dénotent l'inspiration directe de la majorité des habitants[2]. Partout, ceux-ci se montraient attachés à la monarchie et à la religion, tout en désirant la suppression des abus et des droits fiscaux, dont ils souffraient. Presque partout, ils saluèrent avec joie la révolution, parce qu'elle supprimait la dîme, les droits féodaux, la taille et les milices. Mais si le mouvement de 1789 les exalta jusqu'à l'excès, celui de 1793 les étonna, et les fit réfléchir ; les têtes les plus respectées roulaient sur l'échafaud ; les prêtres étaient proscrits ; les églises fermées ; à côté de ces actes qui les atteignaient au cœur de leurs croyances, d'autres les frappaient au vif de leurs intérêts ; les réquisitions leur enlevaient tous les jeunes gens ; le maximum leur prenait leur grain à un taux dérisoire, et les assignats avec lesquels on les payait se dépréciaient de jour en jour entre leurs mains. Le faible

---

[1] Ce qui prouve à quel point les idées des villes se répandaient dans les campagnes, c'est qu'un curé de village, en 1787, ose écrire sur son registre paroissial parmi les causes du *déficit :* « la reine pillant de tous côtés pour envoyer même, dit-on, à son frère l'empereur ; les ministres volant impunément ; les frères du roi se surpassant en dépenses... (*Inv. Arch. Sarthe,* Supp. E, p. 332.)

[2] Voir l'*Ecole de Village pendant la Révolution,* p. 36 à 39.

gouvernement du directoire ne sut pas remédier au malaise que le paysan avait éprouvé, et le trouble que lui apportèrent les suites de la révolution le fit douter un instant des avantages qu'il en avait retirés.

Il faut se garder de croire que la révolution ait été sans influence aucune sur le sort du travailleur rural ; mais il faut encore plus éviter d'attribuer à la révolution la plupart des progrès qui depuis un siècle se sont opérés dans sa condition. Ces progrès se sont accomplis, non seulement chez les peuples qui ont subi notre influence et le contre-coup de nos doctrines, mais chez ceux, comme l'Angleterre et les États-Unis, qui se montrent le plus étrangers au mouvement de nos idées. Ils ont été toujours en augmentant, grâce à des causes multiples, qui pour la plupart ne sont pas spéciales à notre pays et sont le partage de toutes les nations civilisées. Dans différentes contrées, par exemple, la population a augmenté dans des proportions égales à celles de la richesse ; l'Angleterre a vu quintupler le chiffre de sa population depuis le siècle de Louis XIV, tandis que la nôtre doublait à peine. Partout, il y a eu depuis cent ans un incomparable et merveilleux développement des forces mécaniques qui concourent à la production de la richesse et à la diffusion de l'aisance. De même depuis cent ans, le paysan a vu sous bien des rapports améliorer sa condition matérielle, tout en restant aujourd'hui ce qu'il était autrefois, attaché à la terre qu'il cultive, menant une vie dure et poursuivant un labeur souvent ingrat. En France, depuis la révolution, sa propriété s'est affranchie et s'est dégagée de redevances et d'impôts onéreux ; il a acquis des droits politiques qu'il n'avait pas ; mais au point de vue de la liberté individuelle et de la liberté du travail, le service militaire qui lui prend les plus belles années de sa jeunesse et le met jusqu'à quarante ans sous le coup d'appels prévus ou imprévus, n'est-il pas pour lui plus lourd que la milice et les corvées réunies ? Au point de vue matériel, sa maison est plus souvent couverte en tuiles, mieux construite et mieux aérée; mais elle n'est guère plus grande et n'est pas toujours plus salubre ; son mobilier est moins solide, s'il est souvent plus commode et plus complet. A coup sûr, son costume est moins pittoresque et moins résistant, s'il ressemble davantage les jours de fête à celui des classes supérieures. En revanche, ses aliments sont plus substantiels, et il boit plus fréquemment du vin. Son épargne plus considérable lui permet, non-seulement d'acquérir des terres, mais aussi quelques valeurs mobilières. Il semble qu'il puisse plus facilement sortir de sa condition que par le passé ; mais par le fait, avec l'instruction primaire qu'il reçoit, il ne peut guère atteindre aux professions libérales, dont l'accès est défendu par des examens qu'il est incapable de passer. En somme, d'incontestables progrès ont été accomplis depuis un siècle, et surtout depuis un demi-siècle ; le paysan a une plus large part de la richesse et des idées générales ; mais on peut se demander s'il a toujours conservé la gaîté franche, les fortes vertus de famille, les sincères sentiments religieux qui distinguaient ses pères. On peut se demander si ce qu'il a gagné compense toujours ce qu'il a perdu[1] ; sa moralité, jadis supérieure à son intelligence, paraît avoir diminué plutôt qu'augmenté ; et dans tous les cas, quoiqu'il reçoive une instruction plus complète, quoiqu'il lise davantage, il est encore inférieur, sous le rapport de la culture intellectuelle, à l'habitant des villes.

La civilisation, comme son nom l'indique, prend sa source dans les villes ; l'idéal à poursuivre et qu'on n'atteindra peut-être jamais est de rendre les campagnes égales aux villes, de manière à faire disparaître les différences intellectuelles et matérielles qui existent entre leurs habitants. Les progrès de la science y parviendront peut-être. Que de merveilles pratiques n'ont pas créées depuis un siècle déjà la vapeur et l'électricité ! Les machines à vapeur ont doublé depuis cette époque la force productrice de la nation. Nos enfants verront d'autres prodiges, et des engins nouveaux laboureront sans doute les champs, au profit de la richesse publique, mais au détriment de la propriété individuelle et morcelée. Quelle influence les applications de la science exerceront-elles sur le sort du travailleur rural de l'avenir? S'il est probable que sa demeure, son vêtement, son alimentation recevront des améliorations sensibles, il est à croire qu'il faudra toujours qu'il gagne son pain à la sueur de son front.

[1] Sur les transformations que la démocratie autoritaire des pays latins a fait subir à la condition des paysans, lire un roman curieux, quoiqu'exagéré, d'un auteur anglais, miss de la Ramée, célèbre sous le pseudonyme d'Ouida. Ce roman, intitulé *a Village commune,* a paru en 1881.

Mais tous les progrès matériels sont vains, si les progrès moraux ne marchent pas de pair avec eux. Rome pauvre et vertueuse a conquis le monde; riche et amollie, elle est devenue la proie des Barbares. Le paysan d'autrefois a vu s'améliorer lentement son sort pendant des siècles; depuis la renaissance qui l'a affranchi du servage, jusqu'à la révolution, qui lui a conféré des droits politiques, il a dirigé ses affaires communales et privées avec une liberté presque entière; il a acquis le sentiment de la responsabilité, sans perdre celui du respect. Le respect, on ne saurait trop le dire, est la meilleure garantie de la liberté; il est la condition nécessaire des progrès de la démocratie. Si les races britanniques ont étendu leur puissance sur les cinq parties du monde, c'est qu'elles ont su rester maîtresses d'elles-mêmes, en se donnant un frein moral par le respect du dimanche et le respect de la femme. Que nos races de paysans conservent de même le respect de la religion et des fortes traditions de la famille! Le jour où les églises seraient fermées dans les campagnes, où aucune croyance spiritualiste ne viendrait relever les cœurs et faire redresser les têtes, où le ciel comme le passé serait vide, ce jour-là le paysan serait accablé plus que jamais sous la dure loi de la nécessité, et cessant de croire aux vérités morales, il deviendrait fatalement le jouet et la victime des forces matérielles dont il se serait fait des idoles.

FIN.

APPENDICE

ET

PIÈCES JUSTIFICATIVES

I

LES POÈTES DU XVIᵉ SIÈCLE ET LA VIE RURALE

Les poètes du XVIᵉ siècle n'ont pas, comme ceux du XVIIᵉ et du XVIIIᵉ, l'horreur du mot propre et l'amour de la périphrase; on peut donc trouver chez eux des peintures exactes et précises de la vie rurale qu'on ne rencontre plus dans les pastorales d'une époque plus rapprochée. Seul, le père Vanière, dans son *Prædium rusticum*, n'a pas reculé au XVIIIᵉ siècle, devant les détails réels, sans doute parce que le latin dans les mots brave l'honnêteté. Certains poètes du XVIᵉ siècle ont cherché avant tout la vérité; c'est pour cette raison que nous donnerons des extraits des œuvres de quelques-uns d'entre eux, tels que le sieur de Pybrac, Claude Gauchet et Rapin.

I

Les plaisirs de la vie rustique

Sous ce titre, le sieur de Pybrac, dont les cinquante quatrains sont si connus, a fait imprimer en 1575 chez Fédéric Morel, à Paris, un petit poème, qui resta inachevé, mais dans lequel il a pu décrire les principales occupations d'un ménage de paysans. Nous en reproduisons les passages les plus caractéristiques, retranchant les généralités et les ornements étrangers au sujet.

Après un préambule trop long sur les plaisirs des champs, il nous montre le paysan, se levant dès le point du jour à l'époque des moissons :

> Adonc sur le matin, quand il entend passer
> Ses voisins, qui s'en vont la javelle amasser
> Dedans le champ coupé, au lict point ne s'amuse;
> Ains d'un saut se levant, sa paresse il accuse :
> Esveille Marion, qui ronflant reposoit,
> Et voudrait bien encor dormir si elle osoit :
> Il la haste d'aller; elle enfin prend courage
> Et d'un désir égal se met à son ouvrage.
> Se coiffe promptement, ne luy chaut se parer.....
> ... Au point du jour s'en va dans son jardin cueillir
> Des choux ou des pourreaux pour les mettre bouillir;
> Après dans son mortier un peu de saffran broye
> Et tire du charnier un petit morceau d'oye :
> Jette tout dans le pot qu'elle met sur le feu,
> Du vent de son poulmon allumant peu à peu
> Les buchettes qu'elle a ès taillis amassées,
> Et pour les mieux porter, en faisceaux entassées.
> Mais avant que vouloir couper de son cousteau
> Le pain desja rassis ou le tendre tourteau,
> Joignant ses noires mains à deux genoux se jette,
> Fait sa prière à Dieu qui point ne la rejette....

Ce qu'elle lui demande, c'est

...... que sa bonté daigne en toute saison
En douce paix tenir sa petite maison...
Que leurs enfans communs les tavernes hanter
Ne vueillent, ne jamais les truans fréquenter :
Que la fille qui ja preste à mary se monstre,
Avec petite dot, par heureuse rencontre,
En honneste maison ils puissent heberger
Chez quelque laboureur ou chez un bon berger :
Que l'usurier meschant, qui dès longtemps aguigne
Et hume de ses yeux le closeau de leur vigne,
En ses papiers journaux ne les puisse accrocher :
Ne de leur povre toit le gendarme approcher,
Ou le soldat larron, qui pille et qui saccage....
   Ayant ainsi prié, de deux mains elle coupe
Des tranches de pain bis pour en faire la souppe,
Y meslant quelque peu d'un fromage moisi
Qu'entre plusieurs elle a dans la paille choisi,
Propre pour au brouet donner saveur et poincte
Et pour renouveller la soif desja esteinte :
Puis prend le pot en main, le rince de claire eau,
Par un degré tremblant dévale en son caveau,
D'un muy presque failly, qui à peine dégoutte,
Enfin son petit pot elle emplit goutte à goutte ;
Hastive s'en reva là haut, où sur un aiz
De ce sobre disner dresse l'unique mets,
Le charge sur son chef, et courant d'allégresse
Va trouver son mary que la faim desja presse ;
Car depuis le matin qu'à l'œuvre il s'est rangé,
Sans cesse travaillant, il n'a beu ny mangé.
Tous deux au coing du champ se couchent dessus l'herbe,
Et pour table et buffet n'ont qu'un faisceau de gerbe,
Là mangent gayement leur potage et leur chair
Et boivent à l'envy...
   Ayant donc ainsi pris ensemble leur repas,
La femme s'en reva au logis pas à pas
. Et laisse le mary qui, courbé, teste nue,
Affublé seulement du ciel et de la nue,
La faucille en la main, ne cesse de couper
Le bled, jusques à tant qu'il faille aller soupper.

> Phebus est lors couché...
> Du champ à l'heure il part, ses outils il emporte,
> Et trouve Marion qui l'attend sur la porte :
> Se mettent à souper d'un appétit pareil.
> Mais après le repas, pour tromper le sommeil
> Comptent des temps heureux de leur chaste hyménée,
> Ou devisent des grains qu'ils auront ceste année,
> Ou des seps se courbans au poids de leurs raisins,
> Sans detracter jamais de l'honneur des voisins.
>   Le mary plus lassé le premier se dépouille ;
> Elle, chiche du temps, met aux flancs sa quenouille
> Et remouillant ses doigts achève son fuseau,
> Ou devide au rouet un entier escheveau,
> Puis, sans faire nul bruit, près du mari se couche...

Le lendemain, il faut s'éveiller de bonne heure ; car c'est jour de fête. Marion se lève la première, allume le feu, égorge un oison, le plume, et saisissant un cochon de lait,

> Elle le prend, le tue, et le pèle et l'embroche
> Et le fait compagnon de l'oyson à la broche.

Elle y ajoute un chapon, que son mari tue d'un coup de bâton sur le toit où il s'est réfugié.
   Mais le mari Colin observe qu'il ne faut pas passer

> Le matin d'un tel jour sans avoir ouï messe.

Il tire donc

> Du coing de son estable un cheval ou jument,
> Le bride, et faist servir son paletoc de housse,
> Monte léger dessus, et prend sa femme en trousse.
> Le cheval talonné commence à galopper.

La messe terminée on revient à la maison ; la bande des amis est déjà arrivée. Colin s'excuse sur le curé :

> Notre curé est long ; il s'en faut à luy prendre :

puis convie ses hôtes à se mettre à table.

> A la peau du cochon la brigade s'empongne...
> Le dîner se passa à causer et à rire...

Mais à la fin, on se plaint des malheurs du temps et des maux de la guerre.

> Faut-il que nous soyons encores en danger
> De voir nos champs couverts du soldat estranger.

Ce petit poème, assez plat, mais qui contient des traits peints sur le vif, fut interrompu par la douleur que causa au sieur de Pybrac la mort de son fils.

II

La feste du village avec la dance

Tel est le titre d'un chapitre du poème intitulé *le Plaisir des champs*, publié en 1583 par Claude Gauchet, Dampmartinois, « aumônier du roi ». Au milieu des nombreuses descriptions de chasses dont ce livre est rempli, il se trouve quelques peintures vraies de la vie rurale. Tel est celui de la fête de Beauval. La fermière attend l'auteur et des hôtes distingués, le jour de saint Samson ; elle prépare tout pour le repas,

> Fournit de bancs sa salle et de mets sa cuisine
> Et courant çà et là, les bras à demy nuds
> Faict tirer du pouiller les chappons retenus...

Puis, c'est le tour des gras cochons et du « gras aigneau ». Les hôtes arrivent dès le matin ; ils vont d'abord à la messe basse ; en sortant ils aperçoivent « un bragard echauffauct sur l'orme du carfour... pour loger les joueurs d'instrument ». Alentour on voit déjà

> Folastrer et jouer la petite jeunesse
> Qui feroit volontiers le soleil advancer
> Afin que l'heure fust que l'on doit commencer...

Après le déjeuner, l'on retourne à la grand-messe ; les hôtes sont placés dans le chœur ; le fermier Pierrot et son fils chantent au lutrin avec le vicaire ; puis l'on revient dîner à la ferme :

> Nous montons à la chambre, où la verde feuillée
> Est mise tout autour, maint bonne herbe meslée
> Sur l'aire se respand, rendant une senteur,
> Qui resjouit le nez et conforte le cœur.
> D'une nappe de lin gentiment ouvragée
> Ja la table est couverte et proprement rangée,
> La serviette autour : dessus, le gras jambon
> De saulge et de laurier lardé, se trouve bon
> Par ceux qui n'avoient pas (estant de la paroisse)
> Voulu manger devant qu'avoir ouÿ la grand'messe.

Après le dîner, tandis que les vieillards font l'éloge du passé, on voit entrer, précédés de violons, deux jeunes compagnons, qui présentent aux hôtes deux « targes dorées » ou bassins, dans lesquels on jette un ou deux testons ; puis ils se retirent, après avoir invité à la danse la fille du fermier Pierrot.

Tout est préparé pour la danse :

> Au milieu de la place
> A un rameau fueillu pendent de bonne grace
> Les joyaux desdiez, miroirs, bourses, plotons,
> Gans, jartières, lacets, ceintures et cordons
> Et l'escharpe pour cel, qui natif du village,
> Dancera plus dispost, plus gaillard et plus sage :
> Maint paire de cousteaux, maint panage gallant,
> Ou d'Orfraye, ou d'Autrusche en l'ær va bavolant [1].

[1] Voltigeant (Du Cange).

Atant sur l'eschaffault la musique commence
De quatre bons haults bois qui animent la dance.

Parmi les jeunes gens, on y voit un lourdaud qui jette les jambes sans nulle cadence, tandis qu'un autre a appris à « faire les cinq pas » et qu'un troisième, « cuide danser le mieux, » parce qu'à Paris, ce fils de paysan

> Au lieu d'étudier allait le temps passer
> Dessus maistre François pour aprendre à dancer ».
>   Des villages prochains ores vient la jeunesse
> Qui augmente la dance et ensemble la presse :
> Et les filles qui sont désireuses de voir
> De trois et quatre lieux viennent à grand pouvoir...
> Cependant le cornet hautement esclatant
> En cent mille fredons sonne, et va chiquetant
> Le bransle solennel ; lors pleine d'alaigresse
> Se remet a dancer la disposte jeunesse :
> Mais entre tous on voit au milieu du carfour
> Les quatre valletons reluire tout au tour,
> D'un satin blanc vestus, qui, l'honneur de la dance,
> Suivent mieux que pas un le son et la cadence.
> L'un faict bien, l'autre mal : l'un dance bien dispos,
> Mettant son corps en l'ær, mais trop mal à propos :
> L'autre marche pesant, qui pourtant ne faict faulte,
> Et semble mieux dancer que celuy là qui saulte :
> L'un dance de costé, qui sot va gambadant,
> Or' d'un pied, or' de l'autre, et puis va regardant
> Si Paquette le void ; un autre bien plus sage
> (Ce luy semble) pour voir Janneton au visage
> Fleurtise à reculon, et resolu pitault [1],
> Pour l'amour d'elle faict par fois le petit sault.

L'auteur montre ensuite un danseur outrecuidant dont on se moque ; puis il continue, en décrivant ce que l'on pourrait appeler un « pas de deux » :

> Michault prend Marion, la tire de la dance,
> Et apres avoir faict une humble reverance,

[1] Pitaut, rustre, paysan.

> Il la baise à la bouche, et cliquetant des dois,
> Montre qu'à bien dancer il ne craint villageois :
> Or' il a les deux mains au costé, puis se tourne,
> Et devant Marion presente sa personne,
> Puis resaultant en l'ær gambade lourdement,
> Haut troussant le talon d'un sot contentement.
> La fille s'enhardit, et son homme regarde,
> Et à tout ce qu'il faict de près elle prend garde :
> S'il fait un sault en l'air, Marion saute aussi ;
> S'il dance de costé, elle faict tout ainsi :
> Tant qu'à les voir danser à tout le monde il semble
> Qu'ils ayent recordé leur tricotis ensemble.

Michault finit par offrir le bouquet à Marion, qui ne s'arrête pas, et choisissant un autre danseur,

> Puis dançant de plus beau saulte comme une pie.

D'autres incidents sont rapportés. Un présomptueux invite une belle pucelle « vestue en damoiselle », et se voit refusé, aux rires de l'assemblée.

> Bref, c'est plaisir de voir les pitaults villageois
> Tant des pieds que des mains danser en leur lourdois.

Les joyaux sont, par le milieu de la danse, distribués par les valets aux filles les plus accortes, tandis que l'écharpe est attribuée à un « honneste et bon soudard ». Pendant ce temps huit joueurs, divisés en deux camps, jouent à la longue-paume.

Gauchet a décrit également avec des accents de vérité la moisson et la vendange. Il montre le faucheur prenant sa faulx et son paquet, allant par les villages

> Se louer à quelqu'un qui lui donne bons gages :

Il le montre affilant sa faulx, travaillant par la chaleur, interrompant sa tâche pour prendre son frugal repas, puis reprenant son travail, tandis que la fermière le seconde.

> Quand le chaud du midi le cuit de sa chaleur,
> Il remet bas l'habit de petite valeur.
> Marion qui son bien plus que sa beauté prise,
> Jette bas le corset et besoigne en chemise,
> Ne se souciant pas si l'ardeur du soleil
> Noircira son beau teind au lieu d'estre vermeil...
> De cela n'a soucy ; tousjours couppe et moissonne,
> Et d'un bras qui n'est point mollement engourdi
> Travaille incessamment comme un homme hardi.

Les glaneurs surviennent ; on réprime les excès de « leur bande larronnesse », tandis que les « cocheteurs » ramassent l'avoine et la mettent en tas pour qu'on puisse l'emmener dans la grange.

La vendange est dépeinte sous des couleurs non moins vraies. Voici le mesnager, qui présageant le beau temps retient ses vendangeurs pour le lendemain ; voici « le conducteur de la joyeuse bande » qui assigne à chacun sa tâche, surveillant les filles, qui « friandes de nature », et « gloutes » cueillent des raisins, et

> N'en separent point trois, qu'ils ne mangent des deux...

Tandis que

> Le hoteur va et vient, gaillardement chantant...

Le repas du midi sépare en deux la journée, qui se prolonge jusqu'à la nuit :

> Aussitost vous voyez chacun trousser bagage
> Et le panier au bras retourner au village :
> Les filles d'un costé se prennent par la main
> Et chantent sans chommer la chanson en chemin.

Sous ce rapport, rien n'est changé depuis trois siècles. Claude Gauchet entre ensuite dans des détails techniques sur la façon de faire le « surmoust », sur le moust, sur la manière de faire vin bon et vermeil, sur le pressurage, détails qui doivent intéresser particulièrement ceux qui s'occupent de viticulture et qui ne peuvent trouver place ici.

On suppose que Claude Fauchet était prieur d'Autheuil-en-Valois; ce joli village est à 10 kil. de Villers-Cotterets, et ce sont les mœurs et les chasses du Valois que l'aumônier du roi aurait décrites dans son poème où l'on chercherait vainement le reflet de son caractère ecclésiastique. (Voir sur cet auteur et le pays qu'il a dépeint dans son poème un article de M. Ernest Jullien, dans les *Travaux de l'Académie de Reims*, t. LXIV, 325-373.)

III

Les plaisirs du gentilhomme champestre

C'est comme les précédents, un petit poème du XVI° siècle, imprimé à Paris, en 1575. Le président Bouhier et Brunet l'attribuent à Nicolas Rapin, qui le dédia à monseigneur de Pybrac, ambassadeur pour le roy en Pologne. Rapin décrit avec assez de charme la vie d'un modeste gentilhomme de campagne.

> Heureux celuy qui loing d'affaires,
> Comme les gens du temps passé,
> Avecques ses bœufs ordinaires
> Laboure les champs, que ses pères
> En propre luy ont délaissé ;
> De qui la noblesse cognue
> Ne vint jamais en question...
> De qui la maison est bastie
> Sans grande sumptuosité...
> De qui la terre bien bornée
> Se joinct au clos de la maison ;
> De prez et garenne entournée
> D'un bois et d'un estang ornée
> Et d'une fuye en la cloison.

Qui n'a point en son voisinage
Un prince ny un grand seigneur,
Mais seul commande en son village...
Qui n'estant embrouillé d'usure
Ny de rentes à prix d'argent,
Sa dépense à son bien mesure
Et sans faire à personne injure,
Ne craint ny juge ny sergent...
Qui n'est plus homme d'ordonnance
De monstre ny d'arrière ban;
Mais tient des armes pour deffense,
L'espieu, le harnois et la lance
Et six barquebuz de Milan;
Qui pourtant a veu de la guerre
Pour en parler en devisant...
Qui a trois chevaux en l'estable
Six chiens courans et deux levriers,
Six épaigneux; et pour la table
L'autour ou le limier traictable
Sans faulcons et sans esperviers;
Qui a le furet et la poche
Et les panneaux; tant seulement
Pour aider à fournir sa broche,
Quand une compagnie approche
Sans en user journellement.
Quelquefois il va veoir sa vigne,
Et la fait clorre de halliers,
D'aubespins plantez à la ligne,
Ou se pourmenant il aguigne
Le labeur de ses journalliers.

Le poète énumère alors les diverses occupations du propriétaire, surveillant ses troupeaux, son champ, son jardin; pêchant en la saison du carême, présidant à la récolte du miel, à la fenaison, aux moissons, au battage, à la vendange. A l'automne, il chasse, il invite ses amis, qu'il festoye

D'un cochon, d'un chapon, d'une oye
Et des pigeons du colombier.

Il y ajoute le gibier qu'il tue. L'auteur fait l'éloge de ces repas, où règne une gaîté cordiale, et termine en disant :

> Vivez doncq aux champs, gentils-hommes :
> Vivez sains et joyeux cent ans :
> Francs du malheur des autres hommes
> Et des factions où nous sommes
> En un si misérable temps.

Ce petit poème, qui est assez rare, a été réimprimé à petit nombre en 1853.

II

RICHES COSTUMES DES PAYSANNES DE CHAMPAGNE

Nous citerons une partie des mentions de costumes d'étoffes de soie ou de laine fine que nous avons trouvés dans les inventaires des Archives de l'Aube, en faisant observer que ces costumes, assez nombreux dans certaines localités, sont tout à fait des exceptions dans d'autres ; mais leur existence n'en atteste pas moins un degré d'aisance, qu'on se refuse d'ordinaire à reconnaître dans les campagnes aux deux derniers siècles :

1652. Femme de laboureur. — Cotte de serge de pourpre ayant le corps de satin bordé de velours, 7 l. 10 s. Devantier de damas gorge de pigeon avec une paire de manches de satin à fleurs, 6 l. (Lusigny.)

1679. Femme d'un charbonnier. — Cotte de serge rose seiche garny d'un corps de taby bleu, 4 l. 10 s. (Saint-Mards.)

1689. Femmes de laboureur. — Cotte de serge violet demy ussé garny de son corps de satin rose..., 3 l.

1690. 1 Cotte de rosse sesse avec son corps de damas, 4 l. 15 s. vendue à une fille ; cotte de serge d'Aumale grise garny de son corps de brocard, 8 l. 6 s. ; un petit morceau de taby blanc pour faire un corps, 30 s.

1694. Cote de drap couleur de rose sèche garnie de son corps de damas; une paire de brassières de pareille qualité, xii l. (Aumont.)

1702. Femme d'un laboureur. — Jupe de serge violette; corps de satin rouge à fleurs garny de ses manches de serge rouge (Saint-Mards.)

1704. Femme d'un laboureur. — Un cotillon de serge violet garni de son corps de satin, une autre cotte de serge blanche garnie de son corps de damas, 12 l. (Cervets.)

1719. Manouvrière. — Un corps de damas garni de sa barure avec un autre de couleur cerise, 7 liv.

— Manouvrière. — Une cotte de drap coulleur rouge garnie de son corps de brocard et de sa barure, 10 l. (Laines-au-Bois.)

1721. Manouvrière. — Cotte de drap bleu, garni de sa barrure par le bas; une paire de manches de drap bleuté avec un corps de brocard marbré, 8 l. (Prugny.)

— Femme de laboureur. — Une cotte de serge pourpre garnye de son corps de damas orange garny de guipure, garny de passemens de soye par le bas, 25 l. — Une cotte de futaine à grains d'orge garnye de son corps de damas vert à fleurs, avec deux rubans aux espaulières, 12 l. — Autre cotte rouge de serge de Londre, garnye de son corps de damas orangé, garnye de guipure par le bas et le corps de la dentelle, 25 l.

1722. Cotte de drap couleur de rose saiche et corps de brocard (Vauchassis.)

— Vigneronne. — Corps de brocard à fleur, de satin et de dauphine, 7 l. (Laines-au-Bois.)

1723. Manouvrière. — Cotte de drap couleur violet, garni de son corps de brocard, 15 l. (Vallées.)

1725. Manouvrière. — Un corps de dauphine coulleur noisette et un autre corps de satin à fleur, 1 l. 15 s.; un autre corps de satin à fleur et de drap couleur rose saiche (Laines-au-Bois.)

1726. Manouvrière. — Corps de damas à fleur garni de ses manches de serge blanche; un autre de drap musque garni de ses manches; un autre de serge couleur lie de vin (Vauchassis.)

1726. Corps de soye, un cramoisy, un de droguet (Brébant.)

1728. Femme d'un laboureur. — Cotte de droguet blanc à corps de serge guipurée ; autre cotte de serge blanche guipurée par le bas garnie de son corps de damas à fleurs, 25 l.; autre de serge couleur rose seiche guipurée par le bas garni de son corps de satin guipuré, 10 l.; autre de serge grise garnie de son corps de damas guipuré, 22 l. (Montiéramey.)

1745. Jupe de serge rouge garni de son corps de satin et par le bas de guipure, tablier de dauphine, 20 l. (Larrivour.)

1750. Manouvrière. — Un corset de satin sans manches, un corps de serge noire (Vauchassis.)

1753. Manouvrière. — Corps de brocard, de drap, de crespe à fleurs, d'estamine, etc. (Prugny.)

1754. Manouvrière. — Un tabelier de gros de Tours avec un carré de damas à fond rouge, avec ses manches de damas blanc piqué, 20 l. (Cervets.)

1758. Fermière. — Deux corps de soie avec brasses de serge noire (Longsols).

— Femme de laboureur. — Corps de damas avec jupe de demy Londre (Saint-Parres-aux-Tertres.)

1759. Juste et tablier de droguet de Paris, 10 l.; habit noir complet, 10 l. (Coclois.)

1760. Un corps de damat avec ses manches de damat, 1 tabellier de gros de Tours, une cotte rouge (Saint-Léger.)

1762. Paire de manches de crespe avec corps de damas à fleurs, 12 l. (Daudes.)

1766. Manouvrière. — Un corps de damas sans manches et un tablier de demi *grosse tour*, 10 l.

— Vigneronne. — Corps de damas à fleurs avec sa pièce, 12 l., de drap couleur de poil de souris, 7 l., de crêpe garni de manches, d'espagnolette, etc. (Laines-au-Bois.)

1773. Manouvrière. — Jupe de serge blanche avec corps de damas. Corps de chiamoise (siamoise.)

1775. Femme d'un laboureur. — Corps de damas avec jupe de popeline et un tablier de gros de Tours, 15 l. (Vauchassis.)

1775. Manouvrière. — 2 corsets de damas à fond rouge... (Gérosdot.)
1776. Cotte rouge garnie de sa guipure (Montiéramey.)
1779. Femme de laboureur. — Un corps de brocard garni de ses manches; un corps de drap d'Elbeuf couleur de poil de souris (Prugny.)
1780. Manouvrière. — Corps de damas à manches de serge blanche... Une jupe serge blanche avec un corps de brocard garni de ses manches..., 6 l.; justes de drap et d'espagnolette, 9 l.; tablier de toile peinte (Vauchassis.)
1785. Femme de laboureur. — Une paire de manches de damas en soie..., une jupe de rase, — un tablier de soie, 7 l. (Chevillelles.)
1786. Un corps de damas avec une pièce aussi de damas (Daudes.)
1787. Femmes de laboureur. — Un corps de damas, 40 s... un corps de damas garni de ses manches de serge — (Chevillelles.)
1788. Habit complet d'étoffe à la reine, 25 l., corps piqué de quadrille des Indes, juste de toile d'Orange, etc. Jupe de siamoise des Indes (Ibid.)

III

INVENTAIRES DE PAYSANS

Les inventaires que nous publions sont pris au hasard au milieu d'une infinité d'autres; sauf celui qui s'applique au contenu d'une boutique de marchand rural, ils concernent pour la plupart les biens meubles de petits laboureurs ou de manouvriers. Nous n'avons pas eu entre les mains assez d'inventaires de l'Auvergne pour pouvoir établir une comparaison rationnelle entre l'aisance de cette province et celle de la Champagne; mais d'après l'inventaire des environs de Brioude que nous donnons, il semble que la richesse y ait été bien moindre qu'elle ne l'était au xvii° siècle en Champagne. Nous appelons l'attention sur l'inventaire d'un laboureur de Mesnil-Saint-Père, en 1709; comme beaucoup d'autres de la même époque et de la même province, il est loin d'être en rapport avec l'état de misère qu'on attribue généralement aux villages de France au commencement du xviii° siècle.

I

Laboureur

(Dampierre, 1540.)

En la cuysine, 2 chenetz de fer forgé et une cremaillée, 3 s. 4 d. t. — 1 trepiedz, 6 d. — 1 table sur 4 pieds garny de 2 bancs, 6 s. — 1 mect de boye de chesne..... 15 s. — 1 marchepiez servant devant le lict, non fermant à clef, 5 s. — 1 chasly de bois de chesne ouvrage de menuysier, 15 s. — sur lequel un lict garny de sa toie, traversin de plume, couverture de tyretaine blanche et... 2 draps et un oreillers, avec ung ciel et 2 pens de courtines garny de manteletz à franges, 9 l.

1 coffre ferrez fermant à clef, 20 s. — Dans lequel : 1 jacquette de drap noyr doublée tyretaine blanche, 100 s. — 1 pièce de thoille de masle, 9 s. — Une autre 2 draps de toilles neufve, 30 s. t. — 1 nappon, 5 s.; 8 serviettes, 10 s. — 2 manteaulx de pane (l'un doublé) de peaulx d'aigneaulx blancs, 25 s. t.; une layette de bois où sont les titres des héritages de la famille. — 1 seille de planche à cinq estages, sur laquelle y a esté trouvé en estaing tant petits platz que grands, 13 livres, 3 s. 9 d.; 1 pot de fer, 6 l.; 1 plus petit, 1 poesle de fert à queue; chaudière; 1 mortyer de pierre, 2 s. — 1 payre

de forces, 2 s. — 1 petit chandelyé de cuyvre, 2 s. t. — 1 fourgon en fer, 2 s. t. — 1 lampe, 3 s. 3 d. — 1 sac de tresly, 2 s. — 1 panier à faire paste, 20 d. — 1 scabelle à asseoir, 15 d. — 2 eschardres de terre, 10 d. — 1 petit estoc de boys sur quatre piés, 12 d.

Près la cuysine : 1 viel coffre de chesne, 2 s. t. — 3 muids vuydange garnys de leurs fers, 16 s. t. — 1 cuve. — 1 feuillette vin blanc, 25 s. t., etc.; 1 salloyr à sallé lard, 2 s. t. — 1 enthonnoyr.

Grenier : 1 lit garny de sa toie, etc., 60 s. — 1 coffre de chesne ferré, etc.; 3 draps de lict, 30 s. — 3 nappes de chanvre, 3 chemises. — 1 petit chalit, avec toie, traversin, etc., 30 s. — 10 pièces de grand planche, 20 s. — 1 grant table à 1 forme, 10 s. t.

Estable à chevaulx : 1 jument, 100 s. — 1 petit cheval, 100. — 1 petit poulain roncin, 20 s., tous garny de leurs aharnechemens. — 1 pourpoinct à usage d'homme, 2 s. 6 d. — Planches, etc.

Estable aux brebis : 28 pièces de brebis, 18 l. — Estable aux vaches : 1 vache, 100 s. t.

Grange : seigle a battre, 3 l. 4 s. — Orge, avoine, taceau de foin, 25 s. — 1 chart de 4 roues ferrées garny de bancard de moisson, 100 s. t. — 1 eschelle, 10 s. — 1 charrue, 1 bynois. — 1 jeune couchon, 10 s. — volailles, etc.

II

Laboureur

(Environs de Brioude, 1638.)

Cremayer fer, 7 s. — Une poesle à frire, 8 s. — Deux olles... 30 s. — Une petite chaudeyre, 40 s. — Une petite couppe cuivre, 4 s. — Un petit seau lié de fer, 6 s. —

Deux petits seaux pour prendre le laict, 5 s. — Une lampe cuivre, 2 s. 6 d. — Une allebarde, 35 s.

2 petits coffres vieux avec leurs barres et serrures, 20 s. — Une maist à paistrir pain, 12 s. — 2 couvertes vallant les deux 35 s.— Six linceux et demy uzés, 4 l.— 2 nappes, 5 s.

Trois says couleur bled de peu de valeur, 8 s. Ung manteau dud. feu Bruyère, son habitz et trois chemises que (la veuve) dit vouloir employer pour habiller ses enfants.

Dans le charnier une pièce lard pesant huict livres, 24 s.

Ung paire beufz arables poils froment, 54 l. — Deux vaches pleines, l'une poil froment et l'autre rouge... 34 l. — Deux veaux... 14 l. Un veau, 30 s. — Deux vaches, quatre braves, une paire de beufz... 4 brebis et troys agneaux, 9 l. — Une truye et cinq petits pourceaulx, 11 l. — 10 gelines ou pouletz, 30 s.

Deux cherriots, 2 jougs garnys, 30 s. — Deux socs sans araire, 30 s. — 15 claies de parc rompuz, 10 s. — 2 fléaux à battre bled, 5 s. — Une fourche fer, 2 s. 6 d. — Un fourchet, 7 s. — Une pioche, 8 s.

(Pièce communiquée par M. Paul Le Blanc.)

III

Femme d'un homme de journée

(Issy, 1665.)

Cremaillière, chenets, gril, pincettes, etc., 8 l. — 2 marmittes de fer et ustensiles de cuivre, 6 l. — 1 chaudière et 2 chaudrons, 6 l. — 1 pot à mettre du lart garny de son couvescle, 10 l. — Un autre semblable, 10 l. — 30 livres de vaisselle d'étain, 15 l.

Une huche de bois de chesne, 6 l. — Une table garny de son chasi et deux bancelles, 4 l. — Un lit garny de custode, bonnes graces, lit couty remply de plume, deux couvertures, etc., 55 l. — Un coffre de bois de chesne tel et quel avec sa serrure à clef, 4 l. — 4 chaises garny de paille, 12 s. — Un mirouer d'une moyenne grandeur, garny de son cadre de couleur noire.

Dans ledit coffre : 4 draps de toile de chanvre de 4 aunes 1/2 ou environ, 12 l. — Une douzaine chemises, 15 l. — Une douzaine 1/2 de serviettes de plusieurs grandeurs, 9 l. — Une douzaine et demie coiffe corne à usage de femme, 12 l. — Deux douzaines de mouchoir de col et à moucher, usage de femme, 10 l. — Autre paquet de linge, 6 l. — Une douzaine 1/2 de collest de thoilles tel quel à usage de femme, 9 l. — 8 creveches à usage de femme de thoille, 40 s. — Un corsé de toile de bassin garny de ses manches, 40 s. — 3 tabelliers de toile de chanvre, 30 s. — 20 livres de fil escru, 10 s. — 1 paire d'habitz de couleur noire, chemisette, cotte et tabellier de serge d'Aumale, 18 l. — Une autre paire d'habitz, chemise, cotte et tabellier, la cotte de serge d'Aumale rouge, la chemisette et tabellier de serge de Londre, 22 l.

(Archives nationales, Z³ 1236.)

IV

Femme de Laboureur

(St-Blaise, paroisse de Mesnil-St-Pierre, 1709.)

Chambre où la défunte est décédée : Cremillier, etc. Marmitte, écumoire, chaudières de fer et d'airain, poêle, poellons, seau à puiser eau, sapine, lanterne de fer blanc. Saloir à mettre sel fermant à clé.

26 livres d'estain, 10 l. 8 s. Table de chêne et son chassis, deux barres aussy de bois de chesne, 3 l. Une mäit, 2 l. 10 s. — 1 petit coffre fermant à clef, une marche de bois de chesne.

1 chalit d'alizié avec son fonds, 3 l. Lit garni de plumes pesant 60 livres, 15 l. Une mante de laine blanche avec le tour de lit de serge verte en 3 pièces avec la cortine, 20 l.

Un coffre de chesne, ou se trouvent : 1 justacorps de serge grise, avec un manteau de serge grise, 30 l., 4 dras de toile commune, 8 l., 2 nappes, 3 l., 23 liv. de chanvre, 15 serviettes de thoille commune, 3 nappes de même, 2 coupons de 2 et de 17 aunes de toile, 2 carrés avec un tablier, 3 cornettes, 3 mouchoirs, 7 chemises usage de la défunte, 1 lange de serge, 1 p. de brassières de serge de Londre bland, 2 autres de même étoffe « gipeuré », autre paire de brassières de thoille de couton couverte de dentaille, 3 l. — Un habit noir de serge de lad. deffunte, 1 garde robe et une paire de brassières, 4 l., etc. — Dans une petite boîte de sapin bland ; 3 cornettes, 3 mouchoirs, 1 chevreau, etc., 4 l.—1 cotte de droguet bland, bandé par le bas de deux bandes, 6 l.—Autre de serge jaune, 3 bandes par le bas, 6 l. — Autre de serge rouge garnie de son corps de damas gipeuré par le bas, 8 l. — Autre de serge rouge garnie de son corps de brocard à fleur bandé de galon argenté et gipeuré par le bas, 20 l. — 1 cotillon de toile de cotton avec 1 cotte de futaine, 12 l.— 1 cotillon de toile et corps de futaine, 3 l. — 1 cotte de futaine avec son corps de damas gipeuré, 4 l. — 1 cotillon de toile, 1 justacors de serge, etc., 2 tabliers, 1 petite boitte où se trouvent 2 rosettes de riban avec 4 aunes de riban de soix, 1 l.

1 fusil de 4 pieds ou environ ; 1 moulin à poivre, 1 lampe en cuivre à 1 feu.

Dans une petite chambre attenant à la cuisine servant de laiterie : baratte à beurre, 8 cercles à fromage, etc. — 1 tour à dévider, 1 lampe.

Dans une autre chambre : un lit avec son cuissin pesant 20 l., 1 cuvié avec sa seille, 1 broche à tourner rôt, etc.

Grenier : 8 setiers d'avoine.

Estable aux vaches : 8 mères vaches, ens. 100 l. — 3 annaux, 50 l. — 1 veau de l'année, 5 l.

Sou à porc : 2 mères et trois lancerons, 20 l.

Grange : Paille, charette, 20 l. — Charrue, 2 l. 10 s.

Écurie aux chevaux : 1 petit lit de plume, 3 l. — 4 cavales, 110 l. — 2 petit chevaux, 47 l. — 3 poulains, 90 l.

Poulayé : 15 poules, prisé 5 sous pièce.

Aucune indication de propriétés.

V

Manouvrier

(Thil, 1744.)

Cremillière, etc., 2 l. — 2 poches, 1 écumoire, 1 poêlon, 1 l — 2 marmittes, 2 chodières de fonte, 4 l. — 1 chandelier et 1 bassin de potain, un chauderon d'airain, 3 l. 10 s. — 23 livres d'estain, 17 l. 15 s. — 1 fusil et 1 pistolet, 3 l.

Une met a pétrir pain, 1 saloir, 2 chaises garnies de paille, 3 l., une mauvaise seille à puiser eau, etc. — 1 hache, 1 grande serppe, 4 petites, 1 enclume à battre la faux, le marteau et la faux, 3 l. — 1 lochet, 1 crot, etc., 18 s.

Un cartier de lard avec 2 jambons, 3 l. 4 s.

Dans une autre chambre : coffre de bois de chesne fermant à clef, 1 l. 10 s. contenant : 7 draps, 5 aunes toile de chanvre, 14 l. ; 3 nappes, 3 serviettes toile, 3 l. ; les habits, savoir : un habit drap gris, un habit de droguet et culotte, 1 vieille camisole et 1 culotte de boge, 3 l. ; 6 chemises, 2 paires de bas, 1 de laine, 1 de toile, 1 vieux chapot, 1 pere de souliers et 3 cravates, 5 l.

Un chalit bois de chesne sans coeffe, 1 l. 10 s. — 1 lit de plume et son traversin pesant 30 l., 9 l. — 2 couvertures de boge et un paliace de canevat, 1 l. 10 s. — 1 tour lit de boge brun en 4 pièces, 3 l. — 1 paire de draps, 4 l.

Dans la cave : 1 métier de linier, 5 l. — Dans la grange, 1 petite cuvette, 9 muids, 6 feuillettes vuidange, etc., 15 l. Dans un des muids, 30 pintes de vin. — 2 voitures de bois de fagots, 2 l. — Dans l'écurie des brebis, 30 bestes à laine, 40 l. — Au grenier, vieux sacs.

Propriétés : Maison, avec jardin et aisances. — Autre petite maison, dans la même paroisse, louée 3 l. 11 s. — 5 hommes de vignes en 2 pièces. — 28 quartiers et 2 journels et demy de terre en 10 pièces. Les 28 quartiers sont estimés 24 l. 2 s. ; les autres ne le sont pas.

Il est dû au curé, pour les services funèbres, 26 l. ; au chirurgien pour médicaments : 6 l. 10 s. — A un autre chirurgien, 2 l. — Pour viande et sucre fourni pendant la maladie du deffunt et pour les liards fournis pour l'offerte, 3 l. — Pour des charrois, 2 l. 10 s. — Au collecteur, 14 l. 3 s.

VI

Marchand

(Thil, 1755.)

Ce marchand s'appelle maître Claude-Thomas Jeudy ; il est en même temps procureur fiscal et cultivateur. Il est à l'aise ; il possède 151 pièces de terre de minime contenance et 17 pièces de pré d'une demi fauchée à un quartier (quart d'arpent). Ses écuries contiennent 3 chevaux, estimés 300 l. et 7 vaches valant 170 l. Le village de Thil contient actuellement 342 habitants ; il est situé à 16 kil. de Bar-sur-Aube. Ce qui donne un certain intérêt à l'inventaire des marchandises, c'est qu'elles nous font connaître les habitudes, les besoins, le degré d'aisance des paysans qui les achètent. On remarquera, entre autres objets, seize couronnes de fiançailles.

Dans la boutique : 27 aunes 1/2 d'espagnolette, 63 l. 5 s. — 35 1/4 serge de Berry, 54 l. 12 s. — 17 1/2 flanelle, 36 l. 15 s.— 11 1/2 façon St-Nicolas, 13 l. 16 s.— 18 a. 1/4 toile à matelas, 16 l. 8 s. 6 d. — 70 droguet gris et blanc, 61 l. 5 s. — 42 a. tirtenne, 36 l. 15 s. — 5 froc blanc frisé, 9 l.— 23 1/2 Daufine laine, 19 l. 19 s. 6 d. — 16 croisé noir, 23 l. 4 s. — 4 couvertures blanches, 38 l. 5 s.— 11 serge verte impériale, 14 l. 6 s. 6 d. — 12 serge de Mouy verte, 19 l. 16 s. — 9 rouge, 14 l. 17 s.— 8 1/2 Londre rouge, 19 l. 1 s.— 26 1/2 flanelle rayée croisée, 30 l. 6 s. 3 d. — 26 1/2 fine de Rouen, 38 l. 8 s. 6 d.— 37 toile mouchetée, 55 l. 10 s.— 34 3/4 crespon, 53 l. 17 s. 9 d. — 30 1/4 2 soye, 39 l. 6 s. 6 d. — 13 3/4 étamine foulée, 18 l. 10 s. 3 d. — 13 1/2 calmande, 19 l. 13 s. 6 d. — 9 fine, 13 l. 19 s. — 41 1/2 cadi, 31 l. 3 s. 6 d. — 8 1/2 sezannaise, 19 l. 2 s. 6 d., etc. (toile à carreau, treilly vert, étamine rayée, toile de Rouen, boge (12 a.), toile en étoupe, toile sans aprêt, bougran), 4 aunes mousseline, 9 l. — 9 bonnets à 9 s. pièce. — 14 bonnets d'enfant à 4 s. — 7 paires de bas, etc. — 4 p. de gans. — 23 fichus à 8 s., 14 à 9 s., 10 à 18 s. et 18 à 20 s.

Clous à tout, à cheval, à souliers, à latte ; 18 étrilles ; 150 l. fonte. — 150 bouchons de liège.

5 douzaines peignes de bois, 1 douz. 1/2 corne, ens., 2. l. 7 s. — 10 petits miroirs de carton, 5 l. — 18 p. de boucle d'homme, 3 l. 12 s. 6 p. de petites, 9 l.

18 couteaux manche de bois à 1 s. 8 d. — 2 douz. à 21 s. la douz. — 11 de corne à 1 s. 9 d., etc.— 9 canifs. — 17 étuis de bois.

4 Psautiers de David, ens. 14 s. — 8 Pensées chré-

tiennes, 1 l.— 8 autres livres, 2 l. 4 s.— 2 Vie de Jésus-Christ, 6 s.

Boutons de manche, 4 l. 5 s.; 15 pipes à fumer, 1 l. 5 s.; aiguilles à tricoter, une douzaine de pipes de plâtre, 5 s. — 3 douzaines de plume, 7 s. — 1 boîte couperose, 1 l. 10 s.— 5 livres Bois d'Inde, 1 l. 5 s.— 3 liv. amidon, 10 l. 16 s. — 1 cent de pierres à fusil, 8 s. — 2 l. de poivre, 2 l. 8 s.— 9 liv. de sucre à 12 s.— 4 décrottoirs à souliers, 8 s. — Jarretières, etc. — 12 liv. de poudre à poudrer à 4 s. — 1/4 sucre d'orge, 4 s. — 2 liv. de dragées à 32 s. — 1 dousaine de chapelets à larmes de Job, 12 s. — 16 petits colliers d'enfant, ens. 7 s. — 19 garnitures de boutons d'habits et veste, 14 l. 5 s. — 34 garnitures jarretières de fil, 4 l. 5 s.— 1 paquet d'allumettes, 6 s. — 24 aunes dentelle commune à 3 s. — 16 couronnes de fiançaille, 3 l. 4 s. — 12 lacets de soie. — 140 aunes tresse rayée.— Rubans noir, 10 l.— 4 liv. de chandelle.— Poudre à tirer, 1 l. 8 s.— 3 liv. de plomb royal, 15 s. — 73 aunes ruban vert, jaune et blanc à 5 s.; 37 à 3 s. — 3 chapelets de cristal, 1 l. 8 s. — Noix de galles, clous de girofle, muscade et canelle, 3 l. — 1 rame 1/2 de papier, 3 l. 10 s. — 24 cahiers de papier à lettre, 1 l. 2 s. — 2 milliers d'épingles, 1 l. — Eau-de-vie, 8 l. — Vitriol, 1 l. — 1 moulin à pesvre, 28 dés à coudre, ens. 14 s. — 1 liv. réglisse, 8 s. — 1 miroir avec un bassin de faïence propre à faire barbe, 12 s.

VII

Femme d'un laboureur

(Lajesse (Aube), 1783.)

Crémaillé, paire de chenets et pelle à feu, 2 l. 5 s.— Deux chaudières d'airain, 6 l. — Une chaudière de fonte, 2 l. — Peson pesant 20 l., bassin à puiser eau, poche de fer ou poëlon.

5 assiettes de faïence ; 6 cuillers d'étain, 1 l. 5 ; une tasse d'argent sur laquelle est imprimé E. Beugnot, 15 l. — Une lanterne, une boîte sapin, 15 s. — Un fusil avec une lumière de potain, 3 l.

Une met de bois de chesne longueur de quatre pieds et demi, 4 l. Un coffre de noyer, même longueur et fermant à clef, 10 l. Autre coffre en chêne, même longueur, 14 l. Une table de chêne avec un banc, 2 l. — 4 chaises à fond de paille, 10 s. — Un bois de lit de bois de chesne garny de son fond, 8 l. ; un tour de lit de serge verte avec la courtine, 14 l. ; un lit de plumes pesant avec ses taies et le traversin, 50 liv. à 20 s., ci 50 l.; une couverture de boge consistant à neuf aunes avec une autre de gaillon, 15 l. ; 2 draps de toile commune, 12 l.

Coupons de toile et paquets de fil, 7 l. 1 drap de toile, 4 l.

1 cotillon avec une paire de manches et un tablier de serge noire, 4 l. — 3 cotillons de toile, 6 l. — Un cotillon de serge violette, 5 l. — Un cotillon barré en laine burée avec un tablier de toile mouchetée, 5 l. — 3 justes de boge, 3 l. — Un juste de drap et un de crêpe, avec 2 corsets de toile mouchetée, 6 l. — Un tablier en toile de coton, 3 l. — 2 tabliers de toile commune, 3 l. — 1 mouchoir de mousseline et 2 d'indienne avec un autre de mousseline rayée, 6 l. — Un mouchoir de toile barrée, 1 l. 4 s. — 3 cols de femme avec une paire de bas, 1 l. 5 s. — 8 cornettes de mousseline, 8 l. — 4 cornettes de toile barrée, 1 l. — Une croix d'or avec son assertissement d'argent avec l'anneau aussi d'argent, 17 l.

Fer de charrue, 1 marteau à battre faux, 2 p. de tenailles, 6 l. — Une chopine ou demi setier de fer blanc, un entonnoir, 1 l. — 2 paniers à feu avec un panier de bois d'osier, 1 l. 18 s. — Une bêche et une pioche, 2 l. — 2 cabats, 1 van d'osier, 1 fléau, 1 fourche, 4 l. 4 s., etc. Une grande charette, 6 l. — Un tombereau avec un camion, 5 l.

6 boisseaux chenevis. 11 l. 8 s. — 2 feuillettes et un muids de vin, 27 l. — Foin. 50 bottes de feuillée, 5 javelles de paisseaux; 20 bottes de paille à 2 s. la botte; 25 boisseaux d'avoine, 30 l.; 100 bottes de foin, 30 l.; 1 boisseau de poix roux et 1 de poix aricot, 3 l. chaq.; 3 voitures de fumier, 6 l.; 2 voitures de bois, 6 l. (Archives de l'Aube, sect. judiciaire, n°s 1523, 1281, 1409, etc.

IV

INVENTAIRE D'UN FERMIER

1652.

Ce fermier se nomme François Hulot; il demeure à Chantelot, paroisse de Lusigny. Il paie un fermage annuel de 210 l., plus 3 poulets, 3 chapons et 6 fromages, aux religieux de l'abbaye de Saint-Loup à Troyes. Ses meubles meublants et ses vêtements diffèrent peu de ceux d'un simple paysan; mais son matériel agricole est plus considérable et ses animaux domestiques bien plus nombreux.

La chambre où Hulot est décédé renferme la garniture de foyer ordinaire; chenets de fer battu (20 s.), crémaillère de fer à crans (5 s.), les ustensiles de cuisine : une léchefrite, une marmite avec couvercle, un rostier de fer, une poesle et un poeslon de fer, un brioux à brier du poivre, une chaudière de fer, une grande chaudière d'airain, 23 livres d'estain en plusieurs ustensiles de ménage (3 l.), 3 seaux de bois — une lumière de cuivre avec sa queue, (25 s.); une harquebuze à fusil (7 liv.) — une table de bois de chesne avec ses treteaux, ung banc et une forme (30 s.); une met de bois de chesne

(40 s.); une paire d'armoires de bois de chesne (30 s.); une chaize de bois de chesne fermant à clef (15 s.) — Dans le « chalit de bois de chesne avec son fond » se trouvent « un lict et cuissin de plume pesant avec ses thoix la quantité de 40 livres à six solz la livre... un bourat de lict de quatre aunes et demie (20 s.), trois draps de thoille de masle (4 l.) — Le linge est peu considérable. On compte seulement 2 méchantes nappes, 3 serviettes, 4 chemises et 2 toiles à main (ens. 6 l.)

Les vêtements du fermier se composent d'un manteau de drap noir (5 l.), d'un manteau de serge grise (15 l.), d'un haut de chausses, d'un pourpoint de boge, et d'une « camisette de ratine rouge » (12 l.), de hauts de chausse de serge de Londre, de treillis, de tiretaine, et de deux « meschans petis pourpoints de thoille. »

Un coffre de chêne renferme aussi les vêtements de la femme de Hulot, qui était décédée avant son mari : ils consistent en une robe de drap noir bordée de velours, un garde robe de serge noire (3 liv.), une paire de manches de fustaine avec un rochet de toile blanche (40 s.), et divers vêtements que nous avons mentionnés plus haut, page 316. Dans le même coffre sont enfermés des « fardeaux de fil de fumelle (chanvre femelle), de fils d'étoupes, etc.

Ce coffre est placé dans une autre chambre que celle dont nous avons décrit le mobilier. On y conserve deux ciels de lit, l'un de thoille garny de ses franges, estimé 50 s., l'autre également « de thoille blanche garny de son dessus et frange avec deux pandz et une custode de thoille », valant 15 liv.

Les étables sont mieux garnies que les chambres. Les deux étables à vaches renferment l'une 9 vaches et 2 veaux, l'autre une vache, un bouvillon de deux ans, une petite génisse rouge d'un an et quatre veaux de l'année sous poil rouge. L'étable aux chevaux abrite 7 cavales, 3 chevaux et un petit cheval d'un an. Dans la cour se trouvent un « char garni de ses quatre roues et autres ustancilles » (25 l.). Un autre char, de 30 l., deux charrues « garnies de leurs rouelles de bois et autres ustanciles « estimées 5 et 6 liv. Une chambre renferme 3 « rastelliers » 4 « herches », 2 brancards, etc. Un grenier est plein de 7 muids « vuidange », de trapans, etc.; on y garde dans un coffre 13 livres et demie de chanvre mâle à 8 sous la livre, 3 boisseaux et demi de navette, à 20 s. le boisseau. On trouve ailleurs 118 livres de chanvre, provenant sans doute des chennevières d'Hulot. Mentionnons aussi un « gros saloir de bois de chesne. » Le fermier utilise le lait de ses vaches à la fabrication du fromage ; il a une auge à fromage, 3 petites cloies, plusieurs chasserottes, etc.

Le chapitre des dettes passives du défunt indique qu'il est en retard dans ses paiements. Outre les fermages de l'année, il doit aux religieux de Saint-Loup 81 liv. 12 s. sur les années précédentes. Depuis qu'il est veuf, il a peut-être fréquenté les cabarets, car il doit 8 l. 5 s. à deux taverniers de Lusigny et 8 liv. à un tavernier de Montreuil, pour « despence de bouche. » Il a de nombreuses dettes ; il doit 40 l. au collecteur, 10 l. au meunier, 18 s. 6 d. à un tailleur d'habits de Lusigny ; 6 liv. « à son serviteur domestique, pour ses services ». Il a été marguillier, et il doit 75 l. à la fabrique de sa paroisse. Il doit 120 l. à un chanoine de Saint-Loup, Pierre de Lestin. Enfin les frais de sa dernière maladie et de ses funérailles figurent en ligne de compte : 5 liv. à un chirurgien de Montiéramey, « pour l'avoir pansé et médicamenté ; » 20 s. à un autre chirurgien du même village, pour deux saignées ; 17 l. à un apothicaire de Troyes, pour drogues ; 19 l. 15 s. au prieur de Lusigny, pour services funèbres ; 6 l. au sonneur ; 6 liv. pour les prêtres et religieux qui ont assisté à l'enterrement ; 6 liv. pour le luminaire ; enfin 27 liv. 13 s. à un tavernier de Lusigny « pour la despence qui a été faiste le jour de l'enterrement dudit deffunt et services, pour le pain offert tous les dimanches à l'église que pour le bout de l'an. »

V

DOTS DE PAYSANNES

Les extraits de contrats de mariage suivants, que je dois à l'extrême obligeance de M. Paul Le Blanc, attestent une certaine aisance, au milieu du xviie siècle, chez les paysans des environs de Brioude. Il est intéressant de les comparer avec ceux des cultivateurs des environs de Troyes. On remarquera que la dot des paysannes d'Auvergne consiste surtout en objets mobiliers.

1611. Le frère de Jeanne Graveyron, lors du mariage de celle-ci avec un laboureur, lui constitue en dot : « Pour faits nupciaulx non restituables la somme de 5 livres, payable paravant la célébration dud. mariage et en doct et chancère la somme de 35 livres, plus un lict de basle (d'avoine) et 2 linceulx; une couverte de layne blanche neufve, avec ses courtines, ung pot en fer, une courmalière, une poêle à frire et une autre pour faire de bouillie aux enfants; plus 3 robbes à son usage qu'elle a de présent, plus son coffre de sapin, fermant à clef, garny de son menu linge, lesquels coffres et menu linge payables avant la célébration du mariage, etc. »

1611. Jehanne Gailhard, qui doit épouser un laboureur, se constitue d'elle-même : « La somme de 45 l. qu'elle a dict avoir gagné de ses salaires, plus une arche de sapin fermant à clef tenant environ six cartons avec son menu linge, une robbe de serge neufve avec ses doubleures... Sa mère lui donne « une grande arche de sapin fermant à clef, tenant environ six septiers, 2 linceulx, une coitte et cussin de basle, un brebis meyris avec son (agneau).

1611. Jehanne de Granchamp, fille d'un laboureur, reçoit : « La somme de 3 livres, quatre cartons bled froment mesure de Brioude, 5 pots vin claret mesure de Saint-Ilpize, et en dot et chancère pour tous ses droits paternels et maternels la somme de 90 l. »

1641. Jeanne Valence, fille d'un laboureur, se constitue en dot : « La somme de 30 liv. qu'elle a gagnée pendant les années de service qu'elle a employés à la ville de Brioude ; plus une robbe neufve et une gounille de drap à l'usage des païsans ; une coitte cuissin de basle, une couverte de layne blanche, et un coffre de sapin fermant à clef. »

1642. Catherine Aubazat, fille d'un laboureur, se constitue en dot, outre ce qui lui est fait par son père : « La somme de 30 l. qu'elle a proufité chez les maitres pendant le temps de son service ; plus deux linceulx de toile commune neufve, une couverte de layne blanche, ung paire de courtines, 3 rideaux pour mettre à la muraille et garde jour du lit en toile blanche, six serviettes, une robbe de drap violet amarante neuf, plus une robbe appellée gounille, plus un coffre de sapin fermant à clef, fait en menuiserie, garny de son menu linge. »

1644. Marie Bourel... « Une coitte cussin de basle, deux linceulx ; une couverte de layne fabrique de Saintillours ; un paire de courtines de toile avecq leurs franges de filet ; trois robbes à l'usage de lad. future espouse ; une de drap noir et les autres de drap blanc ; plus un petit coffre fermant à clef. »

1646. Isabeau Chambon.... Un chalict bois de noyer, garny de sa palliace, coitte de basle et cussin de pleume, 4 linceulx de deux toiles communes, une couverte de layne neufve ; deux plats, une escuelle et une assiette d'estain, un pot de fer avec son couvert, tenant 8 escuelles ; une courmallière et deux robes neufves, l'une de drap noir et l'autre drap blanc ; plus deux ou trois robbes, l'une de couleur cannelle aussi en drap et l'autre drap gris, le tout à son usage, plus un coffre de sapin fermant à clef garny de son menu linge ; plus une somme de 100 livres gagnée durant son service.

1659. Dauphine Jouvenel, fille d'un tisserand de village...
Un lict garny de coiste et cussin de basle, deux linceulx, une couverte de layne pesant environ 16 liv., une paire de courtines de toile, plus un coffre de sapin fermant à clef garny de son menu linge, plus quatre robbes nuptiales, deux de drap de mesnage et les autres drap de marchand selon la qualité des parties ; plus pour frais de nopces une charge de vin claret et 5 livres d'argent, 4 cartons de seigle et deux brebis meyris ; et pour constitution de dot la somme de treize vingt dix livres.

VI

UNE CHANSON POPULAIRE

Parmi les chansons des paysans de l'Auvergne, que MM. Paul Le Blanc et Vernière ont bien voulu me communiquer, il en est une qu'on chante encore de nos jours à Pinols, dans l'arrondissement de Brioude, et qui mérite d'être reproduite, parce qu'elle formule les plaintes des paysans de l'ancien temps, qui supportent à la fois le poids des impôts et les rigueurs de leur dure condition. C'est une sorte de complainte, à coup sûr antérieure à 1789.

>Trois jours après sa naissance
>Ayant bien du malheur,
>Oh ! pauvre laboureur,
>Il faut prendre patience,
>Car si ta peine est grande,
>C'est pour te faire honneur.
>
>Le pauvre laboureur
>N'a trois petits enfants,
>Les mit à la charrue à l'âge de dix ans.

Qu'il pleuve, qu'il tonne, qu'il vente
Orage ou mauvais temps,
Vous trouverez sans cesse
Le laboureur aux champs.

Le pauvre laboureur
Ressemble un courtisan ;
Tout habillé de toile
Comme un moulin à vent.
Tout habillé de toile,
Ses guêtres bordées
Pour empêcher la terre
D'entrer dans ses souliers.

Le pauvre laboureur
Est toujours tourmenté,
Payant à la gabelle
Et les deniers au roi ;
Toujours devant sa porte
Garnison et sergent,
Qui crieront sans cesse :
Apportez de l'argent !

Le pauvre laboureur
Passant pour un vilain,
Nourrit la noblesse ;
N'y a rien de plus certain.
N'y a pas roi, ni prince,
Ni évêque, ni seigneur,
Qui ne vive de la peine
Du pauvre laboureur.

VII

PRIX DES ANIMAUX DOMESTIQUES AUX TROIS DERNIERS SIÈCLES

Nous donnons les prix des animaux domestiques, tels que nous les avons trouvés aux Archives nationales et aux Archives de l'Aube, sans essayer de rechercher la valeur intrinsèque des espèces monnayées et le rapport de cette valeur à celle des objets de consommation.

Chevaux : 1531. 8 à 12 l. — 1532. Un cheval aveugle avec ces harnachemens et lymons, 6 l.; un cheval boyard, 10 l. — 1540. Une jument, un petit cheval, chacun 100 s. t. — 1546. Un cheval sous poil grisery et harnois, 24 l. Un cheval boyard, 20 l.— 1652. 7 cavales de 20 à 90 l. — 1675. Cavale hors d'âge avec harnachemens, 30 l. Autres, 25, 20, 15 et 12 l. —1676. 80, 50 et 30 l. — 1704. 50, 100, 120 l. — 1713. 5 chevaux avec harnois, ensemble, 330 l. — 1720. 2 chevaux avec harnois et charrue, 250 l.— 1725. Un vieux cheval, 10 l.— 1727. Un cheval, 120 l. — 1740. 40 à 60 l. — 1755. 100 à 150 l. — 1764. 18 à 75 et 90 l. — 1774. 5 juments, ensemble, 400 l. — 1780, 1790. 120 à 150 l. (Arch. Aube.)

1656. Cheval alezan harnaché, 20 l. — 1681. 2 chevaux, 100 l. — 1710. 4 chevaux hors d'âge, 100 l. — 1719. Chevaux à 78, 15 et 12. Petit bidet blanc, 3 l. — 1753. 27 à 75 l. — 1760 (avec harnois). 24, 30, 75, 150, 200. — 1780. — Un cheval hors d'âge, 10 l. — 1785. 2 chevaux hors d'âge, 72 l. (Arch. nationales.)

Bœufs et vaches : 1479. Une vache sous poil rouge, 20 s. — 1531. 2 grosses pièces de vache, 6 l. —1652. 9 vaches, de 24 à 30 l. — 1689, 20 l. — 1712, 25 l. — 1723. Une mère vache, 30 l. — 1727. 2 bœufs, 75 l. — 1732 et 1733.— Une vache friolle, 30 l. — 1744. 20 vaches de 22 à 33 l.; 10 bœufs de 30 à 42 l.— 1751, 1760, 30 l. — 1763. 30 l., 26 et 20. — 1768. 48 et 24 l. génisse, 14 l. — 1774. 9 mères vaches, 410 l. — 1785. 2 vaches, 150 l — 1787. 1 vache, 60 l. (Arch. Aube.)

1633. 1 vache, 21 l. — 1681. 3 vaches, 90 l. — 1700. 4 vaches, 130 l. — 1716. Une vache laitière, 25 l. — 1719. 13 l. — 1772. 2 vaches, 120 l. — 1780. Une vache pleine, 72 l. (Arch. nationales.)

Moutons : 1471. 53 bestes à laine, tant brebis, moutons que aigneaux, 17 l. — 1540. 28 pièces de berbis, 18 l. 10 s. — 1546. 40 pièces de bestes blanches, 10 l. — 1676. 73 bestes à laine, 210 l. — 1711. 34 bêtes à laine et 15 agneaux de lait, 102 l. — 1716. 6 bêtes à laine et deux agneaux, 24 l. — 1726, 29 bêtes blanches, 87 l. — 1775. 24 brebis, 80 l. (Arch. Aube.)

1691. 56 moutons et brebis, 150 l. (Arch. nationales.)

Porcs: 1652. Truies, 10 et 8 l., mâles, 8 l. — 1775, 30 l. — 1779, 18 l. — 1787, 24 l.

1656, 16 l. — 1753, 36 l. — 1780, 24.

Volailles : 1717. 25 poules avec le coq, 7 l. — 1720. 8 poules et le coq, 4 l. — 12 poules et le coq vif, 5 l. 6 s. — 1744. 6 dindes et le coq, 13 l. — 1756. 50 paires de poules, 40 l., 42 dindes, 31 l. 10 s. — 1759. 7 mères l'oye et 10 paires de petits oisons, 10 l. 10 s. — 1783. 40 poules et poulets, 20 l. (Arch. Aube.)

1656. 8 poules que poulettes, un coq, 5 l. (Arch. nationales.)

VIII

SPÉCIMENS DE TESTAMENTS

(Archives de l'Aube, 48 G.)

I

Testament d'une servante de laboureur

(1685.)

In nomine Domini amen. Pardevant moy Gabriel Delahuproys, prestre curé de St Mesmin y demeurant fut présente Edmée Lambert, servante de Jacques Lajesse, laboureur, demeurant audit St Mesmin, estant au lict malade, saine toutefois de bon propos, mémoire et entendement, comme il m'est apparu et à Pierre Degoist, sergent et Claude Colin, laboureur demeurans audit S. Mesmin, tesmoings soubsignés, laquelle cognoissant et bien considerant n'y avoir rien en ce monde plus certain que la mort et rien moins certain que l'heure d'icelle, ne voulant décéder sans préalablement disposer du salut et remède de son âme et des biens qu'il a pleu à Dieu luy prester, aurait faict, nommé et ordonné son testament et ordonnance de dernière volonté en la forme et manière qui s'en suit.

Et premièrement, comme bonne chrestienne a recommandé et recommande son âme, quand elle partira de son corps, à Dieu le père tout puissant, à J. C. nostre seigneur et médiateur, au St Esprit, un seul Dieu en trois personnes, à la glorieuse vierge Marie, ensemble à toute la communion des saints, lesquels elle prie et requiert vouloir estre intercesseurs envers Dieu le père pour la rémission de ses péchez, à ce qu'il luy plaise par son infinie bonté, par le mérite et la mort de J. C. son fils luy donner son paradis.

En second lieu, veut et ordonne que chacune de ses debtes payées et torts faicts, si aucun se trouve, estre réparés et amandés par son exécuteur cy après nommé, si la volonté de Dieu est de la retirer de ce monde, veut et ordonne son corps estre mis en sépulture en l'église de saint Pierre aux Liens, paroisse dudit St Mesmin, proche l'Eau benistier et la petite porte de ladite église et pour y estre enterrée, elle donne un escu à la fabrique du dit St Mesmin, plus un quartier de terre sise au finage dudit S. Mesmin... aux charges que laditte fabrique sera tenue faire dire une messe basse tous les deux ans le jour du lendemain de St Edme, son patron, à commencer dès la présente année 1685.

Item le jour de son enterrement veut et entend qu'on lui dise une messe haute et vigiles et le lendemain pareillement une messe haute et vigiles.

Item veut et entend qu'on dise un liberà sur sa fosse

pour le repos de son âme tous les dimanches de l'année, un service complet au bout du mois et pareillement un service complet au bout de l'an.

Item veut et donne à Jean Gerard le jeune, laboureur demeurant à St Mesmin un panier à mouche qui est chez le dit Jacques Lajesse, pour l'amitié qu'elle luy porte.

Item veut et donne un autre panier à mouche à Jacques Lajesse son maistre pour les peinnes qu'il a pris après elle.

Item le surplus de ses biens meubles et immeubles et argent monnoié, s'il se trouve, elle le donne à Nicole Goderet, femme de Pierre Gerard, manouvrier dem^t à Coulange, pour la bonne volonté et amitié qu'elle a pour elle.

Et pour exécuter ledit testament a icelle testatrice nommé et eslu Jacques Lajesse son maistre, laboureur....

Ce testament, après avoir été lu et relu, est signé par le curé et les deux témoins le 24 septembre 1685. La testatrice a déclaré ne savoir signer.

II

Testament d'un laboureur

(1752.)

Ce testament est rédigé par un notaire, avec des formules analogues à celles qui sont employées 65 ans auparavant par le curé de Saint-Mesmin. Il débute, comme l'autre par l'invocation : *In nomine Domini*, et contient les mêmes recommandations pieuses. Le testateur, attaqué d'une grande fièvre depuis quinze jours, se nomme François Picard, demeurant au Petit-Auzon. Il laisse à la fabrique de l'église Saint-Martin d'Auzon, quatre arpents de terres labourables, estimées à la somme de 130 l. « à charge par la fabrique de faire célébrer à perpétuité deux messes hautes de *requiem* avec les vigiles et libera pour le repos de son âme et celuy de Jeanne Poullain, sa femme, les jours de leur enterrement et autres jours les plus proches, et par chacun an à perpétuité ».

Il laisse à Antoine Picard son fils « une tasse d'argent que led. testateur a achepté et fait marquer en son nom », « à Nicolas Tabourot, Nicolas Bernon et Jeanne Biel, ses domestiques, à chacun d'eux la somme de six livres par dessus leurs gages pour les bons services par eux à luy rendus, et au surplus audit Tabourot un habit de droguet, une veste d'étoffe bleue et une paire de culottes aussy de droguet, le tout usagé dudit testateur ». — A Nicolas Bienaymé une somme de dix livres à diminuer sur ce que ledit Bienaymé luy doit — à six personnes les plus pauvres dudit lieu d'Auzon qui seront nommées par un mémoire écrit de la main du testateur, six boisseaux.

Il choisit pour exécuteur testamentaire son frère, Jacques Picard, aussi laboureur, à qui il lègue la somme de dix livres... et « le surplus de tous ses biens ledit testateur entend qu'après sa mort ils soient partagés égallement entre ses enfans et héritiers... »

TABLE ALPHABÉTIQUE

DES MATIÈRES

A

Abondance, p. 103, 104.
Abstinence, p. 95, 97.
Age des mariés, p. 232.
Agriculture (Etat de l'), p. 119 à 124.
Aînesse (Droit d'), p. 226.
Aire neuve, p. 199.
Aisance, p. 119 à 137, 208, 209.
Alcôve, p. 32, 178.
Alimentation, p. 85 à 106.
Almanachs, p. 78, 288.
Anes, p. 13, 111, 145.
Anneaux, bagues, p. 60, 81, 144, 231.
Anoblis (Laboureurs), p. 134, 135.
Apothicaire, p. 152, 332.
Apparitions, p. 284.
Appentis, p. 10.
Arche ou coffre, p. 233, 333, 334.
Architecture, p. 2, 293.
Ardoise (Toits d'), p. 3, 7.
Argent monnoyé, p. 129, 132, 133, 333, 334.
Argenterie, p. 29, 30, 132, 133, 136, 144, 168.
Armes, p. 24 à 26, 161, 315, 322, 324, 325, 330.
Armoires, p. 21, 38, 39, 158.
Arpenteurs, p. 150.
Artisans, p. 77, 130, 131.
Assemblées, p. 187.
Assiettes, p. 28.
Assises, p. 26.

Attachement aux seigneurs, p. 185, 256 à 258.
Aubergistes, p. 136, 137.
Avarice, p. 129, 250.

B

Bacheleries, p. 196.
Bagues, voir Anneaux.
Bahuts, p. 38.
Bailli, p. 156, 157.
Baillive, p. 157.
Bancs, p. 21, 26, 329.
Baptêmes, p. 184, 264, 275.
Barbier, voyez Chirurgien.
Bas, p. 48, 74, 80, 82, 325, 327.
Basse goutte, p. 14.
Bâton du seigneur (coup de), p. 246, 247.
Battues au loup, p. 25.
Bavolets, p. 63, 64.
Bénédiction nuptiale, p. 233, 234, 265.
Bergers, p. 202, 214, 238, 244, 256, 267, 286, 307.
Bergerie, p. 10.
Bestiaux, p. 12, 17, 21, 111, 113, 145, 282.
Bêtes à laine, p. 17, 99, 337, 338. — Voir Brebis.
Beurre, p. 90, 94, 100, 324.
Bibliothèque bleue, p. 287, 288.
Bijoux, p. 59 à 62, 81, 144, 157, 164, 329.

Blaudes, blouses, p. 50, 51.
Blé (prix du), p. 113, 119, 122.
Bœufs, p. 132, 294, 314, 322, 337.
Bohémiennes, Bohémiens, p. 201, 287.
Bois (constructions en), p. 3, 4, 10.
Bonnets pour femmes, p. 62, 63, 64, 66, 80, 327 ; pour hommes, p. 45, 47, 80.
Bottes, p. 25, 52.
Bouchers, p. 99, 100.
Boucles, p. 69, 77.
Boue (constructions en), p. 6.
Bourgeois de village, p. 142 à 157, 164, 165.
Bourrelier, p. 131.
Bourrées, danse, p. 196.
Boutique de chirurgien, p. 151, 152.
Bouviers, p. 238, 244.
Brandons, p. 203.
Branles, p. 194.
Brassières, p. 54 à 56, 68, 317, 324.
Brebis, p. 17, 111, 321, 322, 326, 333, 335, 337, 338.
Briques, p. 3.
Broche, p. 22, 325.
Brutalité, p. 245.
Bûche de Noël, p. 238.
Buffets, p. 30, 31.

C

Cabarets, p. 136, 188, 190, 244, 332.
Cabinet, p. 13.
Cabinets de bois de chêne, p. 30, 31.
Cahiers de 1789 dans les campagnes, p. 299, 300.
Cantiques, p. 293.
Capucins, p. 269.
Caractère, p. 243 à 261.
Cartes (jeux de), p. 73, 191.
Catéchisme, p. 291.

Cavées, p. 219, 220.
Cavernes, p. 215.
Cellier, p. 13.
Chaises, p. 26, 323, 325, 329.
Chalit, p. 32, 320, 324, 326, 334.
Chambre à feu, p. 13, 19, 20.
Chandeliers, p. 23, 24, 321, 325.
Chansons, p. 213, 295, 313, 335, 336.
Chants, p. 199, 203, 235, 252, 271, 294 à 296.
Chanvre, p. 324, 331, 332.
Chapeau d'homme, p. 48, 68, de femme, p. 62, 69, 326.
Chapelets, p. 75, 328.
Chapelles, p. 195, 264, 267 — des châteaux, p. 179.
Chariots, Chars, Charrettes, p. 10, 81, 133, 322, 331, 332.
Charité, p. 254, 255.
Charlatans, p. 286.
Charrues, p. 10, 11, 110, 329, 332.
Chasse, p. 25, 171, 315.
Châtaignes (récolte des), p. 199.
Châteaux, p. 2, 165, 174 à 186, 259, 293. — Voir Gentilhommières.
Châtiments paternels, p. 228.
Chaudières, Chaudrons, p. 22, 23, 320, 323, 325, 328, 330.
Chaufferettes, p. 75, 215, 217, 218.
Chaume (couverture en), p. 11.
Chaumières, p. 2, 7, 9, 108.
Chausses, et hauts de..., p. 43, 44, 46, 51.
Chaussures, p. 48, 49, 50, 68, 69.
Chef de garnisons, p. 155.
Cheminée, p. 21, 22.
Chemises, p. 48, 321 à 331.
Chemisette, p. 46, 58, 323, 331.
Chenets, p. 22, 320, 322, 328, 330.
Chevaux, p. 111, 160, 308, 321, 325, 331, 337.

Chevaux de bois, p. 201.
Chèvres, p. 12, 13.
Chiens bernés, p. 205.
Chirurgiens, p. 150 à 153, 286, 288, 326, 332.
Chœurs, p. 295.
Choule, p. 191, 192.
Cidre, p. 100, 101.
Ciels de lit, p. 33, 34, 35, 331.
Ciseaux, p. 61, 77.
Citadins à la campagne, p. 163, 164.
Civilité puérile, p. 253, 254.
Claies de jonc, p. 7.
Classes de l'école, p. 143, 144.
Claviers d'argent, p. 60, 61, 133.
Clé de Saint-Pierre, p. 275.
Clergé, p. 240, 276 à 279. Voir Curés.
Cloches, p. 263.
Cocheteurs, p. 313.
Cochons, voir Porcs.
Cochon de lait, p. 308.
Coffres, p. 26, 36, 37, 38, 66, 133, 320, 322 à 325, 329 à 332.
Coiffes, Coiffures de femmes, p. 43, 62 à 64, 323.
Coiffure des hommes, p. 52, 53, 146.
Collecteurs, p. 108, 112, 113, 326, 332.
Collège (Fils de paysans au), p. 131, 292.
Colliers pour enfants, p. 74, 328; pour parure, p. 61, 77.
Colporteurs, p. 71, 75 à 83, 200, 287.
Communaux (biens), p. 99, 116.
Communautés taisibles, p. 226 à 227.
Communions, p. 272.
Comparaisons des campagnes de France avec celles de l'étranger, p. 123 à 125; entre le sort des paysans du siècle dernier et du siècle présent, p. 301 à 303.

Confirmation, p. 264.
Contes populaires, p. 213, 288, 297.
Contraste avec l'étranger, p. 123, 124, 189, 190.
Contrats de mariage, p. 225, 232, 233, 333 à 335.
Contrebandiers, p. 245.
Cordonnier, p. 79, 130.
Cornettes, p. 63, 66, 324.
Corps ou corsages, p. 54 à 58, 64, 65, 66, 68, 316 à 319.
Cortège de noce, p. 234.
Corvées, p. 109.
Costumes de théâtre, p. 69, 180.
Coton (étoffes de), p. 67 à 69, 74, 81, 82, 137, 319.
Cottes, cotillons, p. 54 à 58, 68, 316 à 319, 323, 324, 333, 334.
Couleurs symboliques, p. 65.
Courage d'un paysan, p. 248.
Courses, p. 188, 201.
Coustelière, p. 30.
Couteaux, p. 30, 77, 310, 327.
Coutumes, p. 225, 226.
Couvertures de lit, p. 33 à 35, 322, 326, 334, 335.
Couvertures des maisons, p. 3, 7, 11, 20.
Crèche, p. 202.
Crémaillère, p. 22, 320 à 325, 328, 330, 333.
Croix d'or ou d'argent, p. 57, 59 à 62, 81, 132, 329; de pierre, p. 264, 267.
Cuillers, p. 29, 30, 77, 100, 132, 133.
Culottes, p. 47, 325, 341.
Curés, p. 157 à 163, 188, 202, 207, 220, 265, 276 à 279, 308, 338.

D

Danses, p. 181 à 183, 188, 191, 193 à 202, 204, 207, 214, 254, 311, 312.
Degrés dans la roture, p. 135.

Demandes en mariage, p. 231.
Demi-ceint d'argent, p. 60, 61.
Dentelles, p. 55, 57, 58, 63, 64, 66, 80, 317, 324, 328.
Dépendances, p. 10, 133.
Devantiers, p. 54, 55, 316.
Devinettes, p. 213, 217.
Dimanche, p. 186, 189 à 191, 271, 277.
— (beau), p. 200.
Dindes, p. 133, 338.
Disettes, p. 4.
Dissimulation, p. 248 à 250.
Division de la propriété, voir Morcellement.
Domaine de la cure, p. 159, 160.
Domestiques, voir Serviteurs à gages, Valets de fermes.
Domestiques des seigneurs, p. 169, 172 à 174, 239, 257.
Dots, p. 14, 128, 129, 135, 232, 233, 333 à 335.
Douceur des mœurs, p. 253.
Draps de lit, p. 33, 136, 320, 322, 324, 325, 329, 331, 333.
Draps pour vêtement, p. 47, 56, 58, 80, 316 à 319, 333 à 335.
Dressoir, p. 30, 136.
Droits féodaux, p. 109.

E

Eau bénite, p. 274.
Echarpe, p. 310, 312.
Ecoles, voir Classes, Maîtres d'école.
Ecreignes, p. 215 à 221.
Ecritoires, p. 78.
Ecuelles, p. 27.
Ecurie, p. 13.
Education religieuse, p. 278, 279.
Eglises, p. 2, 187, 190, 263, 266, 267, 269, 271, 293.
Emigrations des campagnards, p. 5, 126, 127.
Employés des contributions, p. 155, 156.

Enfants (nombre des), p. 236, 237.
— (travail des), p. 335, voir Pâtres.
Enfants morts sans baptême, p. 275, 284.
Enlèvement des mariées, p. 231.
Enseignement primaire, p. 291 à 293.
Epargne, p. 128, 129.
Epingles, p. 74, 77, 198, 328.
Epitaphes, p. 134, 266.
Escabeaux, p. 22, 26, 321.
Esprit des paysans, p. 298, 299.
Estampes, p. 40.
Etables, p. 10, 11, 12, 213, 214, 308, 321, 325, 331.
Etage des maisons, p. 13.
Etain (vaisselle d'), p. 27, 28, 136, 320, 322, 324, 325, 330, 334.
Etoffes pour femmes, p. 55 à 59, 71, 74, 80. Voir Laine, Soie, Coton.
— (en pièces), p. 66, 134.
Etuis, p. 73, 77, 238, 328.
Evêques, p. 219, 264, 275.
Exposition au midi, p. 13.

F

Faïence, p. 20, 136, 329.
Famille, p. 15, 16, 223 à 239, 267.
Famines, p. 86 à 88, 114.
Farandole, p. 197.
Farces, p. 218.
Faulx, p. 110, 312, 325.
Fées, p. 284, 288.
Femmes, p. 230, 231, 236 à 240.
Fenaison, p. 199.
Fermes, p. 2, 176.
Fermiers, p. 114, 132 à 135, 256, 266, 309, 330 à 332.
Fertilité, p. 120 à 124.
Fêtes des châteaux où les paysans sont admis, p. 182, 183, 184.

Fêtes de village, p. 200 à 208, 309 à 312.
— patronales, p. 202.
— religieuses, p. 238.
Feuilles périodiques, p. 289.
Feux, p. 15, 16, 236.
Feux follets, p. 284.
Fiançailles (couronnes de), p. 327, 328.
Fiancés, p. 230, 231.
Fil, p. 74, 81.
Fil et laine (étoffes de), p. 67, 80, 327.
Fileries, p. 212, 213.
Filles, p. 192, 194 et suivantes, 202, 211 à 221, 230, 231 à 235, 239, 240, 274.
Fontaines (culte des), p. 283.
Fontaines de cuivre, p. 23.
Four, p. 31.
— banal, p. 221.
Fourchettes, p. 29, 100.
Fourrures, p. 45, 320.
Foyer, p. 21, 22.
Fromage, p. 91, 93, 94, 307, 332.
Fruits, p. 93.
Fumier, p. 10, 12.
Funérailles, p. 80, 267 à 269, 326, 332.
Fuseaux, p. 212 à 214, 217, 219, 308.
Fusil, briquet, p. 25, 328.
Fusils, p. 16, 24 à 26, 324, 325, 330.

G

Gabelous, p. 16, 165.
Gaîté, p. 189, 190, 209, 252.
Galettes, p. 92, 93.
Galons de soie, p. 72.
Gants, p. 74, 161, 310.
Garçons, voir Danses, Ecreignes, Filles.
Garde-robe, vêtement, p. 56, 331.
Gentilshommes, p. 164, 165, 169 à 186, 314 à 316.

Gentilshommes pauvres, voir Hobereaux.
Gentilhommières, p. 167, 168, 176, 314.
Gibecière, p. 45.
Glane des vicaires, p. 269.
Glaneurs, p. 255, 313.
Gobelets, p. 29.
Gourmandise, p. 100.
Granges, p. 11, 12, 133, 321, 325.
Grange dimeresse, p. 159.
Greffier, p. 111.
Gril, p. 23.
Grimaces (concours de), p. 205.
Grince-dents, vin, p. 102.
Grossièreté, p. 243 à 245.
Gui l'an neuf, p. 203.
Guipures, p. 55, 56, 317, 324.

H

Habit, p. 47, 52, 137, 145, 325, 341.
Hauts de chausse, p. 46, 331.
Herbe, nourriture, p. 86.
Hobereaux, p. 168 à 171.
Hommes de loi, p. 111, 112, 140, 153 à 157, 292.
Honoraires des chirurgiens, p. 152, 153.
Horloges, p. 41.
Hospitalité des châteaux, p. 180 à 182, 184.
Hoteurs, hottiers, p. 117, 313.
Huche, p. 31, 32, 88, 323. Voir Met.
Huissier, p. 174. Voir Sergent.
Huttes, p. 5, 6.

I

Impôts (excès des), p. 112, 113.
Incendies des châteaux, p. 259, 260.
Indivision des héritages, p. 226 à 228.
Industrie dans les campagnes, p. 130, 251.

Instruction, p. 140, 278, 290 à 293.
Instruction de certains curés, p. 276.
Instruments de chirurgie, p. 151, 152.
— de musique. Voir Musique.
Inventaires, p. 319 à 332.
Ivrognerie, p. 206, 207, 230.

J

Jacquettes, p. 43, 45, 320.
Jambons, p. 95, 310, 325.
Jardins, p. 160, 176, 177.
Jarretières, p. 74, 310, 328.
Jeux, p. 188 à 193, 201.
— enfantins, p. 192.
Jonchée de verdure, p. 310.
Juge, p. 111, 140. Voir Bailli.
Jupes, p. 68, 69. Voir Cottes.
Jurons, p. 220, 244, 246.
Justaucorps, p. 46, 52, 324.
Justes, vêtements, p. 68, 318, 319, 329.

L

Laboureurs, p. 9, 14, 110 et suiv.
— (fête des), p. 204.
Laine (étoffes de), p. 47, 54 à 58, 67, 74, 80, 316 à 319, 324, 327.
Lait, p. 93.
Lampes, p. 23, 24, 200, 216, 322, 324, 330.
Langes, p. 35, 264, 324.
Lanternes, p. 23.
Lard, p. 73, 88, 90, 94 à 97, 322, 325.
Legs aux églises, p. 265 à 268, 339, 340.
Légumes, p. 92, 93, 306, 330.
Lieux-dits, p. 282.
Linceuls. Voir Draps de lit.
Linge de corps, p. 65, 66, 133.

Lits, p. 32 à 37, 136, 144, 178, 232, 233, 320, 323, 324, 326, 329, 331, 333 à 335.
Littérature rurale, p. 293, 297.
Livres, p. 151, 153, 154, 158, 287, 288, 290, 327, 328.
— de classe, p. 73, 78, 144.
— de piété, p. 73, 78, 144, 288.
Loquet, p. 19.
Loups garous, p. 284, 285.
Luxe de vêtements, p. 54 à 58, 68, 70.

M

Magisters de comédie, p. 146 à 148.
Mai, p. 203, 239.
Maie, Voir Met.
Mainmortables, p. 17, 109, 224.
Maïs, p. 92.
Maisons, p. 1 à 17, 326.
— ruinées ou désertées, p. 5.
Maisons de campagne, p. 163, 165.
Maîtres d'école, p. 143 à 150, 290 à 293, 294, 297.
Maîtres de poste, p. 136.
Mal à saint, p. 274.
Manchons, p. 65, 155.
Manouvriers, p. 14, 70, 120, 322, 323, 325, 326.
Manteaux, p. 45, 46, 320, 322, 331.
Manuels de morale et d'hygiène, p. 289.
Manuscrits (lecture des), p. 291.
Marchands, p. 71 à 75, 141, 326 à 328.
— d'orviétan, p. 287.
Marchepieds de lit, p. 37, 320, 324.
Maréchaussée, p. 16.
Maréchaux ferrants, p. 70, 131.
Mariages, p. 184, 230 à 238.
— (cassation de), p. 237.
Marionnettes, p. 180, 201, 287.

Marmite. p. 22, 23, 322, 323, 325, 330.
Matelas, p. 34 à 36.
— de paille d'avoine, p. 34, 334, 335.
Matériaux des maisons, p. 3.
Maux (souvenir des), p. 282, 283.
Ménage, p. 236.
Ménétriers, p. 146, 147, 193, 197, 234, 310.
Mercerie, p. 72, 74, 77, 78, 328.
Mésalliances, p. 135, 164, 165.
Messes, p. 267, 268, 270, 271, 308, 310, 339.
— de minuit, p. 202.
Met, p. 31, 232, 320, 322, 324, 325, 329, 330. Voir Huche.
Meubles (persistance des anciens), p. 20, 21. Voir Mobilier.
Meules, p. 12.
Meuniers, p. 134.
Miroirs, p. 41, 158, 323, 327, 328.
Misère, p. 6, 9, 86, 87, 111, 119, 237, 277, 336.
Mobilier, p. 19 à 41, 58, 143, 144, 153, 168, 169, 178, 320 à 332.
Mode mineur des chants rustiques, p. 296.
Modes, p. 53, 69.
Mœurs, p. 223, 224, 239 à 241.
Moissonneurs, p. 199, 251, 307, 313.
Monastères (biens des), p. 133.
Morale, p. 240.
Morcellement de la propriété, p. 114, 115, 326.
Mort d'un seigneur, p. 257.
Morts (culte des), p. 269.
Mouchoirs, p. 68, 82, 323, 324.
Moutons. Voir Brebis.
Mousseline, p. 57, 68, 82, 327.
Musique (instruments de), p. 194, 195, 197, 198, 200, 207, 296, 597, 311.
Mystères ou histoires, p. 202.

N

Nains, Korrigans, p. 284.
Naissances, p. 125, 126.
Nappe, p. 27, 100, 310, 320, 322, 324, 331.
Noëls, p. 295, 296.

O

OEufs, p. 94.
OEufs (superstitions relatives aux), p. 274.
Oies, Oisons, p. 111, 132, 306, 308, 315, 338.
Olivettes, p. 199.
Origine rurale de nombreuses familles, p. 140 à 142.
Ormes, p. 188, 190, 235, 310.
Outils agricoles, p. 107, 111, 143, 322, 325, 329.

P

Paganisme, p. 283.
Pain, p. 31, 87 à 92, 100, 300.
Paletot, p. 308.
Papier, p. 72, 73, 328.
Partages, p. 114, 115, 116, 226.
Passements, p. 58, 317.
Patois, p. 289, 290.
Pâtres (petits), p. 278, 291.
Pauvres, p. 254, 255.
Peignes, p. 77, 327.
Pélerinages, p. 208, 273.
Père de famille, p. 225, 228, 229, 236.
Perruque, p. 53, 131.
Pétrissage domestique, p. 31.
Peur (année de la), p. 260.
Piété des paysans, p. 272, 273.
Pigeons, p. 160, 174, 315.
Pipes, p. 78, 328.
Pistolets, p. 25.
Plain-chant, p. 294.
Plaintes, p. 112, 121.
Plancher, p. 19, 20.
Plats, p. 27, 28.

Plumes (lit de), p. 33 à 36, 320, 324, 326, 329, 331.
Poivre, poivrier, p. 74, 90, 91, 324, 328, 330.
Politesse, p. 255.
Pommes de terre, p. 104.
Population (accroissement de la), p. 125, 126, 301.
Porcs, p. 12, 96, 111, 309, 315, 322, 325, 338.
Porte, p. 19.
Pot, p. 91, 306, 322, 333, 334.
Poterie, p. 27, 72, 73.
Potier d'étain, p. 131.
Poudre à cheveux, p. 53, 62, 63, 328. — à fusil, p. 72, 73, 328.
Poulailler, p. 13, 94, 325.
Poules, p. 12, 13, 94, 103, 107, 111, 160, 321, 322, 325, 338.
Poule au pot, p. 22, 94.
Pourpoints, p. 44, 46, 321.
Praticiens, p. 153, 154, 288.
Presbytère, p. 157 à 159, 264.
Prière, p. 306, 307.
Prières en commun, p. 220.
Princes de la jeunesse, p. 194, 206.
Prix des animaux domestiques, p. 336 à 338. — des maisons, p. 14.
Prix pour les danseurs, p. 310.
Préjugés, p. 282.
Procès, p. 60, 250, 291.
Processions, p. 208, 273.
Procureurs, p. 154.
Procureur fiscal, p. 111, 140, 154.
Propriétés, p. 16, 224, 226, 326.
Propriétaires (paysans), p. 109, 114. — (bourgeois), p. 256.
Prospérité, p. 119 à 125.
Proverbes, p. 298.

Q

Qualités morales des paysans, p. 299.
Quenouillé, p. 308.

Quêteurs, p. 269, 270.
Quincaillier, p. 76 à 78.

R

Rage (préservatif contre la), p. 275.
Récoltes, p. 85, 133, 321, 325, 330.
Redevances féodales burlesques, p. 183, 184, 204.
Régisseurs, p. 163, 175.
Registres paroissiaux (faits consignés sur les), p. 282.
Religion, p. 257, 263 à 279, 304.
Reliques (montreurs de), p. 270.
Remèdes des charlatans, p. 286.
Remparts de village, p. 8.
Repas, p. 90, 198, 199, 307, 308, 309, 315, 316. — de noces, p. 162, 235, 254. — de famille, p. 237, 238.
Répétitions dans le langage, p. 298.
Représentations théâtrales, p. 201, 202.
Résistance à l'oppression, p. 246 à 248, 259.
Respect aux parents, p. 228, 229.
Résumé, p. 301 à 303.
Revenants, p. 275, 276.
Révolution dans les campagnes (effets de la), p. 259, 260, 300.
Rez-de-chaussée, p. 13.
Rideaux de lit, p. 32 à 35, 136, 144, 324, 329, 334, 335.
Rixes, p. 205, 206, 244.
Robes pour femme, p. 54 à 58, 68, 69, 233, 316 à 319, 323, 331, 333 à 335. — pour homme, p. 45.
Rois (tirage des), p. 238.
Rôle bienfaisant des curés, p. 277, 278.
Rosières, p. 239, 271.
Rubans, p. 72, 74, 324, 328.
Ruches, p. 107, 340.
Ruses, p. 249, 250.

S

Sabots, p. 49, 69, 72, 107, 256.
Sabotiers, p. 142, 232.
Saie, p. 50, 322.
Saints (culte des), p. 201, 202, 274, 283.
Saint-Esprit, bijou, p. 60.
Saleté des paysans, p. 12.
Saloir, p. 88, 95, 321, 323, 325.
Satin, p. 55 à 57, 311, 316 à 318.
Sculptures, p. 39, 40.
Secours aux voisins, p. 255.
Seigneurs, p. 188. Voir Gentilshommes.
Seigneurs populaires, p. 184, 185, 256 à 258.
Sel, p. 26, 90, 261.
Sentences religieuses, p. 272.
Sépulture, p. 265, 266, 339.
Serges, p. 55, 58, 80, 316 à 319.
Sergents, p. 16, 111, 140, 169, 336.
Servage, p. 17, 109, 224, 225.
Servantes, p. 169, 170, 238, 266, 338.
— de curés, p. 160.
Service militaire, p. 127, 139, 140, 260.
Services funéraires, p. 267, 268.
Serviettes, p. 27, 158, 316, 320, 323, 324, 331, 334.
Serviteurs à gages, p. 116 à 118, 332, 341.
Sirènes, p. 284.
Soie (étoffes de), p. 56 à 57, 316 à 319, 324.
Soldats (paysans), p. 127, 139.
Soldats pillards, p. 25, 109, 307, 309.
Sorcellerie (procès de), p. 285.
Sorciers, p. 276, 285.
Soue à porc, p. 13, 325.
Souliers, p. 48 à 50, 68, 69, 326, 336.
Soupe, p. 90, 91, 96, 97, 100, 254, 307.
Soutanes, p. 145, 161.

Souterrains, p. 2, 215.
Statues dans les églises, p. 293, 294. — de saints plongées dans l'eau, p. 283.
Succession (modes de), p. 226.
Sucre, p. 72, 326, 328.
Superstitions, p. 274 à 276, 283, 286.

T

Tabac, p. 78, 79.
Tabellion, p. 154, 232.
Tables, p. 26, 27, 136, 144, 158, 232, 310, 320, 323, 324, 329, 330.
Tabliers, p. 54 à 58, 68, 318, 319, 323, 324, 329.
Tailleurs d'habits, p. 73, 231, 332.
Tapis de treillis, p. 40.
Tasses d'argent, p. 29, 329, 341.
Terres (valeur des), p. 118, 119, 121.
Testaments, p. 22, 226, 265 à 268, 338 à 341.
Théâtres des châteaux, p. 179, 180.
Timbales d'argent, p. 29, 144.
Toile, p. 65, 81, 323, 327, 336.
Toile (marchands de), p. 73, 80, 82, 327.
Toquats, p. 64.
Torches, p. 23.
Tourteau, p. 306.
Traditions, p. 282, 283, 297.
Travail, p. 118, 125, 251, 252, 261, 313.
Travaux d'hiver, p. 213.
Traversins, p. 34, 35.
Tribunal des mœurs, p. 239.
Trousseau, p. 231 à 233.
Tuiles, p. 7.

U

Usages pour les noces, p. 234, 235.
Usuriers, p. 112, 307.

V

Vaches, p. 13, 17, 93, 107, 111, 132, 145, 160, 321, 322, 325, 328, 331, 337.
Valets de ferme, p. 117, 118, 229, 238, 251.
Veillées, p. 211 à 221, 238.
Veillois, p. 211, 212.
Vendanges, p. 117, 199, 252, 310.
Vendangeuses, p. 252, 310.
Vergers, p. 9, 11.
Verres, p. 29.
Vertus, p. 224, 240, 241.
Veste, p. 47, 137, 145.
Vêtement, p. 43 à 70, 131, 137, 145, 146, 154, 155, 161, 162, 271, 316 à 319, 320 à 331.

Viande, p. 95 à 100, 104, 105, 199, 326.
Vices, p. 244.
Victoire (fête de sainte), p. 204.
Vie des Saints, p. 220, 288, 289.
Vie moyenne, p. 105.
Vignes, p. 101, 119, 307, 315.
Vignerons, p. 101, 202, 238, 244, 245, 249, 272, 276.
Vin, p. 101 à 103, 230, 307, 313, 330, 334.
Vitrail d'église, p. 267.
Vitres, p. 7, 8, 13, 20.
Voix des paysans, p. 294, 295.
Voleurs, p. 245.
Voyageurs, p. 136.

TABLE DES CHAPITRES

		Pages
I.	La Maison.	4
II.	Le Mobilier.	19
III.	Le Vêtement.	43
IV.	Les Colporteurs.	74
V.	L'Alimentation.	86
VI.	L'Aisance.	107
VII.	Les Professions libérales.	139
VIII.	Les Gentilshommes.	167
IX.	Les Divertissements.	187
X.	Les Veillées.	211
XI.	La Famille.	223
XII.	Le Caractère.	243
XIII.	La Religion.	263
XIV.	Les Lumières.	281
	Appendice et Pièces justificatives.	305

BAR-SUR-SEINE. — IMPRIMERIE SAILLARD.

www.ingramcontent.com/pod-product-compliance
Lightning Source LLC
Chambersburg PA
CBHW070850170426
43202CB00012B/2025